十三經漢魏古注叢書

春秋左氏經傳集解

【合編本】

下册

〔東周〕左丘明 傳
〔西晉〕杜 預 集解
但 誠 整理

商務印書館
创于1897
The Commercial Press

商務印書館（上海）有限公司 出品
The Commercial Press（Shanghai）Co.Ltd

春秋左氏經傳集解昭公元第二十

春秋左氏經傳集解昭公元第二十〔一〕

杜　氏

昭公元年

〔昭經·元·一〕

元年春王正月，公即位。[一]

[一] 無《傳》。

〔昭經·元·二〕

叔孫豹會晉趙武、楚公子圍、齊國弱、宋向戌、衛齊惡、陳公子招、蔡公孫歸生、鄭罕虎、許人、曹人于虢。[一]

[一] 招實陳侯母弟，不稱弟者，義與莊二十五年公子友同。今讀舊書，則楚當先晉，而先書"趙武"者，亦取宋盟貴武之信，故尚之也。衛在陳、蔡上，先至於會。

(昭傳·元·一)

元年春，楚公子圍聘于鄭，且娶於公孫段氏，伍舉爲介。[一]將入館，[二]鄭人惡之，[三]使行人子羽與之言，乃館於外。[四]既聘，將以衆逆。[五]子産患之，使子羽辭曰："以敝邑褊小，不足以容從者，請墠聽命。"[六]令尹命大宰伯州犁對曰："君辱貺寡大夫圍，謂圍'將使豐氏撫

〔一〕原卷標題"昭"字後闕"公"字，據本書體例補。

有而室'。[七] 圍布几筵，告於莊、共之廟而來。[八] 若野賜之，是委君貺於草莽也，是寡大夫不得列於諸卿也。[九] 不寧唯是，又使圍蒙其先君，[一〇] 將不得爲寡君老，[一一] 其蔑以復矣。唯大夫圖之。”子羽曰：“小國無罪，恃實其罪。[一二] 將恃大國之安靖己，而無乃包藏禍心以圖之。小國失恃而懲諸侯，使莫不憾者，距違君命，而有所壅塞不行是懼。[一三] 不然，敝邑，館人之屬也，[一四] 其敢愛豐氏之祧？”[一五] 伍舉知其有備也，請垂橐而入。[一六] 許之。

[一] 伍舉，椒舉。介，副也。

[二] 就客舍。

[三] 知楚懷詐。

[四] 舍城外。

[五] 以兵入逆婦。

[六] 欲於城外除地爲墠行昏禮。

[七] 豐氏，公孫段。

[八] 莊王，圍之祖。共王，圍之父。

[九] 言不得從卿禮。

[一〇] 蒙，欺也。告先君而來，不得成禮於女氏之廟，故以爲欺先君。

[一一] 大臣稱老，懼辱命而黜退。

[一二] 恃大國而無備則是罪。

[一三] 言己失所恃，則諸侯懲恨以距君命，壅塞不行，所懼唯此。

[一四] 館人，守舍人也。

[一五] 祧，遠祖廟。

［一六］垂櫜，示無弓。

正月乙未，入逆而出，遂會於虢，[一]尋宋之盟也。[二]祁午謂趙文子曰："宋之盟，楚人得志於晉。[三]今令尹之不信，諸侯之所聞也。子弗戒，懼又如宋。[四]子木之信，稱於諸侯，猶詐晉而駕焉，[五]況不信之尤者乎？[六]楚重得志於晉，晉之恥也。子相晉國以爲盟主，於今七年矣。[七]再合諸侯，[八]三合大夫，[九]服齊、狄，寧東夏，[一〇]平秦亂，[一一]城淳于，[一二]師徒不頓，國家不罷，民無謗讟，[一三]諸侯無怨，天無大災，子之力也。有令名矣，而終之以恥，午也是懼。吾子其不可以不戒。"文子曰："武受賜矣。[一四]然宋之盟，子木有禍人之心，武有仁人之心，是楚所以駕於晉也。今武猶是心也，楚又行僭，[一五]非所害也。武將信以爲本，循而行之，譬如農夫，是穮是蓘，[一六]雖有饑饉，必有豐年。[一七]且吾聞之，'能信不爲人下'，吾未能也。[一八]《詩》曰'不僭不賊，鮮不爲則'，信也。[一九]能爲人則者，不爲人下矣。吾不能是難，楚不爲患。"楚令尹圍請用牲，讀舊書，加于牲上而已。[二〇]晉人許之。

［一］虢，鄭地。

［二］宋盟在襄二十七年。

［三］得志謂先歃。午，祁奚子。

［四］恐楚復得志。

［五］駕，猶陵也。詐，謂衷甲。

［六］尤，甚也。

［七］襄二十五年始爲政。以春言，故云“七年”。

［八］襄二十五年會夷儀，二十六年會澶淵。

［九］襄二十七年會于宋，三十年會澶淵，及今會虢也。

［一〇］襄二十八年，齊侯、白狄朝晉。

［一一］襄二十六年秦、晉爲成。

［一二］襄二十九年城杞之淳于，杞遷都。

［一三］讟，誹也。

［一四］受午言。

［一五］僭，不信。

［一六］穮，耘也。壅苗爲蓘。

［一七］言耕鉏不以水旱息，必獲豐年之收。

［一八］自恐未能信也。

［一九］《詩·大雅》。僭，不信。賊，害人也。

［二〇］舊書，宋之盟書。楚恐晉先歃，故欲從舊書，加于牲上，不歃血，《經》所以不書盟。

三月甲辰，盟。楚公子圍設服離衛。[一] 叔孫穆子曰：“楚公子美矣。君哉！”[二] 鄭子皮曰：“二執戈者前矣。”[三] 蔡子家曰：“蒲宮有前，不亦可乎？”[四] 楚伯州犂曰：“此行也，辭而假之寡君。”[五] 鄭行人揮曰：“假不反矣。”[六] 伯州犂曰：“子姑憂子晳之欲背誕也。”[七] 子羽曰：“當璧猶在，假而不反，子其無憂乎？”[八] 齊國子曰：“吾代二子愍矣。”[九] 陳公子招曰：“不憂何成，二子樂矣。”[一〇] 衛齊子曰：“苟或知之，雖憂何害。”[一一] 宋合左師曰：“大國令小國共，吾知共而已。”[一二] 晉樂王鮒曰：“《小旻》

之卒章善矣，吾從之。”[一三]

［一］設君服，二人執戈陳於前以自衛。離，陳也。

［二］美服似君。

［三］禮，國君行，有二執戈者在前。

［四］公子圍在會，特緝蒲爲王殿屋，屏蔽以自殊異。言既造王宮而居之，雖服君服，無所怪也。

［五］聞諸大夫譏之，故言假以飾令尹過。

［六］言將遂爲君。

［七］襄三十年鄭子晳殺伯有，背命放誕，將爲國難。言子且自憂此，無爲憂令尹不反戈。

［八］子羽，行人揮。當璧謂棄疾，事在昭十三年。言棄疾有當璧之命，圍雖取國，猶將有難，不無憂也。

［九］國子，國弱也。二子謂王子圍及伯州犂。圍此冬便篡位，不能自終。州犂亦尋爲圍所殺，故言可愍。

［一〇］言以憂生事，事成而樂。

［一一］齊子，齊惡。言先知爲備，雖有憂難，無所損害。

［一二］共承大國命，不能知其禍福。

［一三］《小旻》，《詩·小雅》。其卒章義取非唯暴虎馮河之可畏也，不敬小人亦危殆。王鮒從斯義，故不敢譏議公子圍。

退會，子羽謂子皮曰：“叔孫絞而婉，[一] 宋左師簡而禮，[二] 樂王鮒字而敬，[三] 子與子家持之，[四] 皆保世之主也。齊、衛、陳大夫其不免乎？國子代人憂，子招樂憂，齊子雖憂弗害。夫弗及而憂，與可憂而樂，與憂而弗害，皆取憂之道也，憂必及之。《大誓》曰：‘民之所欲，天必

從之。’[五]三大夫兆憂，憂能無至乎？[六]言以知物，其是之謂矣。”[七]

[一]絞，切也。譏其似君，反謂之美，故曰“婉”。

[二]無所臧否，故曰“簡”。共事大國，故曰“禮”。

[三]字，愛也。不犯凶人，所以自愛敬。

[四]子，子皮。子家，蔡公孫歸生。持之，言無所取與。

[五]逸《書》。

[六]開憂兆也。

[七]物，類也。察言以知禍福之類。八年，陳招殺大子。國弱、齊惡當身各無患。

〔昭經·元·三〕

三月，取鄆。[一]

[一]不稱將帥，將卑師少。書“取”，言易也。

(昭傳·元·二)

季武子伐莒，取鄆。[一]莒人告於會。楚告於晉曰：“尋盟未退，[二]而魯伐莒，瀆齊盟，[三]請戮其使。”[四]樂桓子相趙文子，[五]欲求貨於叔孫而爲之請，使請帶焉。[六]弗與。梁其踁曰：“貨以藩身，子何愛焉？”[七]叔孫曰：“諸侯之會，衛社稷也。我以貨免，魯必受師。[八]是禍之也，何衛之爲？人之有牆，以蔽惡也。[九]牆之隙壞，誰之咎也？[一〇]衛而惡之，吾又甚焉。[一一]雖怨季孫，魯國何罪？[一二]叔出季處，有自來矣，吾又誰怨？[一三]然鮒也賄，弗與不已。”召使者，裂裳帛而與之，曰：“帶其褊矣。”[一四]

[一]兵未加莒而鄆服，故書“取”而不言伐。

［二］尋弭兵之盟。

［三］瀆，慢也。

［四］時叔孫豹在會，欲戮之。

［五］桓子，樂王鮒。相，佐也。

［六］難指求貨，故以帶爲辭。

［七］蹬，叔孫家臣。

［八］言不戮其使，必伐其國。

［九］喻己爲國衛，如牆爲人蔽。

［一〇］咎在牆。

［一一］罪甚牆。

［一二］怨季孫之伐莒。

［一三］季孫守國，叔孫出使，所從來久，今過此戮〔一〕，無所怨也。

［一四］言帶褊盡，故裂裳示不相逆。

趙孟聞之，曰："臨患不忘國，忠也。[一]思難不越官，信也。[二]圖國忘死，貞也。[三]謀主三者，義也。[四]有是四者，又可戮乎？"[五]乃請諸楚曰："魯雖有罪，其執事不辟難，[六]畏威而敬命矣。[七]子若免之，以勸左右可也。若子之群吏，處不辟污，[八]出不逃難，[九]其何患之有？患之所生，污而不治，難而不守，所由來也。能是二者，又何患焉？不靖其能，其誰從之？[一〇]魯叔孫豹可謂能矣，請免之以靖能者。子會而赦有罪，[一一]又賞其賢，[一二]諸侯其誰不欣焉望楚而歸之，視遠如邇？疆埸之邑，一彼一此，何常之有？[一三]王伯之令也，[一四]引其封疆，[一五]而

〔一〕今過此戮　"過"，阮刻本作"遇"。

樹之官，[一六]舉之表旗，[一七]而著之制令。[一八]過則有刑，猶不可壹。於是乎虞有三苗，[一九]夏有觀、扈，[二〇]商有姺、邳，[二一]周有徐、奄。[二二]

［一］謂言魯國何罪。

［二］謂言叔出季處。

［三］謂不以貨免。

［四］三者，忠、信、貞。

［五］并義而四。

［六］執事，謂叔孫。

［七］謂不敢辟戮。

［八］污，勞事。

［九］不苟免。

［一〇］安靖賢能，則衆附從。

［一一］不伐魯。

［一二］赦叔孫。

［一三］言今衰世，疆場無定主。

［一四］言三王、五伯有令德時。

［一五］引，正也。正封界。

［一六］樹，立也。立官以守國。

［一七］旌旗以表貴賤。

［一八］爲諸侯作制度、法令，使不得相侵犯。

［一九］三苗，饕餮，放三危者。

［二〇］觀國，今頓丘衛縣。扈在始平鄠縣。《書序》曰："啓與有扈戰于甘之野。"

［二一］二國，商諸侯。邳，今下邳縣。

［二二］二國皆嬴姓。《書序》曰："成王伐淮夷，遂踐奄。"徐即淮夷。

"自無令王，諸侯逐進，[一]狎主齊盟，其又可壹乎？[二]恤大舍小，足以爲盟主，[三]又焉用之？[四]封疆之削，何國蔑有？主齊盟者，誰能辯焉？[五]吴、濮有釁，楚之執事，豈其顧盟？[六]莒之疆事，楚勿與知，諸侯無煩，不亦可乎？莒、魯爭鄆，爲日久矣。苟無大害，於其社稷，可無亢也。[七]去煩宥善，莫不競勸。子其圖之。"固請諸楚，楚人許之，乃免叔孫。

［一］逐，猶競也。

［二］彊弱無常，故更主盟。

［三］大，謂篡弑滅亡之禍。

［四］焉用治小事。

［五］辯，治也。

［六］吴在東，濮在南。今建寧郡南有濮夷。釁，過也。

［七］亢，禦。

〔左氏附〕

（昭傳·元·三）

令尹享趙孟，賦《大明》之首章，[一]趙孟賦《小宛》之二章。[二]事畢，趙孟謂叔向曰："令尹自以爲王矣，何如？"[三]對曰："王弱，令尹彊，其可哉！[四]雖可，不終。"趙孟曰："何故？"對曰："彊以克弱而安之，彊不義也。[五]不義而彊，其斃必速。《詩》曰'赫赫宗周，褒姒滅之’，彊不義也。[六]令尹爲王，必求諸侯。晉少懦矣，[七]諸侯將往。若獲諸侯，其虐滋甚。[八]民弗堪也，將何以終？夫以彊取，[九]不義而克，必以爲道。[一〇]道以淫虐，弗可久已矣。”[一一]

［一］《大明》，《詩·大雅》。首章言文王明明照於下，故能赫赫盛於上。令尹意在首章，故特稱首章以自光大。

［二］《小宛》，《詩·小雅》。二章取其“各敬爾儀，天命不又”，言天命一去，不可復還，以戒令尹。

［三］問將能成否。

［四］言可成。

［五］安於勝君，是彊而不義。

［六］《詩·小雅》。褒姒，周幽王后。幽王惑焉，而行不義，遂至滅亡。言雖赫赫盛彊，不義足以滅之。

［七］懦，弱也。

［八］滋，益也。

［九］取不以道。

［一〇］以不義爲道。

［一一］爲十三年楚弑靈王《傳》。

〔左氏附〕

(昭傳·元·四)

夏四月，趙孟、叔孫豹、曹大夫入于鄭，[一]鄭伯兼享之。子皮戒趙孟，[二]禮終，趙孟賦《瓠葉》。[三]子皮遂戒穆叔，且告之。[四]穆叔曰：“趙孟欲一獻，[五]子其從之。”子皮曰：“敢乎？”[六]穆叔曰：“夫人之所欲也，又何不敢？”[七]及享，具五獻之籩豆於幕下。[八]趙孟辭，[九]私於子産[一〇]曰：“武請於冢宰矣。”[一一]乃用一獻。趙孟爲客，禮終乃宴。[一二]穆叔賦《鵲巢》，[一三]趙孟曰：“武不堪也。”又賦《采蘩》，[一四]曰：“小國爲蘩，大國省穡而用之，其何實非命？”[一五]子皮賦《野有死麕》之卒章。[一六]趙孟賦《常棣》，[一七]且曰：“吾兄弟比以安，尨也可使無吠。”[一八]穆叔、子皮及曹大夫興，拜，[一九]舉兕爵曰：“小國賴子，知免於戾矣。”[二〇]飲酒樂。趙孟出，曰：“吾不復此矣。”[二一]

［一］會罷過鄭。

［二］戒享期。

［三］受所戒禮畢，而賦詩。《瓠葉》，《詩·小雅》。義取古人不以微薄廢禮，雖瓠葉兔首，猶與賓客享之。

［四］告以趙孟賦《瓠葉》。

［五］《瓠葉》詩義取薄物而以獻酬，知欲一獻。

［六］言不敢。

［七］夫人，趙孟。

［八］朝聘之制，大國之卿五獻。

［九］趙孟自以今非聘鄭，故辭五獻。

［一〇］私語。

［一一］冢宰，子皮。請，謂賦《瓠葉》。

［一二］卿會公侯，享宴皆折俎，不體薦。

［一三］《鵲巢》，《詩·召南》。言鵲有巢而鳩居之，喻晉君有國，趙孟治之。

［一四］亦《詩·召南》。義取蘩菜薄物，可以薦公侯，享其信，

不求其厚。

［一五］穆叔言小國微薄猶蘩菜，大國能省愛用之而不棄，則何敢不從命。穡，愛也。

［一六］《野有死麕》，《詩·召南》。卒章曰："舒而脱脱兮，無感我帨兮，無使尨也吠。"脱脱，安徐。帨，佩巾。義取君子徐以禮來，無使我失節而使狗驚吠。喻趙孟以義撫諸侯，無以非禮相加陵。

［一七］《常棣》，《詩·小雅》。取其"凡今之人，莫如兄弟"，言欲親兄弟之國。

［一八］受子皮之詩。

［一九］三大夫皆兄弟國。興，起也。

［二〇］兕爵所以罰不敬。言小國蒙趙孟德比以安，自知免此罰戮。

［二一］不復見此樂。

〔左氏附〕

（昭傳·元·五）

天王使劉定公勞趙孟於潁，館於雒汭。[一]劉子曰："美哉禹功，[二]明德遠矣。微禹，吾其魚乎？吾與子弁冕端委，以治民臨諸侯，禹之力也。[三]子盍亦遠績禹功，而大庇民乎？"[四]對曰："老夫罪戾是懼，焉能恤遠？吾儕偷食，朝不謀夕，何其長也？"[五]劉子歸，以語王曰："諺所謂老將知而耄及之者〔一〕，[六]其趙孟之謂乎？爲晉正卿，以主諸侯，而儕於隸人，朝不謀夕，[七]棄神人矣。[八]神怒民叛，何

〔一〕諺所謂老將知而耄及之者　"知"，原作"至"，據石經改。

以能久？趙孟不復年矣。[九]神怒，不歆其祀；民叛，不即其事。祀事不從，又何以年？”[一〇]

［一］王，周景王。定公，劉夏。潁水出陽成縣。雒汭在河南鞏縣南。水曲流爲汭。

［二］見河、雒而思禹功。

［三］弁冕，冠也。端委，禮衣。言今得共服冠冕有國家者，皆由禹之力。

［四］勸趙孟使纂禹功。

［五］言欲苟免目前，不能念長久。

［六］八十曰耄。耄，亂也。

［七］言其自比於賤人，而無恤民之心。

［八］民爲神主，不恤民，故神人皆去。

［九］言將死，不復見明年。

［一〇］爲此冬趙孟卒起本。

〔左氏附〕

(昭傳·元·六)

叔孫歸，[一]曾夭御季孫以勞之。旦及日中不出。[二]曾夭謂曾阜[三]曰〔一〕：“旦及日中，吾知罪矣。魯以相忍爲國也，忍其外不忍其内，焉用之？”[四]阜曰：“數月於外，[五]一旦於是，庸何傷？賈而欲贏，而惡囂乎？”[六]阜謂叔孫曰：“可以出矣。”叔孫指楹曰：“雖惡是，其可去乎？”乃出見之。[七]

［一］虢會歸。

〔一〕曾夭謂曾阜曰　“謂”，原作“請”，據石經改。

［二］恨季孫伐莒〔一〕，使己幾被戮。

［三］曾阜，叔孫家臣。

［四］欲受楚戮，是忍其外。日中不出，是不忍其內。

［五］言叔孫勞役在外數月。

［六］言譬如商賈求贏利者，不得惡諠囂之聲。

［七］楹，柱也。以諭魯有季孫，猶屋有柱。

〔左氏附〕

(昭傳·元·七)

鄭徐吾犯之妹美，[一] 公孫楚聘之矣，[二] 公孫黑又使强委禽焉。[三] 犯懼，告子產，子產曰："是國無政，非子之患也。唯所欲與。"犯請於二子，請使女擇焉。皆許之。子皙盛飾入，布幣而出。[四] 子南戎服入，左右射，超乘而出。女自房觀之，曰："子皙信美矣，抑子南夫也。[五] 夫夫婦婦，所謂順也。"適子南氏。子皙怒，既而櫜甲以見子南，欲殺之而取其妻。子南知之，執戈逐之。及衝，擊之以戈。[六] 子皙傷而歸，告大夫曰："我好見之，不知其有異志也，故傷。"

［一］犯，鄭大夫。

［二］楚子南，穆公孫。

［三］禽，鴈也。納采用鴈。

［四］布陳贄幣。子皙，公孫黑。

［五］言丈夫。

［六］衝，交道。

〔一〕恨季孫伐莒 "莒"，原作"者"，據興國軍本改。

大夫皆謀之。子産曰:“直鈞,幼賤有罪,罪在楚也。”[一]乃執子南而數之曰:“國之大節有五,女皆奸之。[二]畏君之威,聽其政,尊其貴,事其長,養其親,五者所以爲國也。今君在國,女用兵焉,不畏威也。奸國之紀,不聽政也。[三]子晳上大夫,女嬖大夫,而弗下之,不尊貴也。幼而不忌,不事長也。[四]兵其從兄,不養親也。君曰:‘余不女忍殺,宥女以遠。’勉速行乎?無重而罪。”五月庚辰,鄭放游楚於吴,將行子南,子産咨於大叔。[五]大叔曰:“吉不能亢身,焉能亢宗?[六]彼國政也,非私難也。子圖鄭國,利則行之,又何疑焉?周公殺管叔而蔡蔡叔,[七]夫豈不愛?王室故也。吉若獲戾,子將行之,何有於諸游?”[八]

[一]先聘,子南直也。子南用戈,子晳直也。子産力未能討,故鈞其事,歸罪於楚。

[二]奸,犯也。

[三]奸國之紀,謂傷人。

[四]忌,畏也。

[五]大叔,游楚之兄子。

[六]亢,蔽也。

[七]蔡,放也。

[八]爲二年鄭殺公孫黑《傳》。

〔昭經·元·四〕

夏,秦伯之弟鍼出奔晉。[一]

[一]稱弟,罪秦伯。

(昭傳·元·八)

秦后子有寵於桓，如二君於景。[一]其母曰："弗去，懼選。"[二]癸卯，鍼適晉，其車千乘。書曰'秦伯之弟鍼出奔晉'，罪秦伯也。[三]后子享晉侯，[四]造舟于河，[五]十里舍車，[六]自雍及絳。[七]歸取酬幣，[八]終事八反。[九]司馬侯問焉，曰："子之車，盡於此而已乎？"對曰："此之謂多矣。若能少此，吾何以得見？"[一〇]女叔齊以告公，[一一]且曰："秦公子必歸。臣聞君子能知其過，必有令圖。令圖，天所贊也。"

［一］后子，秦桓公子，景公母弟鍼也。其權寵如兩君。

［二］選，數也。恐景公數其罪而加戮。

［三］罪失教。

［四］爲晉侯設享禮。

［五］造舟爲梁，通秦、晉之道。

［六］一舍八乘，爲八反之備。

［七］雍、絳相去千里，用車八百乘。

［八］備九獻之儀，始禮自齎其一，故續送其八酬酒幣。

［九］每十里以八乘車，各以次載幣，相授而還，不徑至，故言"八反"。千里用車八百乘，其二百乘以自隨，故言"千乘"。《傳》言秦鍼之出，極奢富以成禮，欲盡敬於所赴。

［一〇］言己坐車多，故出奔。

［一一］叔齊，司馬侯。

后子見趙孟，趙孟曰："吾子其曷歸？"[一]對曰："鍼懼選於寡君，是以在此，將待嗣君。"趙孟曰："秦君何如?”對曰:“無道。”趙孟曰:“亡乎?”對曰:“何爲?一世無道,國未艾也。[二]國於天地,有與立焉。[三]不數世淫,弗能斃也。”趙孟曰:“天乎?”對曰:“有焉。”趙孟曰:“其幾何?”對曰:“鍼聞之,國無道而年穀和熟,天贊之也。[四]鮮不五稔。”[五]趙孟視蔭曰:“朝夕不相及,誰能待五?”[六]后子出而告人曰:“趙孟將死矣。主民,翫歲而愒日,[七]其與幾何?”[八]

[一]問何時當歸。

[二]艾,絶也。

[三]言欲輔助之者多。

[四]贊,佐助也。

[五]鮮,少也。少尚當歷五年,多則不啻。

[六]蔭,日景也。趙孟意衰,以日景自喻,故言“朝夕不相及,誰能待五”。

[七]翫、愒,皆貪也。

[八]言不能久。

〔左氏附〕

(昭傳·元·九)

鄭爲游楚亂故,[一]六月丁巳,鄭伯及其大夫盟于公孫段氏。罕虎、公孫僑、公孫段、印段、游吉、駟帶私盟于閨門之外,實薰隧。[二]公孫黑强與於盟,使大史書其名,且曰“七子”。[三]子産弗討。[四]

[一]游楚,子南。

[二]閨門,鄭城門。薰隧,門外道名。實之者,爲明年子産數子

晢罪，稱薰隧盟起本。

［三］自欲同於六卿，故曰“七子”。

［四］子晢強，討之恐亂國。

〔昭經·元·五〕

六月丁巳，邾子華卒。[一]

［一］無《傳》。三同盟。

〔昭經·元·六〕

晉荀吳帥師敗狄于大鹵。[一]

［一］大鹵，大原晉陽縣。

(昭傳·元·十)

晉中行穆子敗無終及群狄于大原，[一]崇卒也。[二]將戰，魏舒曰：“彼徒我車，所遇又阨，[三]以什共車必克。[四]困諸阨，又克。[五]請皆卒，[六]自我始。”乃毀車以爲行，[七]五乘爲三伍。[八]荀吳之嬖人不肯即卒，斬以徇。[九]爲五陳以相離，兩於前，伍於後，專爲右角，參爲左角，偏爲前拒，[一〇]以誘之。翟人笑之。[一一]未陳而薄之，大敗之。[一二]

［一］即大鹵也。無終，山戎。

［二］崇，聚也。

［三］地險，不便車。

［四］更增十人以當一車之用。

［五］車每困於阨道，今去車，故爲必克。

［六］去車爲步卒。

［七］魏舒先自毀其屬車爲步陳。

［八］乘車者，車三人，五乘十五人。今改去車，更以五人爲伍，分爲三伍。

［九］魏舒輒斬之，荀吴不恨，所以能立功。

［一〇］皆臨時處置之名。

［一一］笑其失常。

［一二］《傳》言荀吴能用善謀。

〔昭經·元·七〕

秋，莒去疾自齊入于莒。[一] **莒展輿出奔吴。**[二]

［一］國逆而立之曰入。

［二］弒君賊。未會諸侯，故不稱爵。

（昭傳·元·十一）

莒展輿立而奪群公子秩。公子召去疾于齊。秋，齊公子鉏納去疾，[一] 展輿奔吴。[二]

［一］齊雖納去疾，莒人先召之，故從國逆例書“入”。去疾奔齊在襄三十一年。

［二］吴外孫。

〔昭經·元·八〕

叔弓帥師疆鄆田。[一]

［一］春取鄆，今正其封疆。

（昭傳·元·十二）

叔弓帥師疆鄆田，因莒亂也。[一] 於是莒務婁、瞀胡及公子滅明以大厖與常儀靡奔齊。[二] 君子曰：“莒展之不立，

棄人也夫。[三] 人可棄乎？《詩》曰‘無競維人〔一〕’，善矣。”[四]

［一］此春取鄆，今正其疆界。

［二］三子，展輿黨。大厖、常儀靡，莒二邑。

［三］奪群公子秩，是棄人。

［四］《詩·周頌》。言惟得人，則國家彊。

〔昭經·元·九〕

葬邾悼公。[一]

［一］無《傳》。

〔左氏附〕

（昭傳·元·十三）

晉侯有疾，鄭伯使公孫僑如晉聘，且問疾。叔向問焉，曰：“寡君之疾病，卜人曰‘實沈、臺駘爲祟〔二〕’，史莫之知，敢問此何神也？”子産曰：“昔高辛氏有二子，伯曰閼伯、季曰實沈，[一] 居于曠林，不相能也。[二] 日尋干戈，以相征討。[三] 后帝不臧，[四] 遷閼伯于商丘，主辰。[五] 商人是因，故辰爲商星。[六] 遷實沈于大夏，主參。[七] 唐人是因，以服事夏、商，[八] 其季世曰唐叔虞。[九] 當武王邑姜方震大叔，[一〇] 夢帝謂己：‘余命而子曰虞，[一一] 將與之唐，屬諸參而蕃育其子孫。’及生，有文在其手曰‘虞’，遂以命之。及成王滅唐而封大叔焉，故參爲晉星。[一二] 由是觀之，則實沈，參神也。

〔一〕 詩曰無競維人　按：阮校曰：“石經、宋本、淳熙本、明翻岳本‘維’作‘惟’。”

〔二〕 臺駘爲祟　“祟”，阮刻本訛作“崇”。

［一］高辛，帝嚳。

［二］曠林，地闕。

［三］尋，用也。

［四］后帝，堯也。臧，善也。

［五］商丘，宋地，主祀辰星。辰，大火也。

［六］商人，湯先相土封商丘，因閼伯故國，祀辰星。

［七］大夏，今晉陽縣。

［八］唐人若劉累之等。累遷魯縣，此在大夏。

［九］唐人之季世，其君曰叔虞。

［一〇］邑姜，武王后，齊大公之女。懷胎爲震。大叔，成王之弟叔虞。

［一一］帝，天，取唐君之名。

［一二］叔虞封唐，是爲晉侯。

“昔金天氏有裔子曰昧，爲玄冥師，生允格、臺駘。[一]臺駘能業其官，[二]宣汾、洮，[三]障大澤，[四]以處大原。[五]帝用嘉之，封諸汾川。[六]沈、姒、蓐、黄，實守其祀。[七]今晉主汾而滅之矣。[八]由是觀之，則臺駘，汾神也。抑此二者，不及君身。山川之神，則水旱癘疫之災，於是乎禜之。[九]日月星辰之神，則雪霜風雨之不時，於是乎禜之。[一〇]

［一］金天氏，帝少皡。裔，遠也。玄冥，水官。昧爲水官之長。

［二］纂昧之業。

［三］宣，猶通也。汾、洮，二水名。

［四］陂障之。

［五］大原，晉陽也，臺駘之所居。

［六］帝，顓頊。

［七］四國，臺駘之後。

［八］滅四國。

［九］有水旱之災，則禜祭山川之神若臺駘者。《周禮》"四曰禜"祭。爲營欑，用幣，以祈福祥。

［一〇］星辰之神若實沈者。

"若君身，則亦出入飲食哀樂之事也。山川星辰之神，又何爲焉？[一] 僑聞之，君子有四時：朝以聽政，[二] 晝以訪問，[三] 夕以脩令，[四] 夜以安身。於是乎節宣其氣，[五] 勿使有所壅閉湫底，以露其體。[六] 兹心不爽，而昏亂百度。[七] 今無乃壹之，[八] 則生疾矣。僑又聞之，内官不及同姓，[九] 其生不殖，[一〇] 美先盡矣，則相生疾，[一一] 君子是以惡之。故《志》曰：'買妾不知其姓，則卜之。'違此二者，古之所慎也。[一二] 男女辨姓，禮之大司也。[一三] 今君内實有四姬焉，[一四] 其無乃是也乎？若由是二者，弗可爲也已。[一五] 四姬有省猶可，無則必生疾矣。"[一六] 叔向曰："善哉！肸未之聞也，此皆然矣。"

［一］言實沈、臺駘不爲君疾。

［二］聽國政。

［三］問可否。

［四］念所施。

［五］宣，散也。

［六］湫，集也。底，滯也。露，羸也。壹之，則血氣集滯而體羸露。

［七］玆，此也。爽，明也。百度，百事之節。

［八］同四時也。

［九］内官，嬪御。

［一〇］殖，長也。

［一一］同姓之相與，先美矣。美極則盡，盡則生疾。

［一二］壹四時，取同姓，二者古人所慎。

［一三］辨，別也。

［一四］同姓姬四人。

［一五］爲，治也。

［一六］據異姓，去同姓，故言省。

叔向出，行人揮送之。[一]叔向問鄭故焉，且問子晳。對曰："其與幾何？[二]無禮而好陵人，怙富而卑其上，弗能久矣。"[三]晉侯聞子産之言，曰："博物君子也。"重賄之。

［一］送叔向。

［二］言將敗不久。

［三］爲明年鄭殺公孫黑《傳》。

〔左氏附〕

(昭傳·元·十四)

晉侯求醫於秦。秦伯使醫和視之，曰："疾不可爲也。是謂近女室，疾如蠱。[一]非鬼非食，惑以喪志。[二]良臣將死，天命不祐。"[三]公曰："女不可近乎？"對曰："節之。先王之樂，所以節百事也，故有五節。[四]遲速本末以相及，中聲以降，五降之後，不容彈矣。[五]於是有煩手淫聲，慆堙心耳，乃忘平和，君子弗聽也。[六]物亦如之。[七]至於煩，乃舍也已，無以生疾。[八]君子之近琴瑟以儀節也，非以慆心也。[九]天有六氣，[一〇]降生五味，[一一]發爲五色，[一二]徵爲五聲，[一三]淫生六疾。[一四]六氣曰陰、陽、風、雨、晦、明也。分爲四時，序爲五節。[一五]過則爲菑：陰淫寒疾，[一六]陽淫熱疾，[一七]風淫末疾，[一八]雨淫腹疾，[一九]晦淫惑疾，[二〇]明淫心疾。[二一]女，陽物而晦時，淫則生内熱惑蠱之疾。[二二]今君不節不時，能無及此乎？”

［一］蠱，惑疾。

［二］惑女色而失志。

［三］良臣不匡救君過，故將死而不爲天所祐。

［四］五聲之節。

［五］此謂先王之樂得中聲，聲成五降而息也。降，罷退。

［六］五降而不息，則雜聲並奏，所謂鄭、衛之聲。

［七］言百事皆如樂，不可失節。

［八］煩不舍則生疾。

［九］爲心之節儀，使動不過度。

［一〇］謂陰、陽、風、雨、晦、明也。

［一一］謂金味辛，木味酸，水味鹹，火味苦，土味甘，皆由陰陽風雨而生。

［一二］辛色白，酸色青，鹹色黑，苦色赤，甘色黄。發，見也。

［一三］白聲商，青聲角，黑聲羽，赤聲徵，黄聲宫。徵，驗也。

［一四］淫，過也。滋味聲色所以養人，然過則生害。

［一五］六氣之化，分而序之，則成四時，得五行之節[一]。

〔一〕得五行之節　“節”，原作“郁”，據阮刻本改。

［一六］寒過則爲冷〔一〕。

［一七］熱過則喘渴。

［一八］末，四支也。風爲緩急。

［一九］雨濕之氣爲洩注。

［二〇］晦，夜也。爲宴寢過節則心惑亂。

［二一］明，晝也。思慮煩多，心勞生疾。

［二二］女常隨男，故言“陽物”。家道常在夜，故言“晦時”。

出告趙孟。趙孟曰：“誰當良臣？”對曰：“主是謂矣。主相晉國，於今八年。晉國無亂，諸侯無闕，可謂良矣。和聞之，國之大臣，榮其寵禄，任其大節，有菑禍興而無改焉，[一]必受其咎。今君至於淫以生疾，將不能圖恤社稷，禍孰大焉！主不能禦，吾是以云也。”[二]趙孟曰：“何謂蠱？”對曰：“淫溺惑亂之所生也。[三]於文，皿蟲爲蠱，[四]穀之飛亦爲蠱。[五]在《周易》，女惑男，風落山，謂之《蠱》☶。[六]皆同物也。”[七]趙孟曰：“良醫也。”厚其禮而歸之。[八]

［一］改，改行以救菑。

［二］云主將死。

［三］溺，沈没於嗜欲。

［四］文，字也。皿，器也。器受蟲害者爲蠱〔二〕。

［五］穀久積則變爲飛蟲，名曰蠱。

〔一〕寒過則爲冷　“冷”，原作“泠”，據文義改。

〔二〕器受蟲害者爲蠱　按：阮校曰：“宋本、淳熙本、纂圖本、明翻岳本、閩本、監本、毛本‘蠱書’作‘蟲害’也。”

［六］《巽》下《艮》上，《蠱》。《巽》爲長女，爲風。《艮》爲少男，爲山。少男而説長女，非匹，故惑。山木得風而落。

［七］物，猶類也。

［八］贈賄之禮〔一〕。

〔昭經·元·十〕

冬十有一月己酉，楚子麇卒。［一］

［一］楚以瘧疾赴，故不書弑。

（昭傳·元·十五）

楚公子圍使公子黑肱、伯州犂城犨、櫟、郟。［一］鄭人懼。子産曰："不害。令尹將行大事，［二］而先除二子也。［三］禍不及鄭，何患焉？"冬，楚公子圍將聘于鄭，伍舉爲介。未出竟，聞王有疾而還，伍舉遂聘。十一月己酉，公子圍至，入問王疾，縊而弑之。［四］遂殺其二子幕及平夏。［五］右尹子干出奔晉，［六］宫廄尹子晳出奔鄭。［七］殺大宰伯州犂于郟。葬王于郟，謂之郟敖。［八］使赴于鄭，伍舉問應爲後之辭焉。［九］對曰："寡大夫圍。"伍舉更之曰："共王之子圍爲長。"［一〇］

［一］黑肱，王子圍之弟子晳也。犨縣屬南陽；郟縣屬襄城；櫟，今河南陽翟縣。三邑本鄭地。

［二］謂將弑君。

［三］二子謂黑肱、伯州犂。

［四］縊，絞也。孫卿曰："以冠纓絞之。"《長曆》推己酉十二月六日。《經》《傳》皆言"十一月"，月誤也。

〔一〕贈賄之禮　"贈賄"，阮刻本作"賄贈"。

［五］皆郟敖子。

［六］子干，王子比。

［七］因築城而去。

［八］郟敖，楚子麇。

［九］問赴者。

［一〇］伍舉更赴辭，使從禮，此告終稱嗣，不以篡弑赴諸侯。

子干奔晉，從車五乘。叔向使與秦公子同食，[一]皆百人之餼。[二]趙文子曰："秦公子富。"[三]叔向曰："厎祿以德〔一〕，[四]德鈞以年，年同以尊。公子以國，不聞以富。且夫以千乘去其國，彊禦已甚。《詩》曰：'不侮鰥寡，不畏彊禦。'[五]秦、楚，匹也。"使后子與子干齒。[六]辭曰："鍼懼選，楚公子不獲，是以皆來，亦唯命。[七]且臣與羈齒，無乃不可乎？[八]史佚有言曰：'非羈何忌？'"[九]

［一］食祿同。

［二］百人，一卒也。其祿足百人。

［三］謂秦鍼富强，秩祿不宜與子干同。

［四］厎，致也。

［五］《詩·大雅》。侮，陵也。

［六］以年齒爲高下而坐。

［七］不獲，不得自安。言俱奔，事有優劣，唯主人命所處。謙辭。

［八］后子先來仕，欲自同於晉臣，爲主人。子干後來奔，以爲羈

〔一〕厎祿以德　"厎"，原作"底"，據石經、杜注、《釋文》改。按：阮校曰："石經、宋本、明翻岳本'底'作'厎'，不誤。"

旅之客。

［九］忌，敬也。欲謙以自別。

〔左氏附〕

（昭傳·元·十六）

楚靈王即位，薳罷爲令尹，薳啓彊爲大宰。[一] 鄭游吉如楚，葬郟敖，且聘立君。歸，謂子産曰："具行器矣。[二] 楚王汰侈而自説其事，必合諸侯。吾往無日矣。"子産曰："不數年，未能也。"[三]

［一］靈王，公子圍也，即位易名熊虔。

［二］行器，謂會備也〔一〕。

［三］爲四年會申《傳》。

〔昭經·元·十一〕

楚公子比出奔晉。[一]

［一］書名，罪之。

〔左氏附〕

（昭傳·元·十七）

十二月，晉既烝，[一] 趙孟適南陽，將會孟子餘。[二] 甲辰朔，烝于溫。[三] 庚戌，卒。[四] 鄭伯如晉弔，及雍，乃復。[五]

［一］烝，冬祭也。

〔一〕 謂會備也　原作"謂備"，興國軍本作"會備"。按：阮校曰："宋本、淳熙本、明翻岳本、監本、毛本'謂'作'會'。"據金澤文庫本補。

［二］孟子餘，趙衰，趙武之曾祖。其廟在晉之南陽溫縣。往會祭之。

［三］趙氏烝祭。甲辰，十二月朔。晉既烝，趙孟乃烝其家廟，則晉烝當在甲辰之前〔一〕。《傳》言"十二月"，月誤。

［四］十二月七日，終劉定公、秦后子之言。

［五］弔趙氏。蓋趙氏辭之而還。《傳》言大夫彊，諸侯畏而弔之。

〔一〕則晉烝當在甲辰之前　"在"，阮刻本作"作"。

昭公二年

〔昭經·二·一〕

二年春，晉侯使韓起來聘。

(昭傳·二·一)

二年春，晉侯使韓宣子來聘，[一] 且告爲政而來見，禮也。[二] 觀書於大史氏，見《易象》與《魯春秋》，曰："周禮盡在魯矣。[三] 吾乃今知周公之德與周之所以王也。"[四] 公享之。季武子賦《緜》之卒章。[五] 韓子賦《角弓》，[六] 季武子拜曰："敢拜子之彌縫敝邑，寡君有望矣。"[七] 武子賦《節》之卒章。[八] 既享，宴于季氏，有嘉樹焉，宣子譽之。[九] 武子曰："宿敢不封殖此樹，以無忘《角弓》。"[一〇] 遂賦《甘棠》。[一一] 宣子曰："起不堪也，無以及召公。"

[一] 公即位故。

[二] 代趙武爲政。雖盟主而脩好同盟，故曰"禮"。

[三]《易象》，上下經之《象辭》。《魯春秋》，史記之策書。《春秋》遵周公之典以序事，故曰"周禮盡在魯矣"。

[四]《易象》《春秋》，文王、周公之制。當此時，儒道廢，諸國多闕，唯魯備，故宣子適魯而説之。

[五]《緜》，《詩·大雅》。卒章取文王有四臣，故能以緜緜致興盛。以晉侯比文王，以韓子比四輔。

[六]《角弓》，《詩·小雅》。取其"兄弟昏姻，無胥遠矣"，言兄弟之國宜相親。

[七] 彌縫，猶補合也，謂以兄弟之義。

［八］《節》，《詩·小雅》。卒章取"式訛爾心，以畜萬邦"，以言晉德可以畜萬邦。

［九］譽其好也。

［一〇］封，厚也。殖，長也。

［一一］《甘棠》，《詩·召南》。召伯息於甘棠之下，詩人思之而愛其樹。武子欲封殖嘉樹如甘棠，以宣子比召公。

宣子遂如齊納幣。[一] 見子雅。子雅召子旗，[二] 使見宣子。宣子曰："非保家之主也，不臣。"[三] 見子尾，子尾見彊。[四] 宣子謂之如子旗。[五] 大夫多笑之，唯晏子信之，曰："夫子，君子也。[六] 君子有信，其有以知之矣。"[七] 自齊聘於衛。衛侯享之，北宫文子賦《淇澳》，[八] 宣子賦《木瓜》。[九]

［一］爲平公聘少姜。

［二］子旗，子雅之子。

［三］志氣亢。

［四］彊，子尾之子。

［五］亦不臣。

［六］夫子〔一〕，韓起。

［七］爲十年齊欒施、高彊來奔張本。

［八］《淇澳》，《詩·衛風》。美武公也。言宣子有武公之德。

［九］《木瓜》亦《衛風》，義取於欲厚報以爲好。

〔一〕夫子　"子"，原作"人"，據阮刻本改。

〔左氏附〕

(昭傳·二·二)

夏四月，韓須如齊逆女。[一] 齊陳無宇送女，致少姜。少姜有寵於晉侯，晉侯謂之少齊。[二] 謂陳無宇非卿，[三] 執諸中都。[四] 少姜爲之請曰："送從逆班，[五] 畏大國也，猶有所易，是以亂作。"[六]

[一] 須，韓起之子，逆少姜。

[二] 爲立别號，所以寵異之。

[三] 欲使齊以適夫人禮送少姜。

[四] 中都，晉邑，在西河界休縣東南。

[五] 班，列也。

[六] 韓須，公族大夫。陳無宇，上大夫。言齊畏晉，改易禮制，使上大夫送，遂致此執辱之罪。蓋少姜謙以示譏。

〔昭經·二·二〕

夏，叔弓如晉。[一]

[一] 叔弓，叔老子。

(昭傳·二·三)

叔弓聘于晉，報宣子也。[一] 晉侯使郊勞。[二] 辭曰："寡君使弓來繼舊好，固曰：'女無敢爲賓。'徹命於執事，敝邑弘矣。[三] 敢辱郊使？請辭。"[四] 致館。辭曰："寡君命下臣來繼舊好，好合使成，臣之祿也。[五] 敢辱大館？"[六] 叔向曰："子叔子知禮哉！吾聞之曰：'忠信，禮之器也。卑讓，禮之宗也。'[七] 辭不忘國，忠信也。[八] 先國後己，卑讓也。[九]《詩》曰：'敬慎威儀，以近有德。'

夫子近德矣。”[一〇]

［一］此春韓宣子來聘。

［二］《聘禮》：賓至近郊，君使卿勞之。

［三］徹，達也。

［四］辭郊勞。

［五］得通君命，則於己爲榮祿。

［六］敢，不敢。

［七］宗，猶主也。

［八］謂稱舊好。

［九］始稱敝邑之弘，先國也。次稱臣之祿，後己也。

［一〇］《詩·大雅》。

〔昭經·二·三〕

秋，鄭殺其大夫公孫黑。[一]

［一］書名，惡之。薰隧盟，子産不討，遂以爲卿，故書之。

(昭傳·二·四)

秋，鄭公孫黑將作亂，欲去游氏而代其位，[一]傷疾作而不果。[二]駟氏與諸大夫欲殺之。[三]子産在鄙聞之，懼弗及，乘遽而至。[四]使吏數之，[五]曰：“伯有之亂，[六]以大國之事而未爾討也。[七]爾有亂心，無厭，國不女堪。專伐伯有，而罪一也。昆弟爭室，而罪二也。[八]薰隧之盟，女矯君位，而罪三也。[九]有死罪三，何以堪之？不速死，大刑將至。”再拜稽首，辭曰：“死在朝夕，無助天爲虐。”子産曰：“人誰不死？凶人不終，命也。作凶事，爲凶人，不助天，其助凶人乎？”請以印爲褚師。[一〇]子産曰：“印也若才，君將任之。不才，將朝夕從女。女罪之不恤，而

又何請焉？不速死，司寇將至。”七月壬寅，縊。尸諸周氏之衢，[一一]加木焉。[一二]

［一］游氏，大叔之族。黑爲游楚所傷，故欲害其族。

［二］前年游楚所擊創。

［三］駟氏，黑之族。

［四］遽，傳驛。

［五］責數其罪。

［六］在襄三十一年。

［七］務共大國之命，不暇治女罪。

［八］謂爭徐吾犯之妹。

［九］謂使大史書七子。

［一〇］印，子晳之子。褚師，市官。

［一一］衢，道也。

［一二］書其罪於木，以加尸上。

〔昭經·二·四〕

冬，公如晉，至河，乃復。[一]

［一］弔少姜也。晉人辭之，故還。

（昭傳·二·五）

晉少姜卒。公如晉，及河。晉侯使士文伯來辭，曰：“非伉儷也。[一]請君無辱。”公還。

［一］晉侯溺於所幸，爲少姜行夫人之服，故諸侯弔。不敢以私煩諸侯，故止之。

〔昭經·二·五〕

季孫宿如晉。[一]

［一］致禭服也。公實以秋行，冬還，乃書。

（昭傳·二·六）

季孫宿遂致服焉。[一]

［一］致少姜之禭服。公以末秋行，始冬還，乃書之，故《經》在冬。

〔左氏附〕

（昭傳·二·七）

叔向言陳無宇於晉侯曰："彼何罪？[一]君使公族逆之，齊使上大夫送之，猶曰不共，君求以貪。國則不共，[二]而執其使。君刑已頗，何以爲盟主？[三]且少姜有辭。"[四]冬十月，陳無宇歸。[五]

［一］彼，無宇。

［二］逆卑於送[一]，是晉國不共。

［三］頗，不平。

［四］謂請無宇之辭。

［五］晉侯赦之。

〔左氏附〕

（昭傳·二·八）

十一月，鄭印段如晉弔。[一]

［一］弔少姜。

〔一〕逆卑於送　"送"，原作"宋"。按：阮校曰"宋本、明翻岳本、監本、毛本'宋'作'送'，是也"，據改。

昭公三年

〔昭經·三·一〕

三年春王正月。

〔左氏附〕

（昭傳·三·一）

三年春王正月，鄭游吉如晉，送少姜之葬。梁丙與張趯見之。[一]梁丙曰："甚矣哉！子之爲此來也。"[二]子大叔曰："將得已乎？[三]昔文、襄之霸也，[四]其務不煩諸侯，令諸侯三歲而聘，五歲而朝，有事而會，不協而盟。[五]君薨，大夫弔，卿共葬事。夫人，士弔，大夫送葬。[六]足以昭禮命、事謀闕而已，[七]無加命矣。[八]今嬖寵之喪，不敢擇位而數於守適，[九]唯懼獲戾，豈敢憚煩？少齊有寵而死，齊必繼室。[一〇]今茲吾又將來賀，不唯此行也。"張趯曰："善哉！吾得聞此數也。然自今子其無事矣。譬如火焉，[一一]火中，寒暑乃退。[一二]此其極也，能無退乎？晉將失諸侯，諸侯求煩不獲。"[一三]二大夫退。子大叔告人曰："張趯有知，其猶在君子之後乎！"[一四]

［一］二子，晉大夫。

［二］卿共妾葬，過禮甚。

［三］言不得止。

［四］晉文公、襄公。

［五］明王之制：歲聘間朝，在十三年，今簡之。

［六］先王之制：諸侯之喪，士弔，大夫送葬，在三十年。蓋時俗過制，故文、襄雖節之，猶過於古。

［七］朝聘以昭禮，盟會以謀闕。

［八］命有常。

［九］不敢以其位卑，而令禮數如守適夫人。然則時適夫人之喪，弔送之禮以過文、襄之制。

［一〇］繼室，復薦女。

［一一］火，心星。

［一二］心以季夏昏中而暑退，季冬旦中而寒退。

［一三］言將不能復煩諸侯。

［一四］譏其無隱諱。

〔昭經·三·二〕

丁未，滕子原卒。[一]

［一］襄二十五年盟重丘。

(昭傳·三·二)

丁未，滕子原卒。同盟，故書名。[一]

［一］同盟於襄之世，亦應從同盟之禮，故《傳》發之。

〔左氏附〕

(昭傳·三·三)

齊侯使晏嬰請繼室於晉，[一]曰："寡君使嬰曰：'寡人願事君，朝夕不倦，將奉質幣，以無失時，則國家多難，是以不獲。[二]不腆先君之適，[三]以備內官，焜燿寡人之望，則又無祿，早世隕命，寡人失望。君若不忘先君之好，惠顧齊國，辱收寡人，徼福於大公、丁公，[四]照臨敝邑，鎮撫其社稷，則猶有先君之適，[五]及遺姑姊妹，[六]若而人。[七]君若不棄敝邑，而辱使董振擇之，以備嬪嬙，寡人之望也。’”[八]韓宣子使叔向對曰：“寡君之願也。寡君不能獨任其社稷之事，未有伉儷，在縗絰之中，是以未敢請。[九]君有辱命，惠莫大焉。若惠顧敝邑，撫有晉國〔一〕，賜之内主，豈惟寡君，舉群臣實受其貺。其自唐叔以下，實寵嘉之。”[一〇]

[一]復以女繼少姜。

[二]不得自來。

[三]謂少姜。

[四]徼，要也。二公，齊先君。言收恤寡人，則先君與之福也。

[五]適，夫人之女。

[六]遺，餘也。

[七]言如常人不敢譽。

[八]董，正也。振，整也。嬪嬙，婦官。

[九]制夫人之服，則葬訖，君臣乃釋服。

[一〇]唐叔，晉之祖。

既成昏，[一]晏子受禮。[二]叔向從之宴，相與語。叔向曰：“齊其何如？”[三]晏子曰：“此季世也，吾弗知。齊其爲陳氏矣。[四]公棄其民而歸於陳氏。[五]齊舊四量，豆、區、釜、鍾。四升爲豆，各自其四，以登於釜。[六]釜十則鍾。[七]陳氏三量，皆登一焉，鍾乃大矣。[八]以家量貸，

〔一〕撫有晉國　“國”，原作“陽”，據石經改。

而以公量收之。[九] 山木如市，弗加於山。魚鹽蜃蛤，弗加於海。[一〇] 民參其力，二入於公，而衣食其一。[一一] 公聚朽蠹，而三老凍餒。[一二] 國之諸市，屨賤踊貴。[一三] 民人痛疾而或燠休之，[一四] 其愛之如父母，而歸之如流水，欲無獲民，將焉辟之？箕伯、直柄、虞遂、伯戲，[一五] 其相胡公、大姬已在齊矣。”[一六]

［一］許昏成。

［二］受賓享之禮。

［三］問興衰。

［四］不知其他，唯知齊將爲陳氏。

［五］棄民不恤。

［六］四豆爲區，區斗六升。四區爲釜，釜六斗四升。登，成也。

［七］六斛四斗。

［八］登，加也。加一，謂加舊量之一也。以五升爲豆，五豆爲區，五區爲釜。則區二斗，釜八斗，鍾八斛。

［九］貸厚而收薄。

［一〇］賈如在山、海不加貴。

［一一］言公重賦斂。

［一二］三老，謂上壽、中壽、下壽。皆八十已上，不見養遇。

［一三］踊，刖足者屨。言刑多〔一〕。

［一四］燠休，痛念之聲。謂陳氏也。

［一五］四人皆舜後，陳氏之先。

［一六］胡公，四人之後，周始封陳之祖。大姬，其妃也。言陳氏雖爲人臣，然將有國。其先祖鬼神已與胡公共在齊。

〔一〕言刑多　“刑”，阮刻本作“刖”。

叔向曰："然。雖吾公室，今亦季世也。戎馬不駕，卿無軍行。[一]公乘無人，卒列無長。[二]庶民罷敝，而宮室滋侈。[三]道殣相望，[四]而女富溢尤。[五]民聞公命，如逃寇讎。欒、郤、胥、原、狐、續、慶、伯，降在皁隸。[六]政在家門，[七]民無所依。君日不悛，以樂慆憂。[八]公室之卑，其何日之有？[九]讒鼎之銘[一〇]曰：'昧旦丕顯，後世猶怠。'[一一]況日不悛，其能久乎？"晏子曰："子將若何？"[一二]叔向曰："晉之公族盡矣。肸聞之，公室將卑，其宗族枝葉先落，則公從之。肸之宗十一族，[一三]唯羊舌氏在而已。肸又無子。[一四]公室無度，[一五]幸而得死，[一六]豈其獲祀？"[一七]

[一] 言晉衰弱，不能征討救諸侯。

[二] 百人爲卒。言人皆非其人，非其長。

[三] 滋，益也。

[四] 餓死爲殣。

[五] 女，嬖寵之家。

[六] 八姓，晉舊臣之族也。皁隸，賤官。

[七] 大夫專政。

[八] 慆，藏也。悛，改也。

[九] 言今至。

[一〇] 讒，鼎名也。

[一一] 昧旦，早起也。丕，大也。言夙興以務大顯，後世猶解怠。

[一二] 問何以免此難。

[一三] 同祖爲宗。

［一四］無賢子。

［一五］無法度。

［一六］言得以壽終爲幸。

［一七］言必不得祀。

初，景公欲更晏子之宅，曰："子之宅近市，湫隘囂塵，不可以居，[一]請更諸爽塏者。"[二]辭曰："君之先臣容焉，[三]臣不足以嗣之，於臣侈矣。[四]且小人近市，朝夕得所求，小人之利也。敢煩里旅？"[五]公笑曰："子近市，識貴賤乎？"對曰："既利之，敢不識乎？"公曰："何貴何賤？"於是景公繁於刑，[六]有鬻踊者。故對曰："踊貴屨賤。"既已告於君，故與叔向語而稱之。[七]景公爲是省於刑。君子曰："仁人之言，其利博哉！晏子一言而齊侯省刑。《詩》曰：'君子如祉，亂庶遄已。'[八]其是之謂乎？"

［一］湫，下。隘，小。囂，聲。塵，土。

［二］爽，明。塏，燥。

［三］先臣，晏子之先人。

［四］侈，奢也。

［五］旅，衆也。不敢勞衆爲己宅。

［六］繁，多也。

［七］《傳》護晏子，令不與張趯同譏。

［八］《詩·小雅》。如，行也。祉，福也。遄，疾也。言君子行福，則庶幾亂疾止也。

及晏子如晉，公更其宅，反則成矣。既拜，[一]乃毁之而爲里室，皆如其舊。[二]則使宅人反之。[三]“且諺曰：‘非宅是卜，唯鄰是卜。’[四]二三子先卜鄰矣。[五]違卜不祥，君子不犯非禮，[六]小人不犯不祥，古之制也。吾敢違諸乎？”卒復其舊宅，公弗許。因陳桓子以請，乃許之。[七]

［一］拜謝新宅。

［二］本壞里室以大晏子之宅，故復之。

［三］還其故室。

［四］卜良鄰。

［五］二三子，謂鄰人。

［六］去儉即奢爲非禮。

［七］《傳》言齊、晉之衰，賢臣懷憂，且言陳氏之興。

〔左氏附〕

(昭傳·三·四)

夏四月，鄭伯如晉，公孫段相，甚敬而卑，禮無違者。晉侯嘉焉，授之以策，[一]曰：“子豐有勞於晉國，[二]余聞而弗忘，賜女州田，[三]以胙乃舊勳。”伯石再拜稽首，受策以出。君子曰：“禮，其人之急也乎？伯石之汏也。[四]一爲禮於晉，猶荷其禄，況以禮終始乎？《詩》曰：‘人而無禮，胡不遄死。’其是之謂乎？”

［一］策，賜命之書。

［二］子豐，段之父。

［三］州縣，今屬河内郡。

［四］汏，驕也。

初，州縣，欒豹之邑也。[一]及欒氏亡，范宣子、趙文子、韓宣子皆欲之。文子曰："溫，吾縣也。"[二]二宣子曰："自郤稱以別，三傳矣。[三]晉之別縣不唯州，誰獲治之？"[四]文子病之，乃舍之。二子曰："吾不可以正議而自與也。"皆舍之。及文子爲政，趙獲曰："可以取州矣。"[五]文子曰："退！[六]二子之言，義也。[七]違義，禍也。余不能治余縣，又焉用州？其以徼禍也。君子曰：'弗知實難。'[八]知而弗從，禍莫大焉。有言州，必死。"豐氏故主韓氏，[九]伯石之獲州也，韓宣子爲之請之，爲其復取之之故。[一〇]

［一］豹，欒盈族。

［二］州本屬溫。溫，趙氏邑。

［三］郤稱，晉大夫，始受州。自是州與溫別，至今傳三家。

［四］言縣邑既別甚多，無有得追而治取之。

［五］獲，趙文子之子。

［六］使獲退也。

［七］二子，二宣子也。

［八］患不知禍所起。

［九］故，猶舊也。豐氏至晉，舊以韓氏爲主人。

［一〇］後若還晉，因自欲取之。爲七年豐氏歸州張本。

〔昭經·三·三〕

夏，叔弓如滕。五月，葬滕成公。[一]

［一］卿共小國之葬，禮過厚。葬襄公，滕子來會，故魯厚報之。

（昭傳·三·五）

五月，叔弓如滕，葬滕成公，子服椒爲介。及郊，遇懿伯之忌，敬子不入。[一]惠伯曰："公事有公利，無私忌。椒請先入。"乃先受館，敬子從之。[二]

［一］忌，怨也。懿伯，椒之叔父。敬子，叔弓也。叔弓禮椒，爲之辟仇。

［二］惠伯，子服椒也。《傳》言叔弓之有禮。

〔左氏附〕

（昭傳·三·六）

晉韓起如齊逆女。[一]公孫蠆爲少姜之有寵也，以其子更公女而嫁公子。[二]人謂宣子："子尾欺晉，晉胡受之？"宣子曰："我欲得齊而遠其寵，寵將來乎？"[三]

［一］爲平公逆。

［二］更嫁公女。

［三］寵，謂子尾。

〔左氏附〕

（昭傳·三·七）

秋七月，鄭罕虎如晉，賀夫人，且告曰："楚人日徵敝邑，以不朝立王之故。[一]敝邑之往，則畏執事，其謂寡君，'而固有外心'。其不往，則宋之盟云。[二]進退罪也。寡君使虎布之。"[三]宣子使叔向對曰："君若辱有寡君，在楚何害？脩宋盟也。君苟思盟，寡君乃知免於戾矣。君若不有寡君，雖朝夕辱於敝邑，寡君猜焉。[四]君實有心，何辱命焉？[五]君其往也！苟有寡君，在楚猶在晉也。"張趯使謂大叔曰："自子之歸也，[六]小人糞除先人之敝廬，曰：'子其將來。'今子皮實來，小人失望。"大叔曰："吉賤不獲來，[七]畏大國，尊夫人也。且孟曰：'而將無事。'吉庶幾焉。"[八]

[一] 楚靈王新立。

[二] 云交相見。

[三] 布，陳也。

[四] 猜，疑也。

[五] 言若有事晉心，至楚可不須告。

[六] 歸在此年春。

[七] 賤，非上卿。

[八] 孟，張趯也。庶幾如趯言。

〔昭經·三·四〕

秋，小邾子來朝。

（昭傳·三·八）

小邾穆公來朝，季武子欲卑之。[一]穆叔曰："不可。曹、滕、二邾，實不忘我好。敬以逆之，猶懼其貳。又卑一睦焉，[二]逆群好也？其如舊而加敬焉。《志》曰：'能敬無災。'又曰：'敬逆來者，天所福也。'"季孫從之。

[一] 不欲以諸侯禮待之。

[二] 一睦，謂小邾。

〔昭經·三·五〕

八月，大雩。

(昭傳·三·九)

八月，大雩，旱也。

〔左氏附〕

(昭傳·三·十)

齊侯田於莒。[一]盧蒲嫳見泣，且請曰："余髮如此種種，余奚能爲？"[二]公曰："諾！吾告二子。"[三]歸而告之。子尾欲復之，子雅不可，曰："彼其髮短，而心甚長，其或寢處我矣。"[四]九月，子雅放盧蒲嫳于北燕。[五]

[一]莒，齊東竟。

[二]嫳，慶封之黨，襄二十八年放之於竟。種種，短也，自言衰老，不能復爲害。

[三]二子，子雅、子尾。

[四]言不可信。

[五]恐其復作亂。

〔昭經·三·六〕

冬，大雨雹。[一]

[一]無《傳》。記災。

〔昭經·三·七〕

北燕伯款出奔齊。[一]

[一]不書大夫逐之，而言奔，罪之也。書名，從告。

(昭傳·三·十一)

燕簡公多嬖寵，欲去諸大夫而立其寵人。冬，燕大夫

比以殺公之外嬖。[一] 公懼，奔齊。書曰“北燕伯款出奔齊”，罪之也。[二]

［一］比，相親比。

［二］款罪輕於衛衎，重於蔡朱，故舉中示例。

〔左氏附〕

（昭傳·三·十二）

十月，鄭伯如楚，子産相。楚子享之，賦《吉日》。[一] 既享，子産乃具田備，王以田江南之夢。[二]

［一］《吉日》，《詩·小雅》。宣王田獵之詩。楚王欲與鄭伯共田，故賦之。

［二］楚之雲夢，跨江南北。

〔左氏附〕

（昭傳·三·十三）

齊公孫竈卒。[一] 司馬竈見晏子，[二] 曰：“又喪子雅矣。”晏子曰：“惜也。子旗不免，殆哉！[三] 姜族弱矣，而嬀將始昌。[四] 二惠競爽，猶可，[五] 又弱一个焉，姜其危哉！”

［一］竈，子雅。

［二］司馬竈，齊大夫。

［三］以其不臣。

［四］嬀，陳氏。

［五］子雅、子尾，皆齊惠公之孫也。競，彊也。爽，明也。

春秋左氏經傳集解昭公二第二十一

春秋左氏經傳集解昭公二第二十一〔一〕

杜　氏

昭公四年

〔左氏附〕

(昭傳·四·一)

四年春王正月，許男如楚。楚子止之，[一]遂止鄭伯，復田江南，許男與焉。[二]使椒舉如晉求諸侯，二君待之。[三]椒舉致命曰："寡君使舉曰：'日君有惠，賜盟于宋，[四]曰："晉、楚之從，交相見也。"以歲之不易，[五]寡人願結驩於二三君。'[六]使舉請間。君若苟無四方之虞，[七]則願假寵以請於諸侯。"[八]晉侯欲勿許。司馬侯曰："不可。楚王方侈，天或者欲逞其心，以厚其毒而降之罰，未可知也。其使能終，亦未可知也。晉、楚唯天所相，[九]不可與爭。君其許之而脩德以待其歸。若歸於德，吾猶將事之，況諸侯乎？若適淫虐，楚將棄之，[一〇]吾又誰與爭？"公曰："晉有三不殆，其何敵之有？[一一]國險而多馬，齊、楚多難，[一二]有是三者，何鄉而不濟？"對曰："恃險與馬，而虞鄰國之難，是三殆也。四嶽、[一三]三塗、[一四]陽城、[一五]大室、[一六]荊山、[一七]中南，[一八]九州之險也，是不一姓。[一九]

〔一〕原卷標題"昭"字後闕"公"字，據本書體例補。

[一] 欲與俱田。

[二] 前年楚子已與鄭伯田江南，故言"復"。

[三] 二君，鄭、許。

[四] 宋盟在襄二十七年。

[五] 不易，言有難。

[六] 欲得諸侯謀事補闕。

[七] 虞，度也。

[八] 欲借君之威寵以致諸侯。

[九] 相，助也。

[一〇] 棄，不以爲君。

[一一] 殆，危也。

[一二] 多篡弑之難。

[一三] 東嶽岱，西嶽華，南嶽衡，北嶽恒。

[一四] 在河南陸渾縣南。

[一五] 在陽城縣東北。

[一六] 在河南陽城縣西南。

[一七] 在新城沶鄉縣南。

[一八] 在始平武功縣南。

[一九] 雖是天下至險，無德則滅亡。

"冀之北土，[一]馬之所生，無興國焉。恃險與馬，不可以爲固也，從古以然。是以先王務脩德音以亨神人，[二]不聞其務險與馬也。鄰國之難，不可虞也。或多難以固其國，啓其疆土；或無難以喪其國，失其守宇。[三]若何虞難？齊有仲孫之難而獲桓公，至今賴之。[四]晉有里、丕之難而獲文公，是以爲盟主。[五] 衛、邢無難，敵亦喪之。[六] 故人之難，不可虞也。恃此三者而不脩政德，亡於不暇，又何能濟？君其許之。紂作淫虐，文王惠和，殷是以隕，周是以興。夫豈爭諸侯？”乃許楚使。使叔向對曰：“寡君有社稷之事，是以不獲春秋時見。[七] 諸侯，君實有之，何辱命焉？”椒舉遂請昏。[八] 晉侯許之。

[一] 燕、代。

[二] 亨，通也。

[三] 於國則四垂爲宇。

[四] 仲孫，公孫無知。事在莊九年。

[五] 里克、丕鄭，事在僖九年。

[六] 閔二年狄滅衛，僖二十五年衛滅邢。

[七] 言不得自往，謙辭。

[八] 蓋楚子遣舉時，兼使求昏。

楚子問於子産曰：“晉其許我諸侯乎？”對曰：“許君。晉君少安，不在諸侯。[一] 其大夫多求，[二] 莫匡其君。在宋之盟，又曰如一。[三] 若不許君，將焉用之？”[四] 王曰：“諸侯其來乎？”對曰：“必來。從宋之盟，承君之歡，不畏大國，[五] 何故不來？不來者，其魯、衛、曹、邾乎？曹畏宋，邾畏魯，魯、衛偪於齊而親於晉，唯是不來。其餘君之所及也，誰敢不至？”[六] 王曰：“然則吾所求者，無不可乎？”對曰：“求逞於人，不可。[七] 與人同欲，盡濟。”[八]

[一] 安於小，小不能遠圖。

[二] 貪也。

［三］晉、楚同也。

［四］焉用宋盟。

［五］大國，晉也。

［六］言楚威力所能及。

［七］逞，快也。求人以快意，人必違之。

［八］爲下會申《傳》。

〔昭經·四·一〕

四年春王正月，大雨雹。[一]

［一］當雪而雹，故以爲災而書之。

(昭傳·四·二)

大雨雹。季武子問於申豐曰："雹可禦乎？"[一]對曰："聖人在上，無雹。雖有，不爲災。古者日在北陸而藏冰；[二]西陸，朝覿而出之。[三]其藏冰也，深山窮谷，固陰沍寒，於是乎取之。[四]其出之也，朝之祿位，賓食喪祭，於是乎用之。[五]其藏之也，黑牡秬黍，以享司寒。[六]其出之也，桃弧棘矢，以除其災。[七]其出入也時，食肉之祿，冰皆與焉。[八]大夫、命婦喪浴用冰，[九]祭寒而藏之，[一〇]獻羔而啓之，[一一]公始用之。[一二]火出而畢賦。[一三]自命夫、命婦至於老疾，無不受冰。[一四]山人取之，縣人傳之，[一五]輿人納之，隸人藏之。[一六]夫冰以風壯，[一七]而以風出。[一八]其藏之也周，[一九]其用之也徧，[二〇]則冬無愆陽，[二一]夏無伏陰，[二二]春無凄風，[二三]秋無苦雨，[二四]雷出不震，[二五]無菑霜雹，癘疾不降，[二六]民不夭札。[二七]今藏川池之冰，棄而不用，[二八]風不越而殺，雷不發而震，[二九]雹之爲菑，

誰能禦之？《七月》之卒章，藏冰之道也。”[三〇]

[一] 禦，止也。申豐，魯大夫。

[二] 陸，道也。謂夏十二月，日在虚、危，冰堅而藏之。

[三] 謂夏三月，日在昴、畢，蟄蟲出而用冰。春分之中，奎星朝見東方。

[四] 沍，閉也。必取積陰之冰，所以道達其氣，使不爲災。

[五] 言不獨共公。

[六] 黑牡，黑牲也。秬，黑黍也。司寒，玄冥，北方之神，故物皆用黑，有事於冰，故祭其神。

[七] 桃弓棘箭，所以禳除凶邪，將御至尊故。

[八] 食肉之祿，謂在朝廷治其職事就官食者。

[九] 命婦，大夫妻。

[一〇] 享司寒。

[一一] 謂二月春分獻羔祭韭，始開冰室。

[一二] 公先用，優尊。

[一三] 火星昏見東方，謂三月、四月中。

[一四] 老，致仕在家者。

[一五] 山人，虞官。縣人，遂屬。

[一六] 輿、隸，皆賤官。

[一七] 冰因風寒而堅。

[一八] 順春風而散用。

[一九] 周，密也。

[二〇] 及老疾。

[二一] 愆，過也。謂冬溫。

[二二] 伏陰，謂夏寒。

［二三］淒，寒也。

［二四］霖雨爲人所患苦。

［二五］震，霆也。

［二六］癘，惡氣也。

［二七］短折爲夭，夭死爲札。

［二八］既不藏深山窮谷之冰，又火出不畢賦，有餘則棄之。

［二九］越，散也。言陰陽失序，雷風爲害。

［三〇］《七月》，《詩·豳風》。卒章曰"二之日鑿冰沖沖"，謂十二月鑿而取之。"三之日納于凌陰"，凌陰，冰室也。"四之日其蚤，獻羔祭韭"，謂二月春分蚤開冰室，以薦宗廟。

〔昭經·四·二〕

夏，楚子、蔡侯、陳侯、鄭伯、許男、徐子、滕子、頓子、胡子、沈子、小邾子、宋世子佐、淮夷會于申。[一]

［一］楚靈王始合諸侯。

(昭傳·四·三)

夏，諸侯如楚，魯、衛、曹、邾不會。曹、邾辭以難，公辭以時祭，衛侯辭以疾。[一] 鄭伯先待于申。[二] 六月丙午，楚子合諸侯于申。椒舉言於楚子曰："臣聞諸侯無歸，禮以爲歸。今君始得諸侯，其慎禮矣。霸之濟否，在此會也。夏啓有鈞臺之享，[三] 商湯有景亳之命，[四] 周武有孟津之誓，[五] 成有岐陽之蒐，[六] 康有酆宮之朝，[七] 穆有塗山之會，[八] 齊桓有召陵之師，[九] 晉文有踐土之盟。[一〇] 君其何用？宋向戌、鄭公孫僑在，諸侯之良也，君其選焉。"[一一] 王曰："吾用齊桓。"[一二] 王使問禮於左師與子產。

左師曰："小國習之，大國用之，敢不薦聞！"[一三]獻公合諸侯之禮六。[一四]子産曰："小國共職，敢不薦守！"獻伯、子、男會公之禮六。[一五]君子謂："合左師善守先代，子産善相小國。"

［一］如子産言。

［二］自楚先至會地。

［三］啓，禹子也。河南陽翟縣南有鈞臺陂，蓋啓享諸侯於此。

［四］河南鞏縣西南有湯亭。或言亳即偃師。

［五］將伐紂也。

［六］周成王歸自奄，大蒐於岐山之陽。岐山在扶風美陽縣西北。

［七］酆在始平鄠縣東，有靈臺，康王於是朝諸侯。

［八］周穆王會諸侯於塗山。塗山在壽春東北。

［九］在僖四年。

［一〇］在僖二十八年。

［一一］選擇所用。

［一二］用會召陵之禮。

［一三］言所聞，謙示所未行。

［一四］其禮六儀也。宋爵公，故獻公禮。

［一五］鄭，伯爵，故獻伯、子、男會公之禮。其禮同，所從言之異。

王使椒舉侍於後，以規過。[一]卒事，不規。王問其故，對曰："禮，吾未見者有六焉〔一〕，又何以規？"[二]宋大子佐

〔一〕 吾未見者有六焉　按：阮校曰："宋本、淳熙本、纂圖本'吾'下有'所'字，與石經合。"

後至，王田於武城，久而弗見。椒舉請辭焉。[三]王使往曰："屬有宗祧之事於武城，[四]寡君將墮幣焉，敢謝後見。"[五]徐子，吳出也，以爲貳焉，故執諸申。[六]

[一]規正二子之過。

[二]左師、子産所獻六禮，楚皆未嘗行。

[三]請王辭謝之。

[四]言爲宗廟田獵。

[五]恨其後至，故言將因諸侯會，布幣乃相見。《經》并書宋大子佐，知此言在會前。

[六]言楚子以疑罪執諸侯。

楚子示諸侯侈。[一]椒舉曰："夫六王、二公之事，[二]皆所以示諸侯禮也，諸侯所由用命也。夏桀爲仍之會，有緡叛之。[三]商紂爲黎之蒐，東夷叛之。[四]周幽爲大室之盟，戎狄叛之。[五]皆所以示諸侯汏也，諸侯所由棄命也。今君以汏，無乃不濟乎？"王弗聽。子産見左師曰："吾不患楚矣。汏而愎諫，[六]不過十年。"左師曰："然。不十年侈，其惡不遠，遠惡而後棄。[七]善亦如之，德遠而後興。"[八]

[一]自奢侈。

[二]六王，啓、湯、武、成、康、穆也。二公，齊桓、晉文。

[三]仍、緡，皆國名。

[四]黎，東夷國名。

[五]大室，中嶽。

[六]愎，很也。

［七］惡及遠方，則人棄之。

［八］爲十三年楚弒其君《傳》。

〔昭經·四·三〕

楚人執徐子。[一]

［一］稱"人"以執，以不道於其民告。

〔昭經·四·四〕

秋七月，楚子、蔡侯、陳侯、許男、頓子、胡子、沈子、淮夷伐吳。[一] **執齊慶封殺之。**[二]

［一］因申會以伐吳。不言諸侯者，鄭、徐、滕、小邾、宋不在故也。胡，國，汝陰縣西北有胡城。

［二］楚子欲行霸，爲齊討慶封，故稱齊。

（昭傳·四·四）

秋七月，楚子以諸侯伐吳。宋大子、鄭伯先歸。[一]宋華費遂、鄭大夫從。[二]

［一］《經》所以更敘諸侯也。時晉之屬國皆歸，獨言二國者，鄭伯久於楚，宋大子不得時見，故慰遣之。

［二］從伐吳以荅見慰。

使屈申圍朱方，[一]八月甲申，克之。執齊慶封而盡滅其族。[二]將戮慶封，椒舉曰："臣聞無瑕者可以戮人。慶封惟逆命，是以在此，[三]其肯從於戮乎？[四]播於諸侯，焉用之？"[五]王弗聽，負之斧鉞，以徇於諸侯，使言曰：

“無或如齊慶封弒其君，弱其孤，以盟其大夫〔一〕。”[六]慶封曰：“無或如楚共王之庶子圍，弒其君兄之子麇而代之，以盟諸侯。”王使速殺之。

[一] 朱方，吴邑，齊慶封所封也。屈申，屈蕩之子。

[二] 慶封以襄二十八年奔吴。八月無甲申，日誤。

[三] 逆命，謂性不恭順。

[四] 言不肯默而從戮。

[五] 播，揚也。

[六] 齊崔杼弒君，慶封其黨也，故以弒君罪責之。

〔昭經·四·五〕

遂滅賴。

（昭傳·四·五）

遂以諸侯滅賴。賴子面縛銜璧，士袒，輿櫬從之，造於中軍。[一]王問諸椒舉，對曰：“成王克許，[二]許僖公如是，王親釋其縛，受其璧，焚其櫬。”王從之。[三]遷賴於鄢。[四]

[一] 中軍，王所將。

[二] 在僖六年。

[三] 從舉言。

[四] 鄢，楚邑。

楚子欲遷許於賴，使鬬韋龜與公子棄疾城之而還。[一]

〔一〕 以盟其大夫　阮刻本“其”前衍“以”字。

申無宇曰:“楚禍之首,將在此矣。召諸侯而來,伐國而克,城竟莫校。[二]王心不違,民其居乎?[三]民之不處,其誰堪之?不堪王命,乃禍亂也。”

[一]爲許城也。章龜,子文之玄孫。

[二]謂築城於外竟,諸侯無與爭。

[三]言將有事,不得安也。

〔昭經·四·六〕

九月,取鄫。[一]

[一]鄫,莒邑。《傳》例曰:“克邑不用師徒曰取。”

(昭傳·四·六)

九月,取鄫,言易也。莒亂,著丘公立而不撫鄫,鄫叛而來,故曰“取”。凡克邑不用師徒曰取。[一]

[一]著丘公,去疾也。不書奔者,潰散而來,將帥微也。重發例者,以通叛而自來。

〔左氏附〕

(昭傳·四·七)

鄭子産作丘賦。[一]國人謗之,[二]曰:“其父死於路,[三]己爲蠆尾,[四]以令於國,國將若之何〔一〕?”子寬以告。[五]子産曰:“何害?苟利社稷,死生以之。[六]且吾聞爲善者不改其度,故能有濟也。民不可逞,度不可改。[七]《詩》曰:‘禮義不愆,何恤於人言。’[八]吾不遷矣。”[九]渾罕曰:“國

〔一〕國將若之何 “若”,原脱,據石經及阮刻本補。

氏其先亡乎？[一〇] 君子作法於涼，其敝猶貪。[一一] 作法於貪，敝將若之何？[一二] 姬在列者，[一三] 蔡及曹、滕其先亡乎？偪而無禮。[一四] 鄭先衛亡，偪而無法。[一五] 政不率法而制於心，民各有心，何上之有？"[一六]

[一] 丘，十六井當出馬一匹、牛三頭。今子產別賦其田，如魯之田賦。田賦在哀十一年。

[二] 謗，毀也。

[三] 謂子國爲尉氏所殺。

[四] 謂子產重賦，毒害百姓。

[五] 子寬，鄭大夫。

[六] 以，用也。

[七] 度，法也。

[八] 逸《詩》。子產自以爲權制濟國，於禮義無愆。

[九] 遷，移也。

[一〇] 渾罕，子寬。

[一一] 涼，薄也。

[一二] 言不可久行。

[一三] 在列國也。

[一四] 蔡偪楚，曹、滕偪宋。

[一五] 偪晉、楚。

[一六] 子產權時救急，渾罕譏之正道。

〔左氏附〕

(昭傳·四·八)

冬，吳伐楚，入棘、櫟、麻，[一] 以報朱方之役。[二]

楚沈尹射奔命於夏汭，[三] 箴尹宜咎城鍾離，[四] 薳啓彊城巢〔一〕，然丹城州來。[五] 東國水，不可以城，彭生罷賴之師。[六]

[一] 棘、櫟、麻，皆楚東鄙邑。譙國酇縣東北有棘亭。汝陰新蔡縣東北有櫟亭。

[二] 朱方役在此年秋。

[三] 夏汭，漢水曲，入江，今夏口也。吴兵在東北，楚盛兵在東南，以絶其後。

[四] 宜咎本陳大夫，襄二十四年奔楚。

[五] 然丹，鄭穆公孫，襄十九年奔楚。

[六] 彭生，楚大夫。罷鬬韋龜城賴之師。

〔昭經·四·八〕

冬十有二月乙卯，叔孫豹卒。

(昭傳·四·九)

初，穆子去叔孫氏，及庚宗，[一] 遇婦人，使私爲食而宿焉。問其行，告之故，哭而送之。[二] 適齊，娶於國氏，[三] 生孟丙、仲壬。夢天壓己，弗勝。[四] 顧而見人，黑而上僂，[五] 深目而豭喙，[六] 號之曰："牛，助余！"乃勝之。旦而皆召其徒，無之。[七] 且曰："志之。"[八] 及宣伯奔齊，饋之。[九] 宣伯曰："魯以先子之故，[一〇] 將存吾宗，必召女。召女何如？"對曰："願之久矣。"[一一]

[一] 成十六年辟僑如之難奔齊。庚宗，魯地。

[二] 婦人聞而哭之。

〔一〕 薳啓彊城巢 "薳啓彊"，原作"薳啓疆"，石經同。據興國軍本改。

［三］國氏，齊正卿，姜姓。

［四］穆子夢也。

［五］上僂，肩傴。

［六］口象猪。

［七］徒，從者。

［八］志，識也。

［九］宣伯，僑如，穆子之兄。成十六年奔齊。穆子饋宣伯。

［一〇］先子，宣伯先人。

［一一］言兄始爲亂，己則有今日之願，蓋忿言。

魯人召之，不告而歸。既立，[一]所宿庚宗之婦人獻以雉。[二]問其姓，[三]對曰："余子長矣，能奉雉而從我矣。"[四]召而見之，則所夢也。未問其名，號之曰"牛"，曰"唯"。皆召其徒，使視之，遂使爲豎。[五]有寵，長使爲政。[六]公孫明知叔孫於齊，[七]歸，未逆國姜，子明取之。[八]故怒其子，長而後使逆之。[九]

［一］在齊生孟丙、仲壬。魯召之立爲卿，襄二年始見《經》。

［二］獻穆子。

［三］問有子否。

［四］襄二年，豎牛五六歲。

［五］豎，小臣也。《傳》言從夢，未必吉。

［六］爲家政。

［七］公孫明，齊大夫子明也。與叔孫相親知。

［八］國姜，孟、仲母。

［九］子，孟丙、仲壬。

田於丘蕕，[一]遂遇疾焉。豎牛欲亂其室而有之，强與孟盟，不可。[二]叔孫爲孟鍾，曰：“爾未際，[三]饗大夫以落之。”[四]既具，[五]使豎牛請日。[六]入，弗謁。[七]出，命之日。[八]及賓至，聞鍾聲，牛曰：“孟有北婦人之客。”[九]怒，將往。牛止之。賓出，使拘而殺諸外。[一〇]牛又强與仲盟，不可。仲與公御萊書觀於公，[一一]公與之環，[一二]使牛入，示之。[一三]入，不示。出，命佩之。牛謂叔孫：“見仲而何？”[一四]叔孫曰：“何爲？”[一五]曰：“不見，既自見矣。[一六]公與之環而佩之矣。”遂逐之，奔齊。疾急，命召仲，牛許而不召。杜洩見，告之飢渴，授之戈。[一七]對曰：“求之而至，又何去焉？”[一八]豎牛曰：“夫子疾病，不欲見人。”使寘饋于个而退。[一九]牛弗進，則置虚，命徹。[二〇]十二月癸丑，叔孫不食。乙卯，卒。[二一]牛立昭子而相之。[二二]

［一］丘蕕，地名。

［二］欲使從己，孟不肯。

［三］際，接也。孟未與諸大夫相接見。

［四］以豭猪血釁鍾曰落。

［五］饗禮具。

［六］請饗日。

［七］謁，白也。

［八］詐命日。

［九］北婦人，國姜也。客謂公孫明。

［一〇］殺孟丙。

［一一］萊書，公御士名。仲與之私遊觀於公宫。

［一二］賜玉環。

［一三］示叔孫。

［一四］而何，如何。

［一五］怪牛言。

［一六］言仲已自往見公。

［一七］杜洩，叔孫氏宰也。牛不食叔孫，叔孫怒，欲使杜洩殺之。

［一八］言求食可得，無爲去豎牛。蓋杜洩力不能去，設辭以免。

［一九］寘，置也。个，東西廂。

［二〇］寫器令空，示若叔孫已食，命去之。

［二一］三日絶糧。

［二二］昭子，豹之庶子叔孫婼也。

公使杜洩葬叔孫。豎牛賂叔仲昭子與南遺，[一]使惡杜洩於季孫而去之。[二]杜洩將以路葬，且盡卿禮。[三]南遺謂季孫曰："叔孫未乘路，葬焉用之？且冢卿無路，介卿以葬，不亦左乎？"[四]季孫曰："然。"使杜洩舍路。[五]不可。曰："夫子受命於朝而聘于王，[六]王思舊勳而賜之路，[七]復命而致之君。[八]君不敢逆王命而復賜之〔一〕，使三官書之。吾子爲司徒，實書名。[九]夫子爲司馬，與工正書服。[一〇]孟孫爲司空，以書勳。[一一]今死而弗以，是棄君命也。書在公府而弗以，是廢三官也。若命服，生弗敢服，死又不以，將焉用之？"乃使以葬。季孫謀去中軍，豎牛曰："夫子固欲去之。"[一二]

〔一〕君不敢逆王命而復賜之　"復"，原作"後"，據石經正。

［一］昭子，叔仲帶也。南遺，季氏家臣。

［二］憎洩不與己同志。

［三］路，王所賜叔孫車。

［四］冢卿，謂季孫。介，次也。左，不便。

［五］舍，置也。

［六］在襄二十四年。夫子，謂叔孫。

［七］感其有禮，以念其先人。

［八］豹不敢自乘。

［九］謂季孫也。書名，定位號。

［一〇］謂叔孫也。服，車服之器，工正所書。

［一一］勳，功也。

［一二］誣叔孫以媚季孫。

昭公五年

〔昭經·五·一〕

五年春王正月，舍中軍。[一]

［一］襄十一年始立中軍。

(昭傳·五·一)

五年春王正月，舍中軍，卑公室也。[一]毁中軍于施氏，成諸臧氏。[二]初，作中軍，三分公室而各有其一。[三]季氏盡征之，[四]叔孫氏臣其子弟，[五]孟氏取其半焉。[六]及其舍之也，四分公室，季氏擇二，[七]二子各一。皆盡征之而貢于公。[八]以書使杜洩告於殯，[九]曰："子固欲毁中軍，既毁之矣，故告。"杜洩曰："夫子唯不欲毁也，故盟諸僖閎，詛諸五父之衢。"[一〇]受其書而投之，[一一]帥士而哭之。[一二]叔仲子謂季孫曰："帶受命於子叔孫曰：'葬鮮者自西門。'"[一三]季孫命杜洩。[一四]杜洩曰："卿喪自朝，魯禮也。[一五]吾子爲國政，未改禮，而又遷之。[一六]群臣懼死，不敢自也。"[一七]既葬而行。[一八]

［一］罷中軍。季孫稱左師[一]，孟氏稱右師，叔孫氏則自以叔孫爲軍名。

［二］季孫不欲親其議，勑二家會諸大夫發毁置之計，又取其令名。

［三］三家各有一軍家屬。

［四］無所入於公。

［五］以父兄歸公。

〔一〕 季孫稱左師 "稱"，原作"氏"，據興國軍本、阮刻本改。

［六］復以子弟之半歸公。

［七］簡擇取二分。

［八］國人盡屬三家。三家隨時獻公而已。

［九］告叔孫之柩。

［一〇］皆在襄十一年。

［一一］投，擲也。

［一二］痛叔孫之見誣。

［一三］不以壽終爲鮮。西門非魯朝正門。

［一四］命使從西門。

［一五］從生存朝覲之正路。

［一六］遷，易也。

［一七］自，從也。

［一八］善杜洩能辟禍。

仲至自齊，[一]季孫欲立之。南遺曰："叔孫氏厚，則季氏薄。彼實家亂，子勿與知，不亦可乎？"南遺使國人助豎牛以攻諸大庫之庭。[二]司宮射之，中目而死。豎牛取東鄙三十邑以與南遺。[三]昭子即位，朝其家衆曰："豎牛禍叔孫氏，使亂大從，[四]殺適立庶，又披其邑，將以赦罪，[五]罪莫大焉。必速殺之。"豎牛懼，奔齊。孟、仲之子殺諸塞關之外，[六]投其首於寧風之棘上。[七]仲尼曰："叔孫昭子之不勞，不可能也。[八]周任有言曰：'爲政者不賞私勞，不罰私怨。'《詩》云：'有覺德行，四國順之。'"[九]

［一］聞喪而來。

［二］攻仲壬也。魯城内有大庭氏之虚，於其上作庫。

[三] 取叔孫氏邑。

[四] 使從於亂。

[五] 披，析也。謂以邑與南遺。昭子不知豎牛餓殺其父，故但言其見罪。

[六] 齊、魯界上關。

[七] 寧風，齊地。

[八] 不以立己爲功勞，據其所言善之。時魯人不以餓死語昭子。

[九]《詩·大雅》。覺，直也。言德行直則四方順從之。

初，穆子之生也，莊叔以《周易》筮之，[一] 遇《明夷》䷣[二] 之《謙》䷎，[三] 以示卜楚丘。[四] 曰："是將行，[五] 而歸爲子祀，[六] 以讒人入，其名曰牛，卒以餒死。《明夷》，日也。[七] 日之數十，[八] 故有十時，亦當十位。自王已下，其二爲公，其三爲卿。[九] 日上其中，[一〇] 食日爲二，[一一] 旦日爲三。[一二]《明夷》之《謙》，明而未融，其當旦乎？[一三] 故曰'爲子祀'。[一四] 日之《謙》當鳥，故曰'明夷于飛'。[一五] 明而未融，故曰'垂其翼'。[一六] 象日之動，故曰'君子于行'。[一七] 當三在旦，故曰'三日不食'。[一八]《離》，火也。《艮》，山也。《離》爲火，火焚山，山敗。[一九] 於人爲言，[二〇] 敗言爲讒，[二一] 故曰'有攸往'。主人有言，言必讒也。[二二] 純《離》爲牛，[二三] 世亂讒勝，勝將適《離》，故曰'其名曰牛'。[二四]《謙》不足，飛不翔，[二五] 垂不峻，翼不廣，[二六] 故曰'其爲子後乎'。[二七] 吾子，亞卿也，抑少不終。"[二八]

[一] 莊叔，穆子父得臣也。

［二］《離》下《坤》上，《明夷》。

［三］《艮》下《坤》上，《謙》。《明夷》初九變爲《謙》。

［四］楚丘，卜人姓名。

［五］行出奔。

［六］奉祭祀。

［七］《離》爲日。夷，傷也，日明傷。

［八］甲至癸。

［九］日中當王，食時當公，平旦爲卿，雞鳴爲士，夜半爲皁，人定爲輿，黄昏爲隸，日入爲僚，晡時爲僕，日昳爲臺，隅中日出，闕不在第。尊王公，曠其位。

［一〇］日中盛明，故以當王。

［一一］公位。

［一二］卿位。

［一三］融，朗也。《離》在《坤》下，日在地中之象。又變爲《謙》，謙道卑退，故曰“明而未融”。日明未融，故曰“其當旦乎”。

［一四］莊叔，卿也。卜豹爲卿，故知爲子祀。

［一五］《離》爲日、爲鳥，《離》變爲《謙》，日光不足，故當鳥。鳥飛行，故曰“于飛”。

［一六］於日爲未融，於鳥爲垂翼。

［一七］《明夷》初九，得位有應，君子象也。在明傷之世，居謙下之位，故將辟難而行。

［一八］旦位在三，又非食時，故曰“三日不食”。

［一九］《離》《艮》合體故。

［二〇］《艮》爲言。

［二一］爲《離》所焚，故言“敗”。

［二二］《離》變爲《艮》，故言“有所往”。往而見燒，故主人有言。言而見敗，故必讒言。

［二三］《易》:《離》上《離》下，《離》。畜牝牛，吉。故言“純《離》爲牛”。

［二四］《離》焚山則《離》勝，譬世亂則讒勝。山焚則《離》獨存，故知名牛也。豎牛非牝牛，故不吉。

［二五］謙道沖退，故飛不遠翔。

［二六］峻，高也。翼垂下，故不能廣遠。

［二七］不遠翔，故知不遠去。

［二八］旦日，正卿之位。莊叔父子世爲亞卿，位不足以終盡卦體，蓋引而致之。

〔昭經·五·二〕

楚殺其大夫屈申。[一]

［一］書名，罪之。

(昭傳·五·二)

楚子以屈伸爲貳於吳，乃殺之。[一]以屈生爲莫敖，[二]使與令尹子蕩如晉逆女。過鄭，鄭伯勞子蕩于氾，勞屈生于菟氏。[三]晉侯送女于邢丘。子産相鄭伯，會晉侯于邢丘。[四]

［一］造生貳心。

［二］生，屈建子。

［三］氾、菟氏，皆鄭地。

［四］《傳》言楚强，諸侯畏敬其使。

〔昭經 · 五 · 三〕

公如晉。

（昭傳 · 五 · 三）

公如晉，[一] 自郊勞至于贈賄，[二] 無失禮。[三] 晉侯謂女叔齊曰："魯侯不亦善於禮乎？"對曰："魯侯焉知禮？"公曰："何爲？自郊勞至于贈賄，禮無違者，何故不知？"對曰："是儀也，不可謂禮。禮所以守其國，行其政令，無失其民者也。今政令在家，[四] 不能取也。有子家羈，弗能用也。[五] 奸大國之盟，陵虐小國，[六] 利人之難，[七] 不知其私。[八] 公室四分，民食於他。[九] 思莫在公，不圖其終。[一〇] 爲國君，難將及身，不恤其所。禮之本末，將於此乎在，[一一] 而屑屑焉習儀以亟。[一二] 言'善於禮'，不亦遠乎？"君子謂："叔侯於是乎知禮。"[一三]

［一］即位而往見。

［二］往有郊勞，去有贈賄。

［三］揖讓之禮。

［四］在大夫。

［五］羈，莊公玄孫懿伯也。

［六］謂伐莒取鄆。

［七］謂往年莒亂而取鄫。

［八］不自知有私難。

［九］他，謂三家也。言魯君與民無異。

［一〇］無爲公謀終始者。

［一一］在恤民與憂國。

［一二］言以習儀爲急。

［一三］時晉侯亦失政，叔齊以此諷諫。

〔左氏附〕

（昭傳·五·四）

晉韓宣子如楚送女，叔向爲介。鄭子皮、子大叔勞諸索氏。[一]大叔謂叔向曰：“楚王汰侈已甚，子其戒之。”叔向曰：“汰侈已甚，身之災也，焉能及人？若奉吾幣帛，慎吾威儀，守之以信，行之以禮，敬始而思終，終無不復。[二]從而不失儀，[三]敬而不失威，道之以訓辭，奉之以舊法，考之以先王，[四]度之以二國，[五]雖汰侈，若我何？”

［一］河南成皋縣東有大索城。

［二］事皆可復行。

［三］從，順也。

［四］以先王之禮成其好。

［五］度晉、楚之勢而行之。

及楚，楚子朝其大夫曰：“晉，吾仇敵也，苟得志焉，無恤其他。今其來者，上卿、上大夫也。若吾以韓起爲閽，[一]以羊舌肸爲司宫，[二]足以辱晉，吾亦得志矣，可乎？”大夫莫對。薳啓彊曰：“可。苟有其備，何故不可？耻匹夫不可以無備，況耻國乎？是以聖王務行禮，不求耻人。朝聘有珪，[三]享覜有璋，[四]小有述職，[五]大有巡功，[六]設机而不倚，爵盈而不飲，[七]宴有好貨，[八]飧有陪鼎，[九]入有郊勞，[一〇]出有贈賄，[一一]禮之至也。國家之敗，失

之道也，則禍亂興。[一二]

［一］刖足使守門。

［二］加宫刑。

［三］珪以爲信。

［四］享，饗也。覜，見也。既朝聘而享見也。臣爲君使執璋。

［五］諸侯適天子曰述職。

［六］天子巡守曰巡功。

［七］言務行禮。

［八］宴飲以貨爲好，衣服車馬，在客所無。

［九］熟食爲飧[一]。陪，加也。加鼎所以厚殷勤。

［一〇］賓至，逆勞之於郊。

［一一］去則贈之以貨賄。

［一二］失朝聘宴好之道。

“城濮之役，[一]晉無楚備，以敗於邲。[二]邲之役，楚無晉備，以敗於鄢。[三]自鄢以來，晉不失備，而加之以禮，重之以睦，[四]是以楚弗能報而求親焉。既獲姻親，又欲耻之，以召寇讎，備之若何？[五]誰其重此？[六]若有其人，耻之可也。[七]若其未有，君亦圖之。晉之事君，臣曰可矣。求諸侯而麇至，[八]求昏而薦女，[九]君親送之，上卿及上大夫致之。猶欲耻之，君其亦有備矣。不然，奈何？韓起之下，趙成、中行吴、魏舒、范鞅、知盈；[一〇]羊舌肸之下，祁午、張趯、籍談、女齊、梁丙、張骼、輔躒、苗賁皇，皆諸侯之選也。[一一]韓襄爲公族大夫，韓須受命

〔一〕熟食爲飧 “熟”，原作“熱”，據阮刻本注、疏改。

而使矣。[一二] 箕襄、邢帶、[一三] 叔禽、叔椒、子羽，[一四] 皆大家也。韓賦七邑，皆成縣也。[一五] 羊舌四族，皆彊家也。[一六] 晉人若喪韓起、楊肸，五卿八大夫[一七] 輔韓須、楊石，[一八] 因其十家九縣，[一九] 長轂九百，[二〇] 其餘四十縣，遺守四千，[二一] 奮其武怒，以報其大耻，伯華謀之，[二二] 中行伯、魏舒帥之，[二三] 其蔑不濟矣。君將以親易怨，[二四] 實無禮以速寇，而未有其備，使群臣往遺之禽，以逞君心，何不可之有?”王曰:“不穀之過也，大夫無辱。”[二五] 厚爲韓子禮。王欲敖叔向以其所不知，而不能。[二六] 亦厚其禮。韓起反，鄭伯勞諸圉，[二七] 辭不敢見，禮也。[二八]

［一］在僖二十八年。

［二］在宣十二年。言兵禍始於城濮。

［三］在成十六年。

［四］君臣和也。

［五］言何以爲備。

［六］言怨重。

［七］謂有賢人以敵晉，則可耻之。

［八］麇，群也。

［九］薦，進也。

［一〇］五卿位在韓起之下，皆三軍之將佐也。成，趙武之子。吴，荀偃之子。

［一一］言非凡人。

［一二］襄，韓無忌子也，爲公族大夫。須，起之門子，年雖幼，已任出使。

［一三］二人韓氏族。

［一四］皆韓起庶子。

［一五］成縣，賦百乘也。

［一六］四族，銅鞮伯華、叔向、叔魚、叔虎兄弟四人。

［一七］五卿，趙成以下。八大夫，祁午以下。

［一八］石，叔向子食我也。

［一九］韓氏七，羊舌氏四，而言十家，舉大數也。羊舌四家共二縣，故但言彊家。

［二〇］長轂，戎車也。縣百乘。

［二一］計遺守國者，尚有四千乘。

［二二］伯華，叔向兄。

［二三］伯，中行吴。

［二四］失婚姻之親。

［二五］謝薳啓彊。

［二六］言叔向之多知。

［二七］圉，鄭地名。

［二八］奉使君命未反故。

〔左氏附〕

（昭傳·五·五）

鄭罕虎如齊，娶於子尾氏。[一] 晏子驟見之，陳桓子問其故，對曰："能用善人，民之主也。"[二]

［一］自爲逆也。

［二］謂授子産政。

〔昭經·五·四〕

夏，莒牟夷以牟婁及防、兹來奔。[一]

［一］城陽平昌縣西南有防亭。姑幕縣東北有茲亭。

(昭傳·五·六)

夏，莒牟夷以牟婁及防、茲來奔。牟夷非卿而書，尊地也。[一]

［一］尊，重也。重地，故書以名。其人終爲不義。

〔昭經·五·五〕

秋七月，公至自晉。

(昭傳·五·七)

莒人愬于晉。[一]晉侯欲止公。范獻子曰："不可。人朝而執之，誘也。討不以師，而誘以成之，惰也。爲盟主而犯此二者，無乃不可乎？請歸之，間而以師討焉。"[二]乃歸公。秋七月，公至自晉。

［一］愬魯受牟夷。

［二］間，暇也。

〔昭經·五·六〕

戊辰，叔弓帥師敗莒師于蚡泉。[一]

［一］蚡泉，魯地。

(昭傳·五·八)

莒人來討，[一]不設備。戊辰，叔弓敗諸蚡泉，莒未陳也。[二]

［一］討受牟夷。

［二］嫌君臣異，故重發例。

〔昭經·五·七〕

秦伯卒。[一]

［一］無《傳》。不書名，未同盟。

〔昭經·五·八〕

冬，楚子、蔡侯、陳侯、許男、頓子、沈子、徐人、越人伐吳。

（昭傳·五·九）

冬十月，楚子以諸侯及東夷伐吳，以報棘、櫟、麻之役，[一]薳射以繁揚之師會於夏汭。[二]越大夫常壽過帥師會楚子于瑣。[三]聞吳師出，薳啓彊帥師從之，[四]遽不設備，吳人敗諸鵲岸。[五]楚子以馹至於羅汭。[六]

［一］役在四年。

［二］會楚子。

［三］瑣，楚地。

［四］從吳師也。

［五］廬江舒縣有鵲尾渚。

［六］馹，傳也。羅，水名。

吳子使其弟蹶由犒師，[一]楚人執之，將以釁鼓。王使問焉，曰："女卜來吉乎？"對曰："吉。寡君聞君將治兵於敝邑，卜之以守龜，曰：'余亟使人犒師，請行以觀王怒之疾徐，而爲之備，尚克知之。'[二]龜兆告吉，曰：'克可知也。'君若驩焉好逆使臣，滋敝邑休怠〔一〕，[三]而忘其死，亡

〔一〕滋敝邑休怠　"怠"，原作"殆"，據石經改。按：阮校曰："石經、宋本、淳熙本、岳本、纂圖本、監本、毛本'殆'作'怠'。"

無日矣。今君奮焉，震電馮怒，[四]虐執使臣，將以釁鼓，則吳知所備矣。敝邑雖羸，若早脩完，[五]其可以息師。[六]難易有備，可謂吉矣。且吳社稷是卜，豈爲一人？使臣獲釁軍鼓而敝邑知備，以禦不虞，其爲吉孰大焉！國之守龜，其何事不卜？[七]一臧一否，其誰能常之？城濮之兆，其報在邲。[八]今此行也，其庸有報志？"[九]乃弗殺。

［一］犒，勞。

［二］言吳令龜如此。

［三］休，解也。

［四］馮，盛也。

［五］完器備。

［六］息楚之師。

［七］言常卜。

［八］城濮戰，楚卜吉，其效乃在邲。

［九］言吳有報楚意。

楚師濟於羅汭，沈尹赤會楚子，次於萊山。薳射帥繁揚之師先入南懷，楚師從之。及汝清，[一]吳不可入。[二]楚子遂觀兵於坻箕之山。[三]是行也，吳早設備，楚無功而還，以蹶由歸。楚子懼吳，使沈尹射待命于巢，薳啓彊待命于雩婁，禮也。[四]

［一］南懷、汝清，皆楚界。

［二］有備。

［三］觀，示也。

［四］善有備。

〔左氏附〕

（昭傳·五·十）

秦后子復歸於秦，[一]景公卒故也。[二]

［一］元年奔晉。

［二］終五稔之言。

昭公六年

〔昭經・六・一〕

六年春王正月，杞伯益姑卒。[一]

[一] 再同盟。

(昭傳・六・一)

六年春王正月，杞文公卒。弔如同盟，禮也。[一]

[一] 魯怨杞因晉取其田，而今不廢喪紀，故禮之。

〔昭經・六・二〕

葬秦景公。

(昭傳・六・二)

大夫如秦，葬景公，禮也。[一]

[一] 合先王士弔、大夫送葬之禮。

〔左氏附〕

(昭傳・六・三)

三月，鄭人鑄刑書。[一] 叔向使詒子產書，[二] 曰："始吾有虞於子，[三] 今則已矣。[四] 昔先王議事以制，不爲刑辟，懼民之有爭心也。[五] 猶不可禁禦，是故閑之以義，[六] 糾之以政，[七] 行之以禮，守之以信，奉之以仁，[八] 制爲祿位以勸其從，[九] 嚴斷刑罰以威其淫。[一〇] 懼其未也，故誨之以忠，聳之以行，[一一] 教之以務，[一二] 使之以和，[一三] 臨之以敬，涖之以彊，[一四] 斷之以剛，[一五] 猶求聖哲之上，明察之官，[一六]忠信之長，慈惠之師，民於是乎可任使也，而不生禍亂。民知有辟，則不忌於上，[一七]並有爭心，以徵於書，而徼幸以成之，[一八]弗可爲矣。[一九]

［一］鑄刑書於鼎，以爲國之常法。

［二］詒，遺也。

［三］虞，度也。言準度子產以爲己法。

［四］已，止也。

［五］臨事制刑，不豫設法也。法豫設，則民知爭端。

［六］閑，防也。

［七］糾，舉也。

［八］奉，養也。

［九］勸從教。

［一〇］淫，放也。

［一一］聳，懼也。

［一二］時所急。

［一三］説以使民。

［一四］施之於事爲涖。

［一五］義斷恩。

［一六］上，公、王也。官，卿、大夫也。

［一七］權移於法，故民不畏上。

［一八］因危文以生爭，緣徼幸以成其巧僞。

［一九］爲，治也。

“夏有亂政而作《禹刑》，商有亂政而作《湯刑》，[一]周有亂政而作《九刑》。[二]三辟之興，皆叔世也。[三]今吾子相鄭國，作封洫，[四]立謗政，[五]制參辟，鑄刑書，[六]將以靖民，不亦難乎？《詩》曰：'儀式刑文王之德，日靖四方。'[七]又曰：'儀刑文王，萬邦作孚。'[八]如是，何辟之有？[九]民知爭端矣，將棄禮而徵於書。[一〇]錐刀之末，將盡爭之。[一一]亂獄滋豐，賄賂並行，終子之世，鄭其敗乎？肸聞之，國將亡，必多制。[一二]其此之謂乎！"復書曰："若吾子之言，[一三]僑不才，不能及子孫，吾以救世也。既不承命，敢忘大惠！"[一四]士文伯曰："火見，鄭其火乎？[一五]火未出，而作火以鑄刑器，[一六]藏爭辟焉。火如象之〔一〕，不火何爲？"[一七]

[一] 夏、商之亂，著禹、湯之法，言不能議事以制。

[二] 周之衰亦爲刑書，謂之《九刑》。

[三] 言刑書不起於始盛之世。

[四] 在襄三十年。

[五] 作丘賦在四年。

[六] 制參辟，謂用三代之末法。

[七]《詩·頌》。言文王以德爲儀式，故能日有安靖四方之功。刑，法也。

[八]《詩·大雅》。言文王作儀法爲天下所信。孚，信也。

[九] 言《詩》唯以德與信，不以刑也。

[一〇] 以刑書爲徵。

[一一] 錐刀末，喻小事。

[一二] 數改法。

〔一〕 火如象之 "如"，《漢書》、敦煌卷子作"而"。見張涌泉主編、審訂：《敦煌經部文獻合集·春秋左氏經傳集解（昭公五、六年）》，第1156頁。

［一三］復，報也。

［一四］以見箴戒爲患。

［一五］火，心星也。周五月昏見。

［一六］刑器，鼎也。

［一七］象，類也。同氣相求，火未出而用火，相感而致災。

〔昭經·六·三〕

夏，季孫宿如晉。

（昭傳·六·四）

夏，季孫宿如晉，拜莒田也。[一]晉侯享之，有加籩。[二]武子退，使行人告曰："小國之事大國也，苟免於討，不敢求貺，[三]得貺不過三獻。[四]今豆有加，下臣弗堪，無乃戾也？"[五]韓宣子曰："寡君以爲驩也。"[六]對曰："寡君猶未敢，[七]況下臣，君之隸也，敢聞加貺！"固請徹加而後卒事。晉人以爲知禮，重其好貨。[八]

［一］謝前年受牟夷邑不見討。

［二］籩豆之數加於常禮〔一〕。

［三］貺，賜也。

［四］《周禮》："大夫三獻。"

［五］懼以不堪爲罪。

［六］以加禮致驩心。

［七］未敢當此加也。

［八］宴好之貨。

〔一〕籩豆之數加於常禮　"加"，興國軍本、阮刻本作"多"。

〔昭經·六·四〕

葬杞文公。[一]

［一］無《傳》。

〔昭經·六·五〕

宋華合比出奔衛。[一]

［一］合比事君不以道，自取奔亡，書名罪之。

（昭傳·六·五）

宋寺人柳有寵，[一]大子佐惡之。華合比曰："我殺之。"[二]柳聞之，乃坎、用牲、埋書，[三]而告公曰："合比將納亡人之族，[四]既盟于北郭矣。"公使視之，有焉，遂逐華合比。合比奔衛，於是華亥欲代右師，[五]乃與寺人柳比，從爲之徵曰："聞之久矣。"[六]公使代之。[七]見於左師。[八]左師曰："女夫也必亡！[九]女喪而宗室，於人何有？人亦於女何有？[一〇]《詩》曰：'宗子維城，毋俾城壞，毋獨斯畏。'[一一]女其畏哉！"[一二]

［一］有寵於平公。

［二］故以求媚大子〔一〕。

［三］詐爲盟處。

［四］亡人，華臣也。襄十七年奔衛。

［五］亥，合比弟，欲得合比處。

［六］聞合比欲納華臣。

［七］代合比爲右師。

〔一〕故以求媚大子　"故"，阮刻本作"欲"。

［八］左師，向戌。

［九］夫謂華亥。

［一〇］言人亦不能愛女。

［一一］《詩・大雅》。言宗子之固若城。俾，使也。

［一二］爲二十年華亥出奔《傳》。

〔左氏附〕

（昭傳・六・六）

六月丙戌，鄭災。[一]

［一］終士文伯之言。

〔左氏附〕

（昭傳・六・七）

楚公子棄疾如晉，報韓子也。[一]過鄭，鄭罕虎、公孫僑、游吉從鄭伯以勞諸柤，辭不敢見。[二]固請見之，見，如見王，[三]以其乘馬八匹私面。[四]見子皮如上卿，[五]以馬六匹。見子産，以馬四匹。見子大叔，以馬二匹。[六]禁芻牧採樵不入田，[七]不樵樹，不采蓺，[八]不抽屋，不强匄。誓曰："有犯命者，君子廢，小人降。"[九]舍不爲暴，主不慁賓。[一〇]往來如是。鄭三卿皆知其將爲王也。[一一]

［一］報前年送女。

［二］不敢當國君之勞〔一〕。柤，鄭地。

［三］見鄭伯如見楚王，言棄疾共而有禮。

〔一〕不敢當國君之勞　"君"，原脱，據興國軍本補。

［四］私見鄭伯。

［五］如見楚卿。

［六］降殺以兩。

［七］不犯田種。

［八］蓺，種也。

［九］君子則廢黜不得居位，小人則退給下劇也。

［一〇］悤，患也。

［一一］三卿：罕虎、公孫僑、游吉。

韓宣子之適楚也，楚人弗逆。公子棄疾及晉竟，晉侯將亦弗逆。叔向曰："楚辟我衷，[一] 若何效辟？《詩》曰：'爾之教矣，民胥效矣。'[二] 從我而已，焉用效人之辟？《書》曰：'聖作則。'[三] 無寧以善人爲則，[四] 而則人之辟乎？匹夫爲善，民猶則之，況國君乎？"晉侯說，乃逆之。[五]

［一］辟，邪也。衷，正也。

［二］《詩·小雅》。言上教下效。

［三］逸《書》。則，法也。

［四］無寧，寧也。

［五］《傳》言叔向知禮。

〔昭經·六·六〕

秋九月，大雩。

（昭傳·六·八）

秋九月，大雩，旱也。

〔昭經·六·七〕

楚薳罷帥師伐吳。

（昭傳·六·九）

徐儀楚聘于楚。[一]楚子執之，逃歸。懼其叛也，使薳洩伐徐。[二]吳人救之。令尹子蕩帥師伐吳，師于豫章，而次于乾谿。[三]吳人敗其師於房鍾，[四]獲宮廏尹棄疾。[五]子蕩歸罪於薳洩而殺之。[六]

［一］儀楚，徐大夫。

［二］薳洩，楚大夫。

［三］乾谿在譙國城父縣南，楚東竟〔一〕。

［四］房鍾，吳地。

［五］鬭韋龜之父。

［六］歸罪於薳洩，不以敗告，故不書。

〔昭經·六·八〕

冬，叔弓如楚。

（昭傳·六·十）

冬，叔弓如楚聘，且弔敗也。[一]

［一］弔爲吳所敗。

〔昭經·六·九〕

齊侯伐北燕。

〔一〕 楚東竟 “楚”，原脱，據興國軍本補。

（昭傳·六·十一）

十一月，齊侯如晉，請伐北燕也。[一]士匄相士鞅，逆諸河，禮也。[二]晉侯許之。十二月，齊侯遂伐北燕，將納簡公。[三]晏子曰："不入。燕有君矣。民不貳，吾君賄，左右諂諛〔一〕，作大事不以信，未嘗可也。"[四]

［一］告盟主。

［二］士匄，晉大夫。相爲介，得敬逆來者之禮。

［三］簡公，北燕伯。三年出奔齊。

［四］爲明年暨齊平《傳》。

〔一〕左右諂諛 "諂"，原作"謟"，據興國軍本改。按：阮校曰："石經此處缺。宋本、纂圖本、監本、毛本'謟'作'諂'，是也。《釋文》同。"

昭公七年

〔昭經·七·一〕

七年春王正月，暨齊平。[一]

[一] 暨，與也。燕與齊平。前年冬，齊伐燕，間無異事，故不重言燕，從可知。

(昭傳·七·一)

七年春王正月，暨齊平，齊求之也。[一] 癸巳，齊侯次于虢，[二] 燕人行成曰：“敝邑知罪，敢不聽命。先君之敝器，請以謝罪。”[三] 公孫晳曰：“受服而退，俟釁而動，可也。”[四] 二月戊午，盟于濡上。[五] 燕人歸燕姬，[六] 賂以瑶罋、玉櫝、斝耳，不克而還。[七]

[一] 齊伐燕，燕人賂之，反從求平，如晏子言。

[二] 虢，燕竟。

[三] 敝器，瑶罋、玉櫝之屬。

[四] 晳，齊大夫。

[五] 濡水出高陽縣東北，至河間鄚縣入易水。

[六] 嫁女與齊侯。

[七] 瑶，玉也。櫝，匱也。斝耳，玉爵。

〔左氏附〕

(昭傳·七·二)

楚子之爲令尹也，爲王旌以田。[一] 芋尹無宇斷之曰：“一國兩君，其誰堪之？”及即位，爲章華之宫〔一〕，納亡人

〔一〕 爲章華之宫　“章華”，原作“章臺”，據石經改。注同，據興國軍本改。

以實之。[二]無宇之閽入焉。[三]無宇執之，有司弗與，[四]曰：“執人於王宮，其罪大矣。”執而謁諸王。[五]王將飲酒，[六]無宇辭曰：“天子經略，[七]諸侯正封，[八]古之制也。封略之内，何非君土？食土之毛，誰非君臣？[九]故《詩》曰：‘普天之下，莫非王土。率土之濱，莫非王臣。’[一〇]天有十日，[一一]人有十等，[一二]下所以事上，上所以共神也。故王臣公，公臣大夫，大夫臣士，士臣皁，皁臣輿，輿臣隸，隸臣僚，僚臣僕，僕臣臺。馬有圉，牛有牧，[一三]以待百事。今有司曰：‘女胡執人於王宮？’將焉執之？周文王之法曰：‘有亡，荒閱。’[一四]所以得天下也。吾先君文王，[一五]作《僕區》之法，[一六]曰‘盜所隱器，[一七]與盜同罪’，所以封汝也。[一八]若從有司，是無所執逃臣也。逃而舍之，是無陪臺也。[一九]王事無乃闕乎？昔武王數紂之罪，以告諸侯曰：‘紂爲天下逋逃主，萃淵藪，[二〇]故夫致死焉。’[二一]君王始求諸侯而則紂，無乃不可乎？若以二文之法取之，盜有所在矣。”[二二]王曰：“取而臣以往，[二三]盜有寵，未可得也。”[二四]遂赦之。[二五]

［一］析羽爲旌，王旌游至於軫。

［二］章華，南郡華容縣。

［三］有罪亡入章華宮。

［四］王有司也。

［五］執無宇也。

［六］遇其歡也。

［七］經營天下，略有四海，故曰“經略”。

［八］封疆有定分。

［九］毛，草也。

［一〇］《詩·小雅》。濱，涯也。

［一一］甲至癸。

［一二］王至臺。

［一三］養馬曰圉，養牛曰牧。

［一四］荒，大也。閱，蒐也。有亡人當大蒐其衆。

［一五］楚文王。

［一六］《僕區》，刑書名。

［一七］隱盜所得器。

［一八］行善法，故能啓彊北至汝水。

［一九］言皆將逃。

［二〇］萃，集也。天下逋逃悉以紂爲淵藪，集而歸之。

［二一］人欲致死討紂。

［二二］言王亦爲盜。

［二三］往，去也。

［二四］盜有寵，王自謂，爲葬靈王張本。

［二五］赦無宇。

〔昭經·七·二〕

三月，公如楚。

（昭傳·七·三）

楚子成章華之臺，願與諸侯落之〔一〕。[一] 大宰薳啓彊曰：“臣能得魯侯。”薳啓彊來召公，辭曰：“昔先君成公命我先大夫嬰齊曰：‘吾不忘先君之好，將使衡父照臨楚國，鎮撫

〔一〕願與諸侯落之 “與”，阮刻本作“以”。

其社稷，以輯寧爾民。’嬰齊受命于蜀，[二] 奉承以來，弗敢失隕而致諸宗祧。[三] 日我先君共王，引領北望，日月以冀，[四] 傳序相授，於今四王矣。[五] 嘉惠未至，唯襄公之辱臨我喪。[六] 孤與其二三臣悼心失圖，[七] 社稷之不皇，況能懷思君德。[八] 今君若步玉趾，辱見寡君，[九] 寵靈楚國，以信蜀之役，致君之嘉惠，是寡君既受貺矣，何蜀之敢望？[一〇] 其先君鬼神實嘉賴之，豈唯寡君？君若不來，使臣請問行期。[一一] 寡君將承質幣而見于蜀，以請先君之貺。”[一二]

[一] 宫室始成，祭之爲落臺。今在華容城内。

[二] 蜀盟在成二年。衡父，公衡。

[三] 言奉成公此語以告宗廟。

[四] 冀魯朝。

[五] 四王，共、康、郏敖及靈王。

[六] 襄公二十八年如楚臨康王喪。

[七] 在哀喪故。

[八] 皇，暇也。言有大喪，多不暇。

[九] 趾，足也。

[一〇] 言但欲使君來，不敢望如蜀復有質子。

[一一] 問魯見伐之期。

[一二] 請，問也。

公將往，夢襄公祖。[一] 梓慎曰：“君不果行。襄公之適楚也，夢周公祖而行。今襄公實祖，君其不行。”子服惠伯曰：“行。先君未嘗適楚，故周公祖以道之。襄公適楚

矣，而祖以道君，不行何之？”三月，公如楚，鄭伯勞于師之梁。[二]孟僖子爲介，不能相儀。[三]及楚，不能答郊勞。[四]

［一］祖，祭道神。

［二］鄭城門。

［三］僖子，仲孫貜。

［四］爲下僖子病，不能相禮張本。

〔昭經·七·三〕

叔孫婼如齊涖盟。[一]

［一］無《傳》。公將遠適楚，故叔孫如齊尋舊好。

〔昭經·七·四〕

夏四月甲辰朔，日有食之。

(昭傳·七·四)

夏四月甲辰朔，日有食之，晉侯問於士文伯曰：“誰將當日食？”對曰：“魯、衛惡之。[一]衛大魯小。”公曰：“何故？”對曰：“去衛地，如魯地。[二]於是有災，魯實受之。[三]其大咎，其衛君乎？魯將上卿。”[四]公曰：“《詩》所謂‘彼日而食，于何不臧’者，何也？”[五]對曰：“不善政之謂也。國無政，不用善，則自取謫于日月之災。[六]故政不可不慎也。務三而已，一曰擇人，[七]二曰因民，[八]三曰從時。”[九]

［一］受其凶惡。

［二］衛地，豕韋也。魯地，降婁也。日食於豕韋之末，及降婁之始乃息，故禍在衛大，在魯小也。周四月，今二月，故曰“在降婁”。

［三］災發於衛，而魯受其餘禍。

［四］八月衛侯卒。十一月季孫宿卒。

［五］感日食而問《詩》。

［六］讁，譴也。

［七］擇賢人。

［八］因民所利而利之。

［九］順四時之所務。

〔左氏附〕

（昭傳·七·五）

晉人來治杞田，[一] 季孫將以成與之。[二] 謝息爲孟孫守，不可。[三] 曰："人有言曰：'雖有挈缾之知，守不假器，禮也。'[四] 夫子從君，而守臣喪邑，[五] 雖吾子，亦有猜焉。"[六] 季孫曰："君之在楚，於晉罪也。[七] 又不聽晉，魯罪重矣。晉師必至，吾無以待之，不如與之，間晉而取諸杞。[八] 吾與子桃，[九] 成反，誰敢有之？是得二成也。魯無憂而孟孫益邑，子何病焉？"辭以無山，與之萊、柞，[一〇] 乃遷于桃。[一一] 晉人爲杞取成。[一二]

［一］前汝叔侯不盡歸，今公適楚，晉人恨，故復來治杞田。

［二］成，孟氏邑，本杞田。

［三］謝息，僖子家臣。

［四］挈缾，汲者，喻小知。爲人守器，猶知不以借人。

［五］夫子，謂孟僖子。從公如楚。

［六］言季孫亦將疑我不忠。

［七］言晉罪君之在楚〔一〕。

〔一〕 言晉罪君之在楚 "在"，興國軍本、阮刻本作"至"。

［八］候晉間隙，可復伐杞取之。

［九］魯國下縣東南有桃虛。

［一〇］萊、柞二山。

［一一］謝息遷也。

［一二］不書，非公命。

〔左氏附〕

（昭傳·七·六）

楚子享公于新臺，[一]使長鬣者相，[二]好以大屈。[三]既而悔之。薳啓彊聞之，見公。公語之，拜賀。公曰："何賀？"對曰："齊與晉、越欲此久矣。寡君無適與也，而傳諸君，君其備禦三鄰。[四]慎守寶矣，敢不賀乎？"公懼，乃反之。[五]

［一］章華臺也。

［二］鬣，鬚也。欲光夸魯侯。

［三］宴好之賜。大屈，弓名。

［四］言齊、晉、越將伐魯而取之。

［五］《傳》言楚靈不信，所以不終。

〔左氏附〕

（昭傳·七·七）

鄭子産聘于晉。晉侯有疾〔一〕，韓宣子逆客，私焉，[一]曰："寡君寢疾，於今三月矣，並走群望，[二]有加而無瘳。

〔一〕晉侯有疾　"有"，阮刻本脱，皕忍堂石經作雙鉤"有"字。

今夢黄熊入于寢門，其何厲鬼也？”對曰：“以君之明，子爲大政，其何厲之有？昔堯殛鯀于羽山，[三]其神化爲黄熊，以入于羽淵，實爲夏郊，三代祀之。[四]晉爲盟主，其或者未之祀也乎？”[五]韓子祀夏郊。[六]晉侯有間，[七]賜子產莒之二方鼎。[八]

［一］私語。

［二］晉所望祀山川，皆走往祈禱。

［三］羽山在東海祝其縣西南。

［四］鯀，禹父。夏家郊祭之，歷殷、周二代，又通在群神之數，并見祀。

［五］言周衰，晉爲盟主，得佐天子祀群神。

［六］祀鯀。

［七］間，差也。

［八］方鼎，莒所貢。

〔左氏附〕

(昭傳·七·八)

子產爲豐施歸州田於韓宣子，[一]曰：“日君以夫公孫段爲能任其事，而賜之州田。今無祿早世，不獲久享君德。其子弗敢有，不敢以聞於君，私致諸子。”[二]宣子辭。子產曰：“古人有言曰：‘其父析薪，其子弗克負荷。’[三]施將懼不能任其先人之祿，其況能任大國之賜？縱吾子爲政而可，後之人若屬有疆埸之言，敝邑獲戾，[四]而豐氏受其大討。吾子取州，是免敝邑於戾，而建置豐氏也。敢以爲請。”[五]宣子受之，以告晉侯。晉侯以與宣子。宣子爲初言，病有之，[六]以易原縣於樂大心。[七]

［一］豐施，鄭公孫段之子。三年晉以州田賜段。

［二］此年正月，公孫段卒。

［三］荷，擔也。以微薄喻貴重。

［四］恐後代宣子者將以鄭取晉邑罪鄭。

［五］《傳》言子産貞而不諒。

［六］初言，謂與趙文子爭州田。

［七］樂大心，宋大夫。原，晉邑，以賜樂大心也。

〔左氏附〕

（昭傳·七·九）

鄭人相驚以伯有，曰：“伯有至矣。”則皆走，不知所往。[一]鑄刑書之歲二月，[二]或夢伯有介而行，[三]曰：“壬子，余將殺帶也。[四]明年壬寅，余又將殺段也。”[五]及壬子，駟帶卒，國人益懼。齊、燕平之月[六]壬寅，公孫段卒，國人愈懼。其明月，子産立公孫洩及良止以撫之，乃止。[七]子大叔問其故。子産曰：“鬼有所歸，乃不爲厲，吾爲之歸也。”大叔曰：“公孫洩何爲？”[八]子産曰：“説也，爲身無義而圖説。[九]從政有所反之，以取媚也。[一〇]不媚不信，[一一]不信，民不從也。”

［一］襄三十年鄭人殺伯有，言其鬼至。

［二］在前年。

［三］介，甲也。

［四］駟帶助子晳殺伯有。壬子，六年三月三日。

［五］公孫段，豐氏黨。壬寅，此年正月二十八日。

［六］此年正月。

［七］公孫洩，子孔之子也。襄十九年鄭殺子孔。良止，伯有子也。立以爲大夫，使有宗廟。

［八］子孔不爲厲，問何爲復立洩。

［九］伯有無義，以妖鬼故立之。恐惑民，并立洩，使若自以大義存誅絶之後者，以解説民心。

［一〇］民不可使知之，故治政或當反道，以求媚於民。

［一一］説而後信之。

及子産適晉，趙景子問焉，[一] 曰："伯有猶能爲鬼乎？"子産曰："能。人生始化曰魄，[二] 既生魄，陽曰魂。[三] 用物精多，則魂魄强。[四] 是以有精爽，至於神明。[五] 匹夫匹婦强死，其魂魄猶能馮依於人，以爲淫厲。[六] 況良霄我先君穆公之冑，子良之孫，子耳之子，敝邑之卿，從政三世矣。鄭雖無腆，[七] 抑諺曰'蕞爾國'，[八] 而三世執其政柄，其用物也弘矣，其取精也多矣，其族又大，所馮厚矣，[九] 而强死，能爲鬼，不亦宜乎？"[一〇]

［一］景子，晉中軍佐趙成。

［二］魄，形也。

［三］陽，神氣也。

［四］物，權勢。

［五］爽，明也。

［六］强死，不病也。人謂匹夫匹婦賤身。

［七］腆，厚也。

［八］蕞，小貌。

［九］良霄魂魄所馮者貴重。

［一〇］《傳》言子產之博敏。

〔左氏附〕

(昭傳·七·十)

子皮之族飲酒無度，[一]故馬師氏與子皮氏有惡。[二]齊師還自燕之月，[三]罕朔殺罕魋。[四]罕朔奔晉。韓宣子問其位於子產。[五]子產曰："君之羈臣，苟得容以逃死，何位之敢擇？卿違，從大夫之位，[六]罪人以其罪降，[七]古之制也。朔於敝邑，亞大夫也，其官，馬師也。[八]獲戾而逃，唯執政所寘之，得免其死，爲惠大矣，又敢求位？"宣子爲子產之敏也，使從嬖大夫。[九]

［一］相尚以奢，相困以酒。

［二］馬師氏，公孫鉏之子罕朔也。襄三十年馬師頡出奔，公孫鉏代之爲馬師，與子皮俱同一族。

［三］在此年二月。

［四］魋，子皮弟。

［五］問朔可使在何位。

［六］謂以禮去者，降位一等。

［七］罪重則降多。

［八］大夫位，馬師職。

［九］爲子產故，使降一等，不以罪降。

〔昭經·七·五〕

秋八月戊辰，衛侯惡卒。[一]

［一］元年大夫盟于虢。

(昭傳 · 七 · 十一)

秋八月，衛襄公卒。晉大夫言於范獻子曰："衛事晉爲睦，[一]晉不禮焉，庇其賊人而取其地，[二]故諸侯貳。《詩》曰：'鶺鴒在原，兄弟急難。'[三]又曰：'死喪之威，兄弟孔懷。'[四]兄弟之不睦，於是乎不弔，[五]況遠人，誰敢歸之？今又不禮於衛之嗣，[六]衛必叛我，是絶諸侯也。"獻子以告韓宣子。宣子説，使獻子如衛弔，且反戚田。[七]衛齊惡告喪于周，且請命。王使成簡公如衛弔〔一〕。[八]且追命襄公，曰："叔父陟恪，在我先王之左右，以佐事上帝。[九]余敢忘高圉、亞圉？"[一〇]

［一］睦，和也。

［二］賊人，孫林父。其地，戚也。

［三］《詩 · 小雅》。鶺鴒，䳭渠也。飛則鳴，行則揺，喻兄弟相救於急難，不可自舍。

［四］威，畏也。言有死喪，則兄弟宜相懷思〔二〕。

［五］不相弔恤。

［六］嗣，新君也。

［七］《傳》言戚田所由還衛。

［八］簡公，王卿士也。

［九］陟，登也。恪，敬也。帝，天也。叔父謂襄公。命如今之哀策。

［一〇］二圉，周之先也，爲殷諸侯，亦受殷王追命者。

〔一〕 王使成簡公如衛弔　"成"，阮刻本作"臣"。

〔二〕 則兄弟宜相懷思　"思"，原作"恩"，據興國軍本改。

〔昭經 · 七 · 六〕

九月，公至自楚。

(昭傳 · 七 · 十二)

九月，公至自楚，孟僖子病不能相禮，[一]乃講學之，[二]苟能禮者從之。及其將死也，[三]召其大夫[四]曰："禮，人之幹也。無禮，無以立。吾聞將有達者曰孔丘，[五]聖人之後也，[六]而滅於宋。[七]其祖弗父何，以有宋而授厲公。[八]及正考父，[九]佐戴、武、宣，[一〇]三命兹益共。[一一]故其鼎銘云：[一二]'一命而僂，再命而傴，三命而俯。[一三]循牆而走，[一四]亦莫余敢侮。[一五]饘於是，鬻於是，以餬余口。'[一六]其共也如是。臧孫紇有言[一七]曰：'聖人有明德者，若不當世，其後必有達人。'[一八]今其將在孔丘乎？我若獲没，[一九]必屬説與何忌於夫子，使事之[二〇]而學禮焉，以定其位。"[二一]故孟懿子與南宮敬叔師事仲尼。仲尼曰："能補過者，君子也。《詩》曰：'君子是則是效。'[二二]孟僖子可則效已矣。"

[一] 不能相儀答郊勞，以此爲己病。

[二] 講，習也。

[三] 二十四年孟僖子卒，《傳》終言之。

[四] 僖子屬大夫。

[五] 僖子卒時孔丘年三十五。

[六] 聖人，殷湯。

[七] 孔子六代祖孔父嘉爲宋督所殺，其子奔魯。

[八] 弗父何，孔父嘉之高祖，宋閔公之子，厲公之兄。何適嗣當立，以讓厲公。

［九］弗父何之曾孫。

［一〇］三人皆宋君。

［一一］三命，上卿也。言位高益共。

［一二］考父廟之鼎。

［一三］俯共於傴，傴共於僂。

［一四］言不敢安行。

［一五］其共如是，亦不敢侮慢之。

［一六］於是鼎中爲饘鬻。饘鬻，餬屬，言至儉。

［一七］紇，武仲也。

［一八］聖人之後有明德而不當大位，謂正考父。

［一九］得以壽終。

［二〇］説，南宮敬叔。何忌，孟懿子。皆僖子之子。

［二一］知禮則位安。

［二二］《詩·小雅》。

〔左氏附〕

（昭傳·七·十三）

單獻公棄親用羈。[一] 冬十月辛酉，襄、頃之族殺獻公而立成公。[二]

［一］獻公，周卿士，單靖公之子，頃公之孫。羈，寄客也。

［二］襄公，頃公之父。成公，獻公弟。

〔昭經·七·七〕

冬十有一月癸未，季孫宿卒。

(昭傳·七·十四)

十一月，季武子卒。晉侯謂伯瑕[一]曰："吾所問日食，從矣〔一〕。可常乎？"[二]對曰："不可。六物不同，[三]民心不壹，[四]事序不類，[五]官職不則，[六]同始異終，胡可常也？《詩》曰：'或燕燕居息，或憔悴事國。'[七]其異終也如是。"公曰："何謂六物？"對曰："歲、時、日、月、星、辰是謂也。"公曰："多語寡人辰而莫同，何謂辰？"對曰："日月之會是謂辰，[八]故以配日。"[九]

[一]伯瑕，士文伯。

[二]衛侯、武子，皆卒故。

[三]各異時。

[四]政教殊。

[五]有變易。

[六]治官居職非一法。

[七]《詩·小雅》。言不同。

[八]一歲日月十二會，所會謂之辰。

[九]謂以子丑配甲乙。

〔昭經·七·八〕

十有二月癸亥，葬衛襄公。

(昭傳·七·十五)

衛襄公夫人姜氏無子，[一]嬖人婤始生孟縶。孔成子夢康叔謂己："立元，[二]余使羈之孫圉與史苟相之。"[三]史朝亦夢康叔謂己："余將命而子苟與孔烝鉏之曾孫圉相元。"

〔一〕從矣　"矣"，原作"之"，據石經改。

史朝見成子，告之夢，夢協。[四] 晉韓宣子爲政，聘于諸侯之歲，[五] 婤姶生子，名之曰“元”。孟縶之足不良，能行。[六] 孔成子以《周易》筮之，曰：“元尚享衛國，主其社稷。”[七] 遇《屯》䷂。[八] 又曰：“余尚立縶，尚克嘉之。”[九] 遇《屯》䷂之《比》䷇。[一〇] 以示史朝。史朝曰：“元亨，又何疑焉？”[一一] 成子曰：“非長之謂乎？”[一二] 對曰：“康叔名之，可謂長矣。[一三] 孟非人也，將不列於宗，不可謂長。[一四] 且其《繇》曰‘利建侯’，[一五] 嗣吉何建，建非嗣也。[一六] 二卦皆云，[一七] 子其建之。康叔命之，二卦告之。筮襲於夢，武王所用也，弗從何爲？[一八] 弱足者居。[一九] 侯主社稷，臨祭祀，奉民人，事鬼神，從會朝，又焉得居？各以所利，不亦可乎？”[二〇] 故孔成子立靈公。十二月癸亥，葬衛襄公。[二一]

［一］姜氏，宣姜。

［二］成子，衛卿，孔達之孫烝鉏也。元，孟縶弟。夢時元未生。

［三］羈，烝鉏子。茍，史朝子。

［四］協，合也。

［五］在二年。

［六］跛也。

［七］令著辭〔一〕。

［八］《震》下《坎》上，《屯》。

［九］嘉，善也。

［一〇］《坤》下《坎》上，《比》。《屯》初九爻變。

〔一〕令著辭　“令”，原作“今”。阮校曰“宋本、岳本、監本‘今’作‘令’，是也”，據改。

［一一］《周易》曰："《屯》，元亨。"

［一二］言《屯》之元亨，謂年長，非謂名元。

［一三］善之長也。

［一四］足跛非全人，不可列爲宗主。

［一五］《繇》，卦辭。

［一六］嗣子有常位，故無所卜，又無所建。今以位不定，卜嗣得吉，則當從吉而建之也。

［一七］謂再得《屯》卦，皆有建侯之文。

［一八］《外傳》云："《大誓》曰：'朕夢協朕卜，襲於休祥，戎商必克。'此武王辭。"

［一九］跛則偏弱，居其家不能行。

［二〇］孟跛利居，元吉利建。

［二一］靈公，元也。

春秋左氏經傳集解昭公三第二十二

春秋左氏經傳集解昭公三第二十二〔一〕

杜　氏

昭公八年

〔左氏附〕

(昭傳·八·一)

八年春，石言于晉魏榆。[一] 晉侯問於師曠曰："石何故言？"對曰："石不能言，或馮焉。[二] 不然，民聽濫也。[三] 抑臣又聞之[四] 曰：'作事不時，怨讟動于民，則有非言之物而言。'今宮室崇侈，民力彫盡，[五] 怨讟並作，莫保其性。[六] 石言，不亦宜乎？"於是晉侯方築虒祁之宮〔二〕。[七] 叔向曰："子野之言君子哉！[八] 君子之言，信而有徵，故怨遠於其身。[九] 小人之言，僭而無徵，故怨咎及之。《詩》曰：'哀哉不能言，匪舌是出，唯躬是瘁。[一〇] 哿矣能言，巧言如流，俾躬處休。'其是之謂乎？[一一] 是宮也成，諸侯必叛，君必有咎，夫子知之矣。"[一二]

[一] 魏榆，晉地。

[二] 謂有精神馮依石而言。

[三] 濫，失也。

〔一〕 原卷標題"昭"字後闕"公"字，據本書體例補。

〔二〕 於是晉侯方築虒祁之宮　"祁"，阮刻本作"祈"。

［四］抑，疑辭。

［五］彫，傷也。

［六］性，命也。民不敢自保其性命。

［七］虒祁，地名，在絳西四十里，臨汾水。

［八］子野，師曠字。

［九］怨咎遠其身也。

［一〇］《詩·小雅》也。不能言，謂不知言理。以僭言見退者，其言非不從舌出，以僭而無信，自取瘁病，故哀之。

［一一］哿，嘉也。巧言如流，謂非正言而順敍，以聽言見荅者。言其可嘉，以信而有徵，自取安逸。師曠此言，緣問流轉，終歸于諫，故以比巧言如流也。當叔向時，《詩》義如此，故與今說《詩》者小異。

［一二］爲十年晉侯彪卒《傳》。

〔昭經·八·一〕

八年春，陳侯之弟招殺陳世子偃師。[一]

［一］以首惡從殺例，故稱"弟"，又稱"世子"。

(昭傳·八·二)

陳哀公元妃鄭姬生悼大子偃師，[一]二妃生公子留，下妃生公子勝。二妃嬖，留有寵，屬諸司徒招與公子過。[二]哀公有廢疾。三月甲申，公子招、公子過殺悼大子偃師而立公子留。

［一］元妃，嫡夫人也。

［二］招及過，皆哀公弟也。

〔昭經·八·二〕

夏四月辛丑，陳侯溺卒。[一]

[一] 襄二十七年，大夫盟于宋。

(昭傳·八·三)

夏四月辛亥，哀公縊。[一]

[一] 憂恚自殺。《經》書“辛丑”，從赴。

〔昭經·八·三〕

叔弓如晉。

(昭傳·八·五)

叔弓如晉，賀虒祁也。[一]游吉相鄭伯以如晉，亦賀虒祁也。史趙見子大叔曰：“甚哉！其相蒙也。[二]可弔也，而又賀之。”子大叔曰：“若何弔也？其非唯我賀，將天下實賀。”[三]

[一] 賀宮成。

[二] 蒙，欺也。

[三] 言諸侯畏晉，非獨鄭。

〔昭經·八·四〕

楚人執陳行人干徵師殺之。[一]

[一] 稱“行人”，明非行人罪。

(昭傳·八·四)

干徵師赴于楚，[一]且告有立君〔一〕。公子勝愬之于楚，[二]

〔一〕 且告有立君　“君”，原脱，據石經補。

楚人執而殺之。[三]公子留奔鄭。書曰“陳侯之弟招殺陳世子偃師”，罪在招也。“楚人執陳行人干徵師殺之”，罪不在行人也。[四]

［一］干徵師，陳大夫。

［二］以招、過殺偃師告愬也。

［三］殺干徵師。

［四］疑爲招赴楚當同罪，故重發之。

〔昭經·八·五〕

陳公子留出奔鄭。[一]

［一］留爲招所立，未成君而出奔。

〔昭經·八·六〕

秋，蒐于紅。[一]

［一］革車千乘。不言大者，《經》文闕也。紅，魯地，沛國蕭縣西有紅亭。遠，疑。

(昭傳·八·六)

秋，大蒐于紅，自根牟至于商、衛，革車千乘。[一]

［一］大蒐，數軍實，簡車馬也。根牟，魯東界，琅邪陽都縣有牟鄉。商，宋地，魯西竟接宋、衛也。言“千乘”，明大蒐，且見魯衆之大數也。

〔左氏附〕

(昭傳·八·七)

七月甲戌，齊子尾卒。子旗欲治其室。[一]丁丑，殺梁嬰。[二] 八月庚戌，逐子成、子工、子車，[三] 皆來奔。[四] 而立子良氏之宰。[五] 其臣曰："孺子長矣，[六] 而相吾室，欲兼我也。"[七] 授甲，將攻之。陳桓子善於子尾，亦授甲，將助之。或告子旗。子旗不信，則數人告。將往，又數人告於道，遂如陳氏。桓子將出矣，聞之而還，[八] 游服而逆之，[九] 請命。[一〇] 對曰："聞彊氏授甲將攻子，子聞諸？"曰："弗聞。子盍亦授甲？無宇請從。"[一一] 子旗曰："子胡然？彼，孺子也，吾誨之猶懼其不濟，吾又寵秩之。[一二] 其若先人何？子盍謂之？[一三]《周書》曰'惠不惠，茂不茂'，[一四] 康叔所以服弘大也。"[一五] 桓子稽顙曰："頃、靈福子，[一六] 吾猶有望。"[一七] 遂和之如初。[一八]

[一] 子旗，欒施也，欲并治子尾之家政。

[二] 梁嬰，子尾家宰。

[三] 三子，齊大夫子尾之屬。子成，頃公子固也。子工，成之弟鑄也。子車，頃公之孫捷也。

[四] 不書，非卿。

[五] 子良，子尾之子高彊也。子旗爲子良立宰。

[六] 孺子，謂子良。

[七] 兼，并也。

[八] 聞子旗至。

[九] 去戎備，著常游戲之服。

[一〇] 問桓子所至。

[一一] 無宇，桓子名。

[一二] 謂爲之立宰。

[一三] 謂之使無攻我。

［一四］《周書》，《康誥》也。言當施惠於不惠者，勸勉於不勉者。茂，勉也。

［一五］服，行也。

［一六］頃公、靈公，欒氏所事之君。

［一七］望子旗惠及己。

［一八］和欒、高二家。

〔昭經・八・七〕

陳人殺其大夫公子過。[一]

［一］與招共殺偃師。書名，罪之。

（昭傳・八・八）

陳公子招歸罪於公子過而殺之。[一]

［一］言招所以不死而得放。

〔昭經・八・八〕

大雩。[一]

［一］無《傳》。不旱而秋雩，過也。

〔昭經・八・九〕

冬十月壬午，楚師滅陳。[一] **執陳公子招，放之于越。**[二] **殺陳孔奐。**[三]

［一］不稱將帥，不以告。壬午，月十八日。

［二］無《傳》。復稱"公子"，兄已卒。

［三］無《傳》。招之黨，楚殺之。

(昭傳·八·九)

九月，楚公子棄疾帥師奉孫吳圍陳，[一]宋戴惡會之。[二]冬十一月壬午，滅陳。[三]輿嬖袁克殺馬毁玉以葬。[四]楚人將殺之，請寘之。[五]既又請私，[六]私於幄，加絰於顙而逃。[七]使穿封戌爲陳公，[八]曰："城麇之役，不諂〔一〕。"[九]侍飲酒於王。王曰："城麇之役，女知寡人之及此，女其辟寡人乎？"[一〇]對曰："若知君之及此，臣必致死禮以息楚國。"[一一]

[一] 孫吳，悼大子偃師之子惠公。

[二] 戴惡，宋大夫。

[三] 壬午，十月十八日。《傳》言"十一月"，誤。

[四] 輿，衆也。袁克，嬖人之貴者。欲以非禮厚葬哀公。

[五] 置馬、玉。

[六] 私盡君臣恩。

[七] 幄，帳也。逃，不欲爲楚臣。

[八] 戌，楚大夫。滅陳爲縣，使戌爲縣公。

[九] 城麇役在襄二十六年〔二〕。戌與靈王爭皇頡。

[一〇] 及此，謂爲王。

[一一] 息，寧静也。

晉侯問於史趙曰："陳其遂亡乎？"對曰："未也。"公曰："何故？"對曰："陳，顓頊之族也。[一]歲在鶉火，是以卒滅，陳將如之。[二]今在析木之津，猶將復由。[三]且

〔一〕 不諂 "諂"，原作"諂"，據石經改。

〔二〕 城麇役在襄二十六年 "城"，阮刻本作"成"。

陳氏得政于齊，而後陳卒亡。[四]自幕至于瞽瞍，無違命。[五]舜重之以明德，寘德於遂，[六]遂世守之。及胡公不淫，故周賜之姓，使祀虞帝。[七]臣聞盛德必百世祀，虞之世數未也。繼守將在齊，其兆既存矣。”[八]

［一］陳祖舜，舜出顓頊。

［二］顓頊氏以歲在鶉火而滅。火盛而水滅。

［三］箕斗之間有天漢，故謂之“析木之津”。由，用也。

［四］物莫能兩盛。

［五］幕，舜之先。瞽瞍，舜父。從幕至瞽瞍間無違天命廢絶者。

［六］遂，舜後，蓋殷之興，存舜之後而封遂。言舜德乃至於遂。

［七］胡公滿，遂之後也，事周武王，賜姓曰嬀，封諸陳，紹舜後。

［八］言陳氏興盛於齊，形兆已見。

〔昭經·八·十〕

葬陳哀公。[一]

［一］嬖人袁克葬之。魯往會，故書。

昭公九年

〔昭經·九·一〕

九年春，叔弓會楚子于陳。[一]

［一］以事往，非行會禮。

(昭傳·九·一)

九年春，叔弓、宋華亥、鄭游吉、衛趙黶會楚子于陳。[一]

［一］楚子在陳，故四國大夫往。非盟主所召，不行會禮，故不揔書。

〔昭經·九·二〕

許遷于夷。[一]

［一］許畏鄭欲遷，故以自遷爲文。

(昭傳·九·二)

二月庚申，楚公子棄疾遷許于夷，實城父，[一]取州來淮北之田以益之，[二]伍舉授許男田，然丹遷城父人於陳，以夷濮西田益之。[三]遷方城外人於許。[四]

［一］此時改城父爲夷，故《傳》實之。城父縣屬譙郡。

［二］益許田。

［三］以夷田在濮水西者與城父人。

［四］成十五年，許遷於葉，因謂之許。今許遷於夷，故以方城外人實其處。《傳》言靈王使民不安。

〔左氏附〕

（昭傳·九·三）

周甘人與晉閻嘉爭閻田。[一]晉梁丙、張趯率陰戎伐潁。[二]王使詹桓伯辭於晉，[三]曰："我自夏以后稷，魏、駘、芮、岐、畢，吾西土也；[四]及武王克商，蒲姑、商奄，吾東土也；[五]巴、濮、楚、鄧，吾南土也；肅慎、燕、亳，吾北土也。[六]吾何邇封之有？[七]文、武、成、康之建母弟，以蕃屏周，亦其廢隊是爲，[八]豈如弁髦而因以敝之。[九]

［一］甘人，甘大夫襄也。閻嘉，晉閻縣大夫。

［二］陰戎，陸渾之戎。潁，周邑。

［三］辭，責讓之。桓伯，周大夫。

［四］在夏世，以后稷功，受此五國爲西土之長。駘在始平武功縣，所治釐城。岐在扶風美陽縣西北。

［五］樂安博昌縣北有蒲姑城。

［六］肅慎，北夷，在玄菟北三千餘里。

［七］邇，近也。

［八］爲後世廢隊，兄弟之國當救濟之。

［九］童子垂髦始冠，必三加冠，成禮而棄其始冠，故言弁髦因以敝之。弁亦冠也[一]。

"先王居檮杌于四裔，以禦螭魅。[一]故允姓之姦居于

〔一〕弁亦冠也　阮校云："宋本、淳熙本、岳本、纂圖本、足利本'之'字下有'弁亦冠也'四字，與《正義》合。"興國軍本同，據補。

瓜州。[二]伯父惠公歸自秦而誘以來，[三]使偪我諸姬，入我郊甸，則戎焉取之。[四]戎有中國，誰之咎也？[五]后稷封殖天下，今戎制之，不亦難乎？[六]伯父圖之！我在伯父，猶衣服之有冠冕，木水之有本原，民人之有謀主也。[七]伯父若裂冠毀冕，拔本塞原，專棄謀主，雖戎狄，其何有余一人？”[八]叔向謂宣子曰：“文之伯也，豈能改物？[九]翼戴天子而加之以共。[一〇]自文以來，世有衰德而暴滅宗周〔一〕，[一一]以宣示其侈，諸侯之貳，不亦宜乎？且王辭直，子其圖之。”宣子説。王有姻喪，[一二]使趙成如周弔，且致閻田與禭，[一三]反潁俘。王亦使賓滑執甘大夫襄以説於晉。晉人禮而歸之。[一四]

［一］言檮杌，略舉四凶之一。下言四裔，則三苗在其中。

［二］允姓，陰戎之祖，與三苗俱放三危者。瓜州，今敦煌。

［三］僖十五年，晉惠公自秦歸。二十二年，秦、晉遷陸渾之戎於伊川。

［四］邑外爲郊，郊外爲甸，言戎取周郊甸之地。

［五］咎在晉。

［六］后稷修封疆、殖五穀，今戎得之，唯以畜牧。

［七］民人謀主，宗族之師長。

［八］伯父猶然，則雖戎狄無所可責。晉率陰戎伐周邑，故云然。

［九］言文公雖伯〔二〕，未能改正朔，易服色。

［一〇］翼，佐也。

［一一］宗周，天子。

〔一〕世有衰德而暴滅宗周　按：阮校曰：“石經、宋本‘滅’作‘蔑’。”

〔二〕言文公雖伯　“伯”，興國軍本作“霸”。

［一二］外親之喪。

［一三］襚，送死衣。

［一四］賓滑，周大夫。

〔昭經·九·三〕

夏四月，陳災。[一]

［一］天火曰災。陳既已滅，降爲楚縣，而書“陳災”者，猶晉之梁山、沙鹿崩，不書晉災，害繫於所災所害，故以所在爲名。

（昭傳·九·四）

夏四月，陳災。鄭裨竈曰：“五年，陳將復封，封五十二年而遂亡。”子產問其故。對曰：“陳，水屬也。[一]火，水妃也，[二]而楚所相也。[三]今火出而火陳，[四]逐楚而建陳也。[五]妃以五成，故曰‘五年’。[六]歲五及鶉火而後陳卒亡，楚克有之，天之道也，故曰‘五十二年’。”[七]

［一］陳，顓頊之後，故爲水屬。

［二］火畏水，故爲之妃。

［三］相，治也。楚之先祝融爲高辛氏火正，主治火事。

［四］火，心星也。火出於周爲五月，而以四月出者以《長歷》推，前年誤置閏。

［五］水得妃而興，陳興則楚衰，故曰“逐楚而建陳”。

［六］妃，合也。五行各相妃合，得五而成，故五歲而陳復封。爲十三年陳侯吳歸于陳《傳》。

［七］是歲，歲在星紀，五歲及大梁，而陳復封。自大梁四歲而及鶉火，後四周四十八歲，凡五及鶉火，五十二年。天數以五

爲紀，故五及鶉火，火盛水衰。

〔左氏附〕

（昭傳·九·五）

晉荀盈如齊逆女。[一]還，六月，卒于戲陽。[二]殯于絳，未葬。晉侯飲酒，樂。膳宰屠蒯趨入，請佐公使尊。[三]許之。[四]而遂酌以飲工，[五]曰："女爲君耳，將司聰也。[六]辰在子卯，謂之疾日。[七]君徹宴樂，學人舍業，爲疾故也。君之卿佐，是謂股肱。股肱或虧，何痛如之？[八]女弗聞而樂，是不聰也。"[九]又飲外嬖嬖叔，[一〇]曰："女爲君目，將司明也。[一一]服以旌禮，[一二]禮以行事，[一三]事有其物，[一四]物有其容。[一五]今君之容，非其物也，[一六]而女不見，是不明也。"亦自飲也，曰："味以行氣，氣以實志。[一七]志以定言，[一八]言以出令。臣實司味，二御失官，而君弗命，臣之罪也。"[一九]公說，徹酒。初，公欲廢知氏而立其外嬖，爲是悛而止。秋八月，使荀躒佐下軍以說焉。[二〇]

[一]自爲逆。

[二]魏郡内黄縣北有戲陽城。

[三]公之使人執尊酌酒，請爲之佐。

[四]公許之。

[五]工，樂師師曠也。

[六]樂所以聰耳。

[七]疾，惡也。紂以甲子喪，桀以乙卯亡，故國君以爲忌日。

[八]言痛疾過於忌日。

[九]不聞是義而作樂。

［一〇］外都大夫之嬖者。

［一一］職在外，故主視。

［一二］旌，表也。

［一三］事，政令。

［一四］物，類也。

［一五］容，貌也。

［一六］有卿佐之喪而作樂歡會，故曰“非其物”。

［一七］氣和則志充。

［一八］在心爲志，發口爲言。

［一九］工與嬖叔，侍御君者〔一〕。失官，不聰明。

［二〇］轢，荀盈之子知文子也。佐下軍〔二〕，代父也。説，自解説。

〔昭經·九·四〕

秋，仲孫貜如齊。

（昭傳·九·六）

孟僖子如齊殷聘，禮也。[一]

［一］自叔老聘齊，至今二十年，禮意久曠。今脩盛聘，以無忘舊好，故曰“禮”。

〔昭經·九·五〕

冬，築郎囿。

（昭傳·九·七）

冬，築郎囿。書，時也。季平子欲其速成也，叔孫昭

〔一〕侍御君者　“侍”，原作“時”，據興國軍本改。

〔二〕佐下軍　“軍”，阮刻本作“車”。

子曰："《詩》曰：'經始勿亟，庶民子來。'[一]焉用速成？其以勦民也〔一〕。[二]無囿猶可，無民其可乎？"

[一]《詩·大雅》。言文王始經營靈臺，非急疾之。衆民自以子義來，勸樂爲之。

[二]勦，勞也〔二〕。

〔一〕其以勦民也 "其以"，原作"以其"，據石經乙正。

〔二〕勞也 "勞"，原作"犖"，據與國軍本改。

昭公十年

〔昭經 · 十 · 一〕

十年春王正月。

〔左氏附〕

(昭傳 · 十 · 一)

十年春王正月，有星出于婺女。[一] 鄭裨竈言於子産曰："七月戊子，晉君將死。今兹歲在顓頊之虚，[二] 姜氏、任氏實守其地。[三] 居其維首，而有妖星焉，告邑姜也。[四] 邑姜，晉之妣也。天以七紀，[五] 戊子，逢公以登，星斯於是乎出。[六] 吾是以譏之。"[七]

[一] 客星也。不書，非孛。

[二] 歲，歲星也。顓頊之虚，謂玄枵。

[三] 姜，齊姓。任，薛姓。齊、薛二國守玄枵之地。

[四] 客星居玄枵之維首。邑姜，齊大公女，晉唐叔之母。星占，婺女爲既嫁之女，織女爲處女。邑姜，齊之既嫁女，妖星在婺女，齊得歲，故知禍歸邑姜。

[五] 二十八宿，面七。

[六] 逢公，殷諸侯居齊地者。逢公將死，妖星出婺女，時非歲星所在，故齊自當禍，而以戊子日卒。

[七] 爲晉侯彪卒《傳》。

〔昭經 · 十 · 二〕

夏，齊欒施來奔。[一]

［一］耆酒好内，以取敗亡，故書名。

(昭傳·十·二)

齊惠欒、高氏皆耆酒，[一]信内多怨，[二]彊於陳、鮑氏而惡之。[三]夏，有告陳桓子曰："子旗、子良將攻陳、鮑。"亦告鮑氏。桓子授甲而如鮑氏，遭子良醉而騁，[四]遂見文子，[五]則亦授甲矣。使視二子，[六]則皆將飲酒。桓子曰："彼雖不信，[七]聞我授甲，則必逐我。及其飲酒也，先伐諸?"陳、鮑方睦，遂伐欒、高氏。子良曰："先得公，陳、鮑焉往?"[八]遂伐虎門。[九]

［一］欒、高二族，皆出惠公。

［二］説婦人言，故多怨。

［三］惡陳、鮑。

［四］欲及子良醉，故騁告鮑文子。

［五］文子，鮑國。

［六］二子，子旗、子良。

［七］彼，傳言者。

［八］欲以公自輔助。

［九］欲入，公不聽，故伐公門。

晏平仲端委立于虎門之外，[一]四族召之，無所往。[二]其徒曰："助陳、鮑乎?"曰："何善焉?"[三]"助欒、高乎?"曰："庸愈乎?"[四]"然則歸乎?"曰："君伐〔一〕，焉歸?"公召之而後入。公卜使王黑以靈姑銔率，吉，請斷三尺焉而

〔一〕君伐　"君"，原作"公"，據石經正。

用之。[五]五月庚辰，戰于稷，[六]欒、高敗，又敗諸莊。[七]國人追之，又敗諸鹿門。[八]欒施、高彊來奔，[九]陳、鮑分其室。

[一]端委，朝服。

[二]四族，欒、高、陳、鮑。

[三]言無善義可助。

[四]罪惡不差於陳、鮑。

[五]王黑，齊大夫。靈姑銔，公旗名。斷三尺，不敢與君同。

[六]稷，祀后稷之處。

[七]莊，六軌之道。

[八]鹿門，齊城門。

[九]高彊不書，非卿。

晏子謂桓子："必致諸公。讓，德之主也，讓之謂懿德。凡有血氣，皆有爭心，故利不可强，[一]思義爲愈。義，利之本也，蕰利生孽，姑使無蕰乎！[二]可以滋長。"桓子盡致諸公，而請老于莒。[三]桓子召子山，[四]私具幄幕器用從者之衣屨，[五]而反棘焉。[六]子商亦如之，而反其邑。子周亦如之，而與之夫于。[七]反子城、子公、公孫捷，[八]而皆益其禄。凡公子、公孫之無禄者，私分之邑。[九]國之貧約孤寡者，私與之粟，曰："《詩》云'陳錫載周'，能施也。[一〇]桓公是以霸。"[一一]公與桓子莒之旁邑，辭。[一二]穆孟姬爲之請高唐，陳氏始大。[一三]

[一]不可强取。

[二]蕰，畜也。孽，妖害也。

［三］莒，齊邑。

［四］子山、子商、子周，襄三十一年子尾所逐群公子。

［五］私具，不告公。

［六］棘，子山故邑，齊國西安縣東有戟里亭。

［七］子周本無邑，故更與之。濟南於陵縣西北有于亭。

［八］三子，八年子旗所逐。

［九］桓子以己邑分之。

［一〇］《詩·大雅》。言文王能布陳大利以賜天下，行之周徧。

［一一］齊桓公亦能施以致霸。

［一二］讓不受。

［一三］穆孟姬，景公母。《傳》言陳氏所以興。

〔昭經·十·三〕

秋七月，季孫意如、叔弓、仲孫貜帥師伐莒。[一]

［一］三大夫皆卿，故書之。季孫爲主，二子從之。

(昭傳·十·三)

秋七月，平子伐莒，取郠，[一]獻俘，始用人於亳社〔一〕。[二]臧武仲在齊，聞之，曰："周公其不饗魯祭乎？周公饗義，魯無義。《詩》曰：'德音孔昭，視民不佻。'[三]佻之謂甚矣，而壹用之，將誰福哉？"[四]

［一］郠，莒地〔二〕。取郠不書，公見討於平丘，魯諱之。

［二］以人祭殷社。

［三］《詩·小雅》。佻，偷也，言明德君子必愛民。

〔一〕 始用人於亳社 "始"，原作"姑"，據石經改。

〔二〕 莒地 "地"，興國軍本、阮刻本作"邑"。

［四］壹，同也。同人於畜牲。

〔昭經·十·四〕

戊子，晉侯彪卒。[一]

［一］五同盟。

（昭傳·十·四）

戊子，晉平公卒。[一]鄭伯如晉，及河，晉人辭之。游吉遂如晉。[二]

［一］如裨竈之言。

［二］禮，諸侯不相弔，故辭。

〔昭經·十·五〕

九月，叔孫婼如晉。葬晉平公。[一]

［一］三月而葬，速。

（昭傳·十·五）

九月，叔孫婼、齊國弱、宋華定、衛北宮喜、鄭罕虎、許人、曹人、莒人、邾人、薛人、杞人、小邾人如晉，葬平公也。[一]

［一］《經》不書諸侯大夫者，非盟會。

鄭子皮將以幣行。[一]子產曰："喪焉用幣？用幣必百兩，[二]百兩必千人，千人至將不行。[三]不行，必盡用之。[四]幾千人而國不亡？"[五]子皮固請以行。既葬，諸侯之大夫欲因見新君，叔孫昭子曰："非禮也。"弗聽。叔向辭之曰：

“大夫之事畢矣，[六] 而又命孤，孤斬焉在衰絰之中。[七] 其以嘉服見，則喪禮未畢。其以喪服見，是重受弔也。大夫將若之何？”皆無辭以見。子皮盡用其幣，歸謂子羽曰：“非知之實難，將在行之。[八] 夫子知之矣，我則不足。[九]《書》曰‘欲敗度，縱敗禮’，[一〇] 我之謂矣。夫子知度與禮矣，我實縱欲而不能自克也。”[一一]

［一］見新君之贄。

［二］載幣用車百乘。

［三］行，用也。

［四］不得見新君，將自費用盡。

［五］言千人之費不可數。

［六］送葬禮畢。

［七］既葬未卒哭，故猶服斬衰。

［八］言不患不知，患不能行嘉服〔一〕。

［九］言己由子産之戒，既知其不可而遂行之，是我之不足。

［一〇］逸《書》。

［一一］欲因喪以慶新君，故縱而行之，不能自勝。

昭子至自晉，大夫皆見。高彊見而退。[一] 昭子語諸大夫曰：“爲人子，不可不慎也哉！昔慶封亡，子尾多受邑而稍致諸君，君以爲忠而甚寵之。將死，疾于公宫，[二] 輦而歸，君親推之〔二〕。[三] 其子不能任，是以在此。忠爲令德，其子弗能任，罪猶及之，難不慎也。喪夫人之力，棄德曠

〔一〕 患不能行嘉服 “嘉服”，興國軍本、阮刻本無。

〔二〕 君親推之 “君”，石經、興國軍本同，阮刻本作“吾”。

宗，以及其身，不亦害乎？[四]《詩》曰‘不自我先，不自我後’，其是之謂乎？”[五]

[一] 高彊，子良。

[二] 在公宫被疾。

[三] 推其車而送之。

[四] 夫人，謂子尾。曠，空也。

[五]《詩·小雅》。言禍亂不在他，正當己身，以喻高彊身自取此禍。

〔昭經·十·六〕

十有二月甲子，宋公戌卒〔一〕。[一]

[一] 十一同盟也。無冬，史闕文。

(昭傳·十·六)

冬十二月，宋平公卒。初，元公惡寺人柳，欲殺之。[一]及喪，柳熾炭于位，[二]將至，則去之。[三]比葬，又有寵。[四]

[一] 元公，平公大子佐也。

[二] 以溫地。

[三] 使公坐其處。

[四] 言元公好惡無常。

〔一〕 宋公戌卒 “戌”，原作“戌”。按：“宋公戌”，《史記》同。《公羊傳·昭公十年》“戌”作“戍”，是。詳阮元：《積古齋鐘鼎彝器款識》，北京：中華書局，1985年，第124頁；楊樹達：《積微居小學述林全編》下，上海：上海古籍出版社，2013年，第762頁；馮勝君：《二十世紀古文獻新證研究》，濟南：齊魯書社，2006年，第84—85頁。

昭公十一年

〔昭經·十一·一〕

十有一年春王二月，叔弓如宋。

(昭傳·十一·一)

十一年春王二月，叔弓如宋，葬平公也。[一]

[一] 嫌以聘事行，故《傳》具之。

〔昭經·十一·二〕

葬，宋平公。

〔昭經·十一·三〕

夏四月丁巳，楚子虔誘蔡侯般，殺之于申。[一]

[一] 蔡侯雖弑父而立，楚子誘而殺之，刑其群士，蔡大夫深怨，故以楚子名告。

(昭傳·十一·二)

景王問於萇弘曰："今茲諸侯，何實吉，何實凶？"[一]對曰："蔡凶。此蔡侯般弑其君之歲也。歲在豕韋，[二]弗過此矣。[三]楚將有之，然壅也。[四]歲及大梁，蔡復楚凶，天之道也。"[五]

[一] 萇弘，周大夫。

[二] 襄三十年蔡世子般弑其君，歲在豕韋，至今十三歲，歲復在豕韋。般即靈侯也。

[三] 言蔡凶不過此年。

［四］蔡近楚，故知楚將有之。楚無德而享大利，所以壅積其惡。

［五］楚靈王弒立之歲在大梁，到昭十三年歲復在大梁，美惡周必復，故知楚凶。

楚子在申，召蔡靈侯。靈侯將往，蔡大夫曰："王貪而無信，唯蔡於感，[一]今幣重而言甘，誘我也。不如無往。"蔡侯不可。三月丙申，楚子伏甲而饗蔡侯於申，醉而執之。夏四月丁巳，殺之，刑其士七十人。

［一］蔡近楚之大國，故楚常恨其不服順。

〔昭經·十一·四〕

楚公子棄疾帥師圍蔡。

（昭傳·十一·三）

公子棄疾帥師圍蔡。[一]

［一］《傳》言楚子無道。

韓宣子問於叔向曰："楚其克乎？"對曰："克哉！蔡侯獲罪於其君，[一]而不能其民，[二]天將假手於楚以斃之，[三]何故不克！然肸聞之，不信以幸，不可再也。楚王奉孫吳以討於陳，曰：'將定而國。'陳人聽命而遂縣之。[四]今又誘蔡而殺其君，以圍其國，雖幸而克，必受其咎，弗能久矣。桀克有緡以喪其國，紂克東夷而隕其身。[五]楚小位下，而亟暴於二王，能無咎乎？天之假助不善，非祚之也，厚其凶惡而降之罰也。且譬之如天，其有五材而將用之，力盡而敝之，是以無拯，不可沒振。"[六]

［一］謂弒父而立。

［二］不能施德。

［三］借楚手以討蔡。

［四］事在八年。

［五］紂爲黎之蒐，東夷叛之。桀爲仍之會，有緡叛之。故伐而克之。

［六］金、木、水、火、土，五者爲物，用久則必有敝盡，盡則棄捐，故言“無拯”。拯，猶救助也。不可没振，猶没不可復振。

〔昭經 · 十一 · 五〕

五月甲申，夫人歸氏薨。［一］

［一］昭公母，胡女，歸姓。

（昭傳 · 十一 · 四）

五月，齊歸薨。

〔昭經 · 十一 · 六〕

大蒐于比蒲。

（昭傳 · 十一 · 五）

大蒐于比蒲，非禮也。

〔昭經 · 十一 · 七〕

仲孫貜會邾子盟于祲祥。［一］

［一］祲祥，地闕。

（昭傳 · 十一 · 六）

孟僖子會邾莊公盟于祲祥，脩好，禮也。［一］泉丘人有女夢以其帷幕孟氏之廟，[二] 遂奔僖子，其僚從之。[三] 盟于清丘之社，曰：“有子，無相棄也。”[四] 僖子使助薳氏之簉。[五] 反自祲祥，宿于薳氏，生懿子及南宫敬叔於泉丘人。其僚無子，使字敬叔。[六]

［一］蒐非存亡之由，故臨喪不宜爲之。盟會以安社稷，故喪盟謂之“禮”。

［二］泉丘，魯邑。

［三］鄰女爲僚友者，隨而奔僖子。

［四］二女自共盟。

［五］簉，副倅也。薳氏之女爲僖子副妾，别居在外，故僖子納泉丘人女，令副助之。

［六］字，養也。似雙生。

〔昭經 · 十一 · 八〕

秋，季孫意如會晉韓起、齊國弱、宋華亥、衛北宫佗、鄭罕虎、曹人、杞人于厥憖。[一]

［一］厥憖，地闕。

(昭傳 · 十一 · 七)

楚師在蔡。[一] 晉荀吳謂韓宣子曰：“不能救陳，又不能救蔡，物以無親。[二] 晉之不能，亦可知也。己爲盟主而不恤亡國，將焉用之？”秋，會于厥憖，謀救蔡也。[三] 鄭子皮將行，子産曰：“行不遠，不能救蔡也。蔡小而不順，楚大而不德。天將棄蔡以壅楚，盈而罰之，[四] 蔡必亡矣。且喪君而能守者，鮮矣。三年，王其有咎乎？美惡周必復，王惡周矣。”[五] 晉人使狐父請蔡于楚，弗許。[六]

［一］向四月之師。

［二］物，事也。

［三］不書救蔡，不果救。

［四］盈楚惡。

［五］元年楚子弑君而立，歲在大梁。後三年，十三歲。歲星周復於大梁。

［六］狐父，晉大夫。

〔左氏附〕

（昭傳·十一·八）

單子會韓宣子于戚，[一] 視下言徐。叔向曰："單子其將死乎？朝有著定，[二] 會有表，[三] 衣有襘，帶有結。[四] 會朝之言，必聞于表著之位，所以昭事序也。視不過結、襘之中，所以道容貌也。言以命之，容貌以明之，失則有闕。今單子爲王官伯而命事於會，視不登帶，言不過步，貌不道容，而言不昭矣。不道不共，不昭不從，[五] 無守氣矣。"[六]

［一］單子，單成公。

［二］著定，朝内列位常處謂之"表著"。

［三］野會設表以爲位。

［四］襘，領會。結，帶結也。

［五］貌正曰共，言順曰從。

［六］爲此年冬單子卒起本。

〔昭經·十一·九〕

九月己亥，葬我小君齊歸。[一]

［一］齊，謚。

（昭傳·十一·九）

九月，葬齊歸，公不慼。晉士之送葬者，歸以語史趙。史趙曰："必爲魯郊。"［一］侍者曰："何故？"曰："歸，姓也。不思親，祖不歸也。"［二］叔向曰："魯公室其卑乎？君有大喪，國不廢蒐。［三］有三年之喪，而無一日之慼。國不恤喪，不忌君也。［四］君無慼容，不顧親也。國不忌君，君不顧親，能無卑乎？殆其失國。"［五］

［一］言昭公必出在郊野，不能有國。

［二］姓，生也。言不思親則不爲祖考所歸祐。

［三］謂蒐比蒲。

［四］忌，畏也。

［五］爲二十五年公孫於齊《傳》。

〔昭經·十一·十〕

冬十有一月丁酉，楚師滅蔡，執蔡世子有以歸，用之。［一］

［一］用之，殺以祭山。

（昭傳·十一·十）

冬十一月，楚子滅蔡，用隱大子于岡山。［一］申無宇曰："不祥。五牲不相爲用，況用諸侯乎？［二］王必悔之。"［三］

［一］蔡靈公之大子，蔡侯廬之父。

［二］五牲，牛、羊、豕、犬、雞。

［三］悔爲暴虐。

〔左氏附〕

(昭傳·十一·十一)

十二月，單成公卒。[一]

[一]終叔向之言。

〔左氏附〕

(昭傳·十一·十二)

楚子城陳、蔡、不羹。[一]使棄疾爲蔡公。王問於申無宇曰："棄疾在蔡，何如？"對曰："擇子莫如父，擇臣莫如君。鄭莊公城櫟，而寘子元焉，使昭公不立。[二]齊桓公城穀，而寘管仲焉，至于今賴之。[三]臣聞五大不在邊，五細不在庭。[四]親不在外，羈不在内。今棄疾在外，鄭丹在内。[五]君其少戒。"王曰："國有大城，何如？"對曰："鄭京、櫟實殺曼伯，[六]宋蕭、亳實殺子游，[七]齊渠丘實殺無知，[八]衛蒲、戚實出獻公，[九]若由是觀之，則害於國。末大必折，[一〇]尾大不掉，君所知也。"[一一]

[一]襄城縣東南有不羹城。定陵西北有不羹亭。

[二]子元，鄭公子。莊公寘子元於櫟，桓十五年厲公因之以殺櫟大夫檀伯，遂居櫟，卒使昭公不安位而見殺。

[三]城穀在莊三十二年。

[四]上古金、木、水、火、土謂之五官，玄鳥氏、丹鳥氏亦有五。又以五鳩鳩民，五雉爲五工正，蓋立官之本也。末世隨事施職，是以官無常數。今無宇稱習古言，故云"五大"也。官〔一〕，五官之長，專盛過節，則不可居邊；細弱不勝

〔一〕官 "官"，興國軍本作"言"。

任，亦不可居朝廷。

［五］襄十九年丹奔楚。

［六］曼伯，檀伯也。厲公得櫟，又并京。

［七］在莊十二年。

［八］在莊九年。渠丘，今齊國西安縣也，齊大夫雍廩邑。

［九］蒲，甯殖邑。戚，孫林父邑。出獻公在襄十四年。

［一〇］折其本。

［一一］爲十三年陳、蔡作亂《傳》。

昭公十二年

〔昭經·十二·一〕

十有二年春，齊高偃帥師納北燕伯于陽。[一]

［一］三年燕伯出奔齊。高偃〔一〕，高傒玄孫，齊大夫。陽即唐，燕別邑。中山有唐縣。不言于燕，未得國都。

（昭傳·十二·一）

十二年春，齊高偃納北燕伯款于唐，因其衆也。[一]

［一］言因唐衆欲納之，故得先入唐。

〔昭經·十二·二〕

三月壬申，鄭伯嘉卒。[一]

［一］五同盟。

（昭傳·十二·二）

三月，鄭簡公卒。將爲葬除，[一]及游氏之廟，[二]將毁焉。子大叔使其除徒執用以立，而無庸毁。[三]曰："子產過女，而問何故不毁，乃曰：'不忍廟也。諾，將毁矣。'"[四]既如是，子產乃使辟之。司墓之室，有當道者。[五]毁之，則朝而塴。[六]弗毁，則日中而塴。子大叔請毁之，曰："無若諸侯之賓何？"[七]子產曰："諸侯之賓，能來會吾喪，豈憚日中？無損於賓，而民不害，何故不爲？"遂弗毁。日中而葬。君子謂："子產於是乎知禮。禮

〔一〕高偃 "高偃"，原脱，據興國軍本補。

無毁人以自成也。”

［一］除葬道。

［二］游氏，子大叔族。

［三］用，毁廟具。

［四］教毁廟者之辭。

［五］簡公别營葬地，不在鄭先公舊墓，故道有臨時迂直也。司墓之室，鄭之掌公墓大夫徒屬之家。

［六］堋，下棺。

［七］不欲久留賓。

〔昭經·十二·三〕

夏，宋公使華定來聘。[一]

［一］定，華椒孫。

(昭傳·十二·三)

夏，宋華定來聘，通嗣君也。[一]享之，爲賦《蓼蕭》，弗知，又不答賦。[二]昭子曰：“必亡。宴語之不懷，[三]寵光之不宣，[四]令德之不知，同福之不受，將何以在？”[五]

［一］宋元公新即位。

［二］《蓼蕭》，《詩·小雅》。義取“燕笑語兮，是以有譽處兮”，樂與華定燕語也。又曰“既見君子，爲龍爲光”，欲以寵光賓也。又曰“宜兄宜弟，令德壽豈”，言賓有令德，可以壽樂也。又曰“和鸞雝雝，萬福攸同”，言欲與賓同福禄也。

［三］懷，思也。

［四］宣，揚也。

［五］爲二十年華定出奔《傳》。

〔左氏附〕

(昭傳 · 十二 · 四)

齊侯、衛侯、鄭伯如晉，朝嗣君也。[一]

［一］晉昭公新立。

〔昭經 · 十二 · 四〕

公如晉，至河乃復。[一]

［一］晉人以莒故辭公。

(昭傳 · 十二 · 五)

公如晉，[一] 至河乃復。取郠之役，[二] 莒人愬于晉。晉有平公之喪，未之治也，故辭公。公子慭遂如晉。[三]

［一］亦欲朝嗣君。

［二］在十年。

［三］慭，魯大夫。如晉不書，還不復命而奔，故史不書於策。

〔左氏附〕

(昭傳 · 十二 · 六)

晉侯享諸侯，子產相鄭伯，辭於享，請免喪而後聽命。[一] 晉人許之，禮也。[二]

［一］簡公未葬。

［二］善晉不奪孝子之情。

晉侯以齊侯宴，中行穆子相。[一] 投壺，晉侯先。穆子曰："有酒如淮，有肉如坻。[二] 寡君中此，爲諸侯師。"中之。齊侯舉矢曰："有酒如澠，有肉如陵。[三] 寡人中此，與君代興。”[四] 亦中之。伯瑕謂穆子[五] 曰:“子失辭。吾固師諸侯矣，壺何爲焉? 其以中儁也。[六] 齊君弱吾君，歸弗來矣。”[七] 穆子曰:“吾軍帥彊禦，卒乘競勸。今猶古也，齊將何事?”[八] 公孫傁趨進曰:“日旰君勤，可以出矣。”以齊侯出。[九]

[一] 穆子，荀吳。

[二] 淮，水名。坻，山名。

[三] 澠水出齊國臨淄縣北，入時水。陵，大阜也。

[四] 代，更也。

[五] 伯瑕，士文伯。

[六] 言投壺中，不足爲儁異。

[七] 欲與晉君代興，是弱之。

[八] 言晉德不衰於古，齊不事晉，將無所事。

[九] 傁，齊大夫。《傳》言晉之衰。

〔昭經·十二·五〕

五月，葬鄭簡公。[一]

[一] 三月而葬，速。

(昭傳·十二·八)

六月，葬鄭簡公。[一]

[一]《傳》終子産辭享，明既葬則爲免喪。《經》書“五月”，誤。

〔昭經·十二·六〕

楚殺其大夫成熊。[一]

[一]《傳》在葬簡公上,《經》從赴。

(昭傳·十二·七)

楚子謂成虎，若敖之餘也，遂殺之。[一] 或譖成虎於楚子，成虎知之而不能行。書曰‘楚殺其大夫成虎’，懷寵也。[二]

［一］成虎，令尹子玉之孫，與鬬氏同出於若敖。宣四年鬬椒作亂，今楚子信譖而託討若敖之餘。

［二］解《經》所以書名。

〔左氏附〕

(昭傳·十二·九)

晉荀吳僞會齊師者，假道於鮮虞，遂入昔陽。[一] 秋八月壬午，滅肥，以肥子緜皋歸。[二]

［一］鮮虞，白狄别種，在中山新市縣。昔陽，肥國都，樂平沾縣東有昔陽城。

［二］肥，白狄也。緜皋，其君名。鉅鹿下曲陽縣西南有肥累城。爲下晉伐鮮虞起。

〔左氏附〕

(昭傳·十二·十)

周原伯絞虐其輿臣，使曹逃。[一] 冬十月壬申朔，原輿人逐絞而立公子跪尋。[二] 絞奔郊。[三]

［一］原伯絞，周大夫原公也。輿，衆也。曹，群也。

［二］跪尋，絞弟。

［三］郊，周地。

〔左氏附〕

(昭傳·十二·十一)

甘簡公無子，立其弟過。[一] 過將去成、景之族。[二] 成、景之族賂劉獻公。[三] 丙申，殺甘悼公，[四] 而立成公之孫鰌。[五] 丁酉，殺獻大子之傅庾皮之子過。[六] 殺瑕辛于市，及宮嬖綽、王孫没、劉州鳩、陰忌、老陽子。[七]

［一］甘簡公，周卿士。

［二］成公、景公，皆過之先君。

［三］欲使殺過。劉獻公亦周卿士，劉定公子。

［四］悼公即過。

［五］鰌，平公。

［六］過，劉獻公大子之傅。

［七］六子，周大夫，及庾過，皆甘悼公之黨。《傳》言周衰，原、甘二族所以遂微。

〔昭經·十二·七〕

秋七月。

〔昭經·十二·八〕

冬十月，公子憖出奔齊。[一]

［一］書名，謀亂故也。

(昭傳·十一·十二)

季平子立而不禮於南蒯。[一] 南蒯謂子仲：[二]“吾出季氏而歸其室於公，[三] 子更其位，[四] 我以費爲公臣。”

子仲許之。南蒯語叔仲穆子，且告之故。[五]季悼子之卒也，叔孫昭子以再命爲卿。[六]及平子伐莒，克之，更受三命。[七]叔仲子欲構二家，[八]謂平子曰："三命踰父兄，非禮也。"[九]平子曰："然。"故使昭子。[一〇]昭子曰："叔孫氏有家禍，殺適立庶，故婼也及此。[一一]若因禍以斃之，則聞命矣。[一二]若不廢君命，則固有著矣。"[一三]昭子朝而命吏曰："婼將與季氏訟，書辭無頗。"[一四]季孫懼，而歸罪於叔仲子〔一〕。故叔仲小、南蒯、公子慭謀季氏。慭告公而遂從公如晉。[一五]南蒯懼不克，以費叛如齊。子仲還，及衛，聞亂，逃介而先。[一六]及郊，聞費叛，遂奔齊。[一七]

［一］蒯，南遺之子，季氏費邑宰。

［二］子仲，公子慭。

［三］室，季氏家財。

［四］更，代也。

［五］穆子，叔仲帶之子叔仲小也。語以欲出季氏，以不見禮故。

［六］悼子，季武子之子，平子父也。《傳》言叔孫之見命，乃在平子爲卿之前。

［七］十年，平子伐莒，以功加三命。昭子不伐莒，亦以例加爲三命。

［八］欲構使相憎。

［九］言昭子受三命，自踰其先人。

［一〇］使昭子自貶黜。

［一一］禍在四年。

［一二］言因亂討己，不敢辭。

〔一〕 而歸罪於叔仲子 "而"後原衍一"辭"字，據石經删。

［一三］著，位次。

［一四］頗，偏也。

［一五］慭，子仲。

［一六］介，副使也。

［一七］言及郊，解《經》所以書出。

南蒯之將叛也，其鄉人或知之，過之而歎，[一]且言曰："恤恤乎，湫乎，攸乎。[二]深思而淺謀，邇身而遠志，家臣而君圖，[三]有人矣哉！"[四]南蒯枚筮之，[五]遇《坤》䷁[六]之《比》䷇[七]曰："黃裳元吉。"[八]以爲大吉也。示子服惠伯曰："即欲有事，何如？"惠伯曰："吾嘗學此矣。忠信之事則可，不然，必敗。外彊内溫，忠也。[九]和以率貞，信也。[一〇]故曰'黃裳元吉'。黃，中之色也。裳，下之飾也。元，善之長也。中不忠，不得其色。[一一]下不共，不得其飾。[一二]事不善，不得其極。[一三]外内倡和爲忠，[一四]率事以信爲共，[一五]供養三德爲善，[一六]非此三者弗當。[一七]且夫《易》不可以占險，將何事也，且可飾乎？[一八]中美能黃，上美爲元，下美則裳，參成可筮。[一九]猶有闕也，筮雖吉，未也。"[二〇]

［一］鄉人過蒯而歎。

［二］恤恤，憂患。湫，愁隘。攸，懸危之貌。

［三］家臣而圖人君之事，故言思深而謀淺，身近而志遠。

［四］言今有此人，微以感之。

［五］不指其事，汎卜吉凶。

［六］《坤》下《坤》上，《坤》。

［七］《坤》下《坎》上，《比》。《坤》六五爻變。

［八］《坤》六五爻辭。

［九］《坎》險故彊，《坤》順故溫。彊而能溫，所以爲忠。

［一〇］水和而土安正。和、正，信之本也。

［一一］言非黃。

［一二］不爲裳。

［一三］失中德。

［一四］不相違也。

［一五］率，猶行也。

［一六］三德謂正直、剛克、柔克也。

［一七］非忠信善，不當此卦。

［一八］夫《易》，猶此《易》，謂“黃裳元吉”之卦，問其何事，欲令從下之飾。

［一九］參美盡備，吉可如筮。

［二〇］有闕，謂不參成。

將適費，飲鄉人酒。[一] 鄉人或歌之曰：“我有圃，生之杞乎？[二] 從我者子乎？[三] 去我者鄙乎？倍其鄰者耻乎？[四] 已乎已乎，非吾黨之士乎？”[五] 平子欲使昭子逐叔仲小。[六] 小聞之，不敢朝。昭子命吏謂小待政於朝，曰：“吾不爲怨府。”[七]

［一］南蒯自其家遷適費。

［二］言南蒯在費欲爲亂，如杞生於園圃非宜也。杞，世所謂枸杞也。

［三］子，男子之通稱。言從己可不失今之尊。

[四] 鄰，猶親也。

[五] 已乎已乎，言自遂不改。

[六] 欲以自解說。

[七] 言不能爲季氏逐小，生怨禍之聚。爲明年叔弓圍費《傳》。

〔昭經 · 十二 · 九〕

楚子伐徐。[一]

[一] 不書圍，以乾谿師告。

(昭傳 · 十二 · 十三)

楚子狩于州來，[一] 次于潁尾。[二] 使蕩侯、潘子、司馬督、囂尹午、陵尹喜帥師圍徐以懼吳。[三] 楚子次于乾谿，[四] 以爲之援。雨雪，王皮冠，秦復陶，[五] 翠被，[六] 豹舄，[七] 執鞭以出。[八] 僕析父從。[九] 右尹子革夕，[一〇] 王見之，去冠被，舍鞭。[一一] 與之語曰："昔我先王熊繹，[一二] 與呂伋〔一〕、[一三] 王孫牟、[一四] 燮父、[一五] 禽父[一六] 並事康王，[一七] 四國皆有分，我獨無有。[一八] 今吾使人於周，求鼎以爲分，王其與我乎？"對曰："與君王哉！昔我先王熊繹，辟在荆山，[一九] 篳路藍縷，以處草莽。跋涉山林，以事天子。唯是桃弧、棘矢，以共禦王事。[二〇] 齊，王舅也。[二一] 晉及魯、衛，王母弟也，楚是以無分，而彼皆有。今周與四國服事

〔一〕 與呂伋 "伋"，原作"級"，據石經、興國軍本改。按：阮校曰："《釋文》云：'"級"本又作"汲"。'岳本、足利本作'伋'。案，《六經正誤》云：'呂級，興國本作"汲"，《尚書》作"伋"。'姑兩存之。"考前文《正義》作"級"。又，傅增湘《藏園群書經眼錄》"春秋經傳集解三十卷"："此即毛居正《六經正誤》所稱興國軍本，惟岳氏《九經三傳沿革例》稱興國軍本爲于氏所刊，後附《釋音》；此本並無于氏之名，且不附《釋音》，無圈點句讀，與岳氏所言不合，其非于氏本可知。蓋同爲興國本，而實非一本也。"

君王，將唯命是從，豈其愛鼎？”

［一］狩，冬獵也。

［二］潁水之尾，在下蔡西。

［三］五子，楚大夫。徐，吴與國，故圍之以偪吴。

［四］在譙國城父縣南。

［五］秦所遺羽衣也。

［六］以翠羽飾被。

［七］以豹皮爲履。

［八］執鞭以教令。

［九］楚大夫。

［一〇］子革，鄭丹。夕，莫見。

［一一］敬大臣。

［一二］楚始封君。

［一三］齊太公之子丁公。

［一四］衛康叔子康伯。

［一五］晉唐叔之子。

［一六］周公子伯禽。

［一七］康王，成王子。

［一八］四國，齊、晉、魯、衛。分，珍寶之器。

［一九］在新城沶鄉縣南。

［二〇］桃弧、棘矢以禦不祥。言楚在山林，少所出有。

［二一］成王母，齊大公女。

王曰：“昔我皇祖伯父昆吾，舊許是宅。[一] 今鄭人貪賴其田，而不我與。我若求之，其與我乎？”對曰：“與君王哉！周不愛鼎，鄭敢愛田？”王曰：“昔諸侯遠我而畏晉，今我大城陳、蔡、不羹，賦皆千乘，子與有勞焉。諸侯其畏我乎？”對曰：“畏君王哉！是四國者，專足畏也。[二]又加之以楚，敢不畏君王哉？”工尹路請曰：“君王命剝圭以爲鏚柲，[三]敢請命。”[四]王入視之。

[一]陸終氏生六子，長曰昆吾，少曰季連。季連，楚之祖，故謂昆吾爲伯父。昆吾嘗居許地，故曰“舊許是宅”。

[二]四國，陳、蔡、二不羹。

[三]鏚，斧也。柲，柄也。破圭玉以飾斧柄。

[四]請制度之命。

析父謂子革：“吾子，楚國之望也。今與王言如響，國其若之何？”[一]子革曰：“摩厲以須，王出，吾刃將斬矣。”[二]王出，復語。左史倚相趨過。[三]王曰：“是良史也，子善視之。是能讀《三墳》《五典》《八索》《九丘》。”[四]對曰：“臣嘗問焉，昔穆王欲肆其心，[五]周行天下，將皆必有車轍馬跡焉。祭公謀父作《祈招》之詩以止王心，[六]王是以獲没於祗宫。[七]臣問其詩而不知也。若問遠焉，其焉能知之？”王曰：“子能乎？”對曰：“能。其《詩》曰：‘祈招之愔愔，式昭德音。[八]思我王度，式如玉，式如金。[九]形民之力，而無醉飽之心。’”[一〇]王揖而入，饋不食，寢不寐數日。[一一]不能自克，以及於難。[一二]仲尼曰：“古也有志，克己復禮，仁也。信善哉！楚靈王若能如是，豈其辱於乾谿？”

[一]譏其順王心，如響應聲。

［二］以己喻鋒刃，欲自摩厲以斬王之淫慝。

［三］倚相，楚史名。

［四］皆古書名。

［五］周穆王。肆，極也。

［六］謀父，周卿士。祈父，周司馬，世掌甲兵之職。招，其名。祭公方諫遊行，故指司馬官而言。此《詩》逸。

［七］獲没，不見篡弑。

［八］愔愔，安和貌。式，用也。昭，明也。

［九］金、玉，取其堅重。

［一〇］言國之用民，當隨其力任。如金冶之器，隨器而制形。故言形民之力，去其醉飽過盈之心。

［一一］深感子革之言。

［一二］克，勝也。

〔昭經·十二·十〕

晉伐鮮虞。[一]

［一］不書將帥，史闕文。

（昭傳·十二·十四）

晉伐鮮虞，因肥之役也。[一]

［一］肥役在此年。

春秋左氏經傳集解昭公四第二十三

春秋左氏經傳集解昭公四第二十三〔一〕

杜　氏

昭公十三年

〔昭經·十三·一〕

十有三年春，叔弓帥師圍費。〔一〕

［一］不書南蒯以費叛，不以告廟。

(昭傳·十三·一)

十三年春，叔弓圍費，弗克，敗焉。〔一〕平子怒，令見費人，執之以爲囚俘。冶區夫曰："非也。〔二〕若見費人，寒者衣之，飢者食之，爲之令主，而共其乏困。費來如歸，南氏亡矣。民將叛之，誰與居邑？若憚之以威，懼之以怒，民疾而叛，爲之聚也。若諸侯皆然，費人無歸，不親南氏，將焉入矣？"平子從之。費人叛南氏。〔三〕

［一］爲費人所敗。不書，諱之。

［二］區夫，魯大夫。

［三］費叛南氏在明年。《傳》善區夫之謀，終言其效。

〔昭經·十三·二〕

夏四月，楚公子比自晉歸于楚，弒其君虔于乾谿。〔一〕

〔一〕原卷標題"昭"字後闕"公"字，據本書體例補。

［一］比去晉而不送，書"歸"者，依陳、蔡以入。言陳、蔡猶列國也。比歸而靈王死，故書弒其君。靈王無道而弒稱臣，比非首謀而反書弒，比雖脅立，猶以罪加也。靈王死在五月，又不在乾谿，楚人生失靈王，故本其始禍以赴之。

(昭傳·十三·二)

楚子之爲令尹也，殺大司馬薳掩而取其室。[一]及即位，奪薳居田。[二]遷許而質許圍。[三]蔡洧有寵於王，王之滅蔡也，其父死焉，[四]王使與於守而行。[五]申之會，越大夫戮焉。[六]王奪鬭韋龜中犨，[七]又奪成然邑而使爲郊尹。[八]蔓成然故事蔡公，[九]故薳氏之族及薳居、許圍、蔡洧、蔓成然，皆王所不禮也。因群喪職之族，啓越大夫常壽過作亂，[一〇]圍固城，克息舟，城而居之。[一一]

［一］在襄三十年。

［二］居，掩之族。言薳氏所以怨。

［三］遷許在九年。圍，許大夫。

［四］楚滅蔡在十一年。洧仕楚，其父在國，故死。

［五］使洧守國，王行至乾谿。

［六］申會在四年。

［七］韋龜，令尹子文玄孫。中犨，邑名。

［八］成然，韋龜子。郊尹，治郊竟大夫。

［九］蔡公，棄疾也。故，猶舊也。韋龜以棄疾有當璧之命，故使成然事之。

［一〇］常壽過，申會所戮者。

［一一］息舟，楚邑城之堅固者。

觀起之死也，其子從在蔡，事朝吳，[一]曰："今不封蔡，蔡不封矣，我請試之。"[二]以蔡公之命召子干、子晳，[三]及郊而告之情。[四]强與之盟，入襲蔡。蔡公將食，見之而逃。[五]觀從使子干食，坎用牲，加書，而速行。[六]己徇於蔡，[七]曰："蔡公召二子，將納之，與之盟而遣之矣。將師而從之。"[八]蔡人聚，將執之。[九]辭曰："失賊成軍而殺余，何益？"乃釋之。[一〇]朝吳曰："二三子若能死亡，則如違之，以待所濟。[一一]若求安定，則如與之，以濟所欲。[一二]且違上，何適而可。"[一三]衆曰："與之。"乃奉蔡公，召二子而盟于鄧，[一四]依陳、蔡人以國。[一五]楚公子比、[一六]公子黑肱、[一七]公子棄疾、[一八]蔓成然、蔡朝吳帥陳、蔡、不羹、許、葉之師，因四族之徒[一九]以入楚。及郊，陳、蔡欲爲名，故請爲武軍。[二〇]蔡公知之，曰："欲速。且役病矣，請藩而已。"乃藩爲軍。[二一]蔡公使須務牟與史猈先入，因正僕人殺大子祿及公子罷敵。[二二]公子比爲王，公子黑肱爲令尹，次于魚陂。[二三]公子棄疾爲司馬，先除王宫。使觀從從師于乾谿而遂告之。[二四]且曰："先歸復所，後者劓。"[二五]師及訾梁而潰。[二六]

[一] 觀起死在襄二十二年。朝吳，故蔡大夫聲子之子。

[二] 觀從以父死怨楚，故欲試作亂。

[三] 二子皆靈王弟。元年，子干奔晉，子晳奔鄭。

[四] 告以蔡公不知謀。

[五] 不知其故，驚起辟之。

[六] 使子干居蔡公之牀，食蔡公之食，並僞與蔡公盟之，徵驗以示衆。

［七］己，觀從也。

［八］詐言蔡公將以師助二子。

［九］執觀從。

［一〇］賊謂子干、子皙也。言蔡公已成軍，殺己不解罪。

［一一］言若能爲靈王死亡，則可違蔡公之命，以待成敗所在〔一〕。

［一二］言與蔡公則可得安定。

［一三］言不可違上也。上，謂蔡公。

［一四］潁川召陵縣西南有鄧城。二子，子干、子皙。

［一五］國陳、蔡而依之。

［一六］子干。

［一七］子皙。

［一八］蔡公。

［一九］四族，薳氏、許圍、蔡洧、蔓成然。

［二〇］欲築壘壁以示後人，爲復讎之名。

［二一］藩，籬也。

［二二］須務牟、史猈，楚大夫，蔡公之黨也。正僕，大子之近官。

［二三］竟陵縣城西北有甘魚陂。

［二四］從乾谿之師，告使叛靈王。

［二五］劓，截鼻。

［二六］靈王還至訾梁而衆散。

〔一〕以待成敗所在　“所在”，原作“如何”，據興國軍本改。按：阮校曰：“岳本、纂圖本、閩本、監本、毛本‘所在’作‘如何’，非是。”

王聞群公子之死也，自投于車下曰〔一〕：“人之愛其子也，亦如余乎？”侍者曰：“甚焉！小人老而無子，知擠于溝壑矣。”[一] 王曰：“余殺人子多矣，能無及此乎？”右尹子革曰：“請待于郊以聽國人。”[二] 王曰：“衆怒不可犯也。”曰：“若入於大都而乞師於諸侯。”王曰：“皆叛矣。”曰：“若亡於諸侯，以聽大國之圖君也。”王曰：“大福不再，祇取辱焉。”然丹乃歸于楚。[三]

[一] 擠，隊也。

[二] 聽國人之所與。

[三] 然丹，子革。棄王而歸楚。

王沿夏將欲入鄢，[一] 芋尹無宇之子申亥曰：“吾父再奸王命，[二] 王弗誅，惠孰大焉！君不可忍，惠不可棄，吾其從王。”乃求王，遇諸棘闈以歸。[三] 夏五月癸亥，王縊于芋尹申亥氏。[四] 申亥以其二女殉而葬之。

[一] 夏，漢别名。順流爲沿，順漢水南至鄢。

[二] 謂斷王旌，執人於章華宫。

[三] 棘，里名。闈，門也。

[四] 癸亥，五月二十六日，皆在乙卯、丙辰後。《傳》終言之。《經》書“四月”，誤。

〔昭經·十三·三〕

楚公子棄疾殺公子比。[一]

〔一〕 自投于車下曰 “下”，原脱，據石經補。

［一］比雖爲君，而未列於諸侯，故不稱爵。殺不稱人，罪棄疾。

(昭傳·十三·三)

觀從謂子干曰："不殺棄疾，雖得國，猶受禍也。"子干曰："余不忍也。"子玉曰："人將忍子，[一] 吾不忍俟也。"乃行。國每夜駭曰："王入矣。"[二] 乙卯夜，棄疾使周走而呼曰："王至矣。"[三] 國人大驚。使蔓成然走告子干、子晳曰："王至矣。國人殺君司馬，將來矣。[四] 君若早自圖也，可以無辱。衆怒如水火焉，不可爲謀。"又有呼而走至者曰："衆至矣。"二子皆自殺。[五] 丙辰，棄疾即位，名曰熊居。葬子干于訾，實訾敖。[六] 殺囚，衣之王服而流諸漢，乃取而葬之，以靖國人。使子旗爲令尹。[七]

［一］子玉，觀從。

［二］相恐以靈王也。

［三］周，徧也。乙卯，十八日。

［四］司馬，謂棄疾也。言司馬見殺以恐子干。

［五］不書弒，君位未定也。

［六］不成君，無號謚者，楚皆謂之"敖"。

［七］子旗，蔓成然。

楚師還自徐。[一] 吳人敗諸豫章，獲其五帥。[二] 平王封陳、蔡，復遷邑，[三] 致群賂，[四] 施舍寬民，宥罪舉職。[五] 召觀從，王曰："唯爾所欲。"[六] 對曰："臣之先，佐開卜。"乃使爲卜尹。[七] 使枝如子躬聘于鄭，且致犫、櫟之田。[八] 事畢，弗致。[九] 鄭人請曰："聞諸道路，將命寡君以犫、櫟，敢請命。"對曰："臣未聞命。"既復，王問犫、櫟，

降服而對，[一〇]曰："臣過失命，未之致也。"王執其手曰："子毋勤，姑歸，不穀有事，其告子也。"[一一]

［一］前年圍徐之師。

［二］定二年楚人伐吴，師于豫章。吴人見舟于豫章而潛師于巢，以軍楚師於豫章。又柏舉之役，吴人舍舟于淮汭，而自豫章與楚夾漢，此皆當在江北淮水南，蓋後徙在江南豫章。

［三］復九年所遷邑。

［四］始舉事時所貨賂。

［五］舉職，脩廢官。

［六］觀從教子干殺棄疾，棄疾今召用之，明在君爲君之義。

［七］佐卜人開龜兆。

［八］犨、櫟，本鄭邑，楚中取之。平王新立，故還以賂鄭。

［九］知鄭自説服，不復須賂故。

［一〇］降服，如今解冠也。謝，違命。

［一一］王善其有權，有事將復使之。

他年，芋尹申亥以王柩告，乃改葬之。初，靈王卜曰："余尚得天下。"[一]不吉，投龜詬天而呼曰："是區區者而不余畀，[二]余必自取之。"民患王之無厭也，故從亂如歸。

［一］尚，庶幾。

［二］區區，小天下。

初，共王無冢適，[一]有寵子五人，無適立焉。乃大有事于群望，[二]而祈曰："請神擇於五人者，使主社稷。"乃徧以璧見於群望，曰："當璧而拜者，神所立也。誰敢違之?”既乃與巴姬密埋璧於大室之庭,[三]使五人齊而長入拜。[四]康王跨之,[五]靈王肘加焉,子干、子晳皆遠之。平王弱,抱而入,再拜,皆厭紐。[六]鬭韋龜屬成然焉,[七]且曰:“棄禮違命,楚其危哉!”[八]

[一]冢,大也。

[二]群望,星辰山川。

[三]巴姬,共王妾。大室,祖廟。

[四]從長幼以次拜。

[五]過其上也。

[六]微見璧紐以爲審識。

[七]知其將立,故託其子。

[八]棄立長之禮,違當璧之命,終致靈王之亂。

子干歸,韓宣子問於叔向曰:“子干其濟乎?”對曰:“難。”宣子曰:“同惡相求,如市賈焉,何難?”[一]對曰:“無與同好,誰與同惡?[二]取國有五難:有寵而無人,一也;[三]有人而無主,二也;[四]有主而無謀,三也;[五]有謀而無民,四也;[六]有民而無德,五也。[七]子干在晉十三年矣,晉、楚之從,不聞達者,可謂無人。[八]族盡親叛,可謂無主。[九]無釁而動,可謂無謀。[一〇]爲羈終世,可謂無民。[一一]亡無愛徵,可謂無德。[一二]王虐而不忌,[一三]楚君子干涉五難以弒舊君,誰能濟之?[一四]有楚國者,其棄疾乎?君陳、蔡,城外屬焉。[一五]苛慝不作,盜賊伏隱。私欲不違,[一六]民無怨心。先神命之,[一七]國民信之。羋姓有亂,必季實立,楚之常也。獲神,一也;[一八]有民,二也；[一九]令德，三也；[二〇]寵貴，四也；[二一]居常，五也。[二二]有五利以去五難，誰能害之？子干之官，則右尹也。數其貴寵，則庶子也。以神所命，則又遠之。其貴亡矣，[二三]其寵棄矣，[二四]民無懷焉，[二五]國無與焉，[二六]將何以立？"

［一］宣子謂棄疾親恃子干，共同好惡，故言如市賈同利以相求。

［二］言棄疾本不與子干同好，則亦不得同惡。

［三］寵須賢人而固。

［四］雖有賢人，當須内主爲應。

［五］謀，策謀也。

［六］民，衆。

［七］四者既備，當以德成。

［八］晉、楚之士從子干游，皆非達人。

［九］無親族在楚。

［一〇］召子干時，楚未有大釁。

［一一］終身羇客在晉，是無民。

［一二］楚人無愛念之者。

［一三］靈王暴虐，無所畏忌，將自亡。

［一四］言楚借君子干以弑靈王，終無能成。

［一五］城，方城也。時穿封戌既死，棄疾并領陳事。

［一六］不以私欲違民事。

［一七］先神，謂群望。

［一八］當璧拜。

［一九］民信之。

［二〇］無苛慝。

［二一］貴妃子。

［二二］棄疾，季。

［二三］位不尊。

［二四］父既没故。

［二五］非令德。

［二六］無内主。

宣子曰：“齊桓、晉文不亦是乎？”[一] 對曰：“齊桓，衛姬之子也，有寵於僖，[二] 有鮑叔牙、賓須無、隰朋以爲輔佐，有莒、衛以爲外主，[三] 有國、高以爲内主，[四] 從善如流，[五] 下善齊肅，[六] 不藏賄，[七] 不從欲，[八] 施舍不倦，[九] 求善不厭，是以有國，不亦宜乎？我先君文公，狐季姬之子也，有寵於獻。好學而不貳，[一〇] 生十七年，有士五人。[一一] 有先大夫子餘、子犯以爲腹心，[一二] 有魏犨、賈佗以爲股肱，[一三] 有齊、宋、秦、楚以爲外主，[一四] 有欒、郤、狐、先以爲内主。[一五] 亡十九年，守志彌篤。惠、懷棄民，[一六] 民從而與之。獻無異親，民無異望，[一七] 天方相晉，將何以代文？此二君者，異於子干，共有寵子，國有奧主。[一八] 無施於民，無援於外，去晉而不送，歸楚而不逆，何以冀國？”[一九]

［一］皆庶賤。

［二］衛姬，齊僖公妾。

［三］齊桓出奔莒、衛，有舅氏之助。

［四］國氏，高氏，齊上卿。

［五］言其疾也。

［六］齊，嚴也。肅，敬也。

[七] 清也。

[八] 儉也。

[九] 施舍，猶言布恩德。

[一〇] 言篤志。

[一一] 狐偃、趙衰、顛頡、魏武子、司空季子五士從出。

[一二] 子餘，趙衰。子犯，狐偃。

[一三] 魏犨，魏武子也。稱五人而説四士，賈佗又不在本數，蓋叔向所賢。

[一四] 齊妻以女，宋贈以馬，楚王享之，秦伯納之。

[一五] 謂欒枝、郤縠、狐突、先軫也。

[一六] 惠公、懷公不恤民也。

[一七] 獻公之子九人，唯文公在。

[一八] 謂棄疾也。

[一九]《傳》言子干所以蒙弑君之名，棄疾所以得國。

〔昭經·十三·四〕

秋，公會劉子、晉侯、齊侯、宋公、衛侯、鄭伯、曹伯、莒子、邾子、滕子、薛伯、杞伯、小邾子于平丘。[一]

[一] 平丘在陳留長垣縣西南。

(昭傳·十三·三)

晉成虒祁，[一]諸侯朝而歸者皆有貳心。[二]爲取郠故，[三]晉將以諸侯來討。叔向曰："諸侯不可以不示威。"[四]乃並徵會，告于吳。秋，晉侯會吳子于良。[五]水道不可，吳子辭〔一〕，乃還。[六]

〔一〕 吳子辭 "子"，原作"人"，據石經改。

[一]在八年。

[二]賤其奢也。

[三]取鄆在十年。

[四]知晉德薄，欲以威服之。

[五]下邳有良城縣。

[六]辭不會。

七月丙寅，治兵于邾南，甲車四千乘。[一]羊舌鮒攝司馬，[二]遂合諸侯于平丘。子產、子大叔相鄭伯以會。子產以幄幕九張行。[三]子大叔以四十，既而悔之，每舍損焉。及會，亦如之。[四]次于衛地，叔鮒求貨於衛，淫芻蕘者。[五]衛人使屠伯饋叔向羹與一篋錦，[六]曰："諸侯事晉，未敢攜貳，況衛在君之宇下，[七]而敢有異志？芻蕘者異於他日，敢請之。"[八]叔向受羹反錦，[九]曰："晉有羊舌鮒者，瀆貨無厭，[一〇]亦將及矣。[一一]爲此役也，[一二]子若以君命賜之，其已。"客從之。未退而禁之。[一三]

[一]三十萬人。

[二]鮒，叔向弟也。攝，兼官。

[三]幄幕，軍旅之帳。

[四]亦九張也。《傳》言子產之適宜，大叔之從善。

[五]欲使衛患之而致貨。

[六]屠伯，衛大夫。

[七]屋宇之下，喻近也。

[八]請止之。

[九]受羹，示不逆其意，且非貨。

［一〇］瀆，數也。

［一一］將及禍。

［一二］役，事也。

［一三］禁芻蕘者。

〔昭經·十三·五〕

八月甲戌，同盟于平丘。[一]

［一］書"同"，齊服故。

(昭傳·十三·四)

晉人將尋盟，齊人不可。[一]晉侯使叔向告劉獻公，[二]曰："抑齊人不盟，若之何？"對曰："盟以厎信，[三]君苟有信，諸侯不貳，何患焉？告之以文辭，董之以武師，雖齊不許，君庸多矣。[四]天子之老，請帥王賦，元戎十乘，以先啓行。[五]遲速唯君。"[六]叔向告于齊曰："諸侯求盟，已在此矣。今君弗利，寡君以爲請。"對曰："諸侯討貳，則有尋盟。若皆用命，何盟之尋？"[七]叔向曰："國家之敗，有事而無業，事則不經。[八]有業而無禮，經則不序。[九]有禮而無威，序則不共。[一〇]有威而不昭，共則不明。[一一]不明棄共，百事不終，所由傾覆也。[一二]

［一］有貳心故。

［二］獻公，王卿士劉子。

［三］厎，致也。

［四］董，督也。庸，功也。討之有辭，故功多也。

［五］天子大夫稱老。元戎，戎車在前者。啓，開也。行，道也。

［六］欲佐晉討齊。

[七] 託用命以拒晉。

[八] 業，貢賦之業。

[九] 須禮而有次序。

[一〇] 禮須威嚴而後共。

[一一] 威須昭告神明，而後信義著。

[一二] 信義不明則棄威，不威棄禮，無禮無經，無經無業，故百事不成。

"是故明王之制，使諸侯歲聘以志業，[一] 間朝以講禮，[二] 再朝而會以示威，[三] 再會而盟以顯昭明。[四] 志業於好，[五] 講禮於等，[六] 示威於衆，[七] 昭明於神，[八] 自古以來，未之或失也。存亡之道，恒由是興。晉禮主盟，[九] 懼有不治，奉承齊犧，[一〇] 而布諸君，求終事也。[一一] 君曰：'余必廢之，何齊之有？'唯君圖之，寡君聞命矣！"齊人懼，對曰："小國言之，大國制之，敢不聽從？既聞命矣，敬共以往，遲速唯君。"叔向曰："諸侯有間矣，[一二] 不可以不示衆。"八月辛未，治兵，[一三] 建而不旆。[一四] 壬申，復旆之，諸侯畏之。[一五]

[一] 志，識也。歲聘以脩其職業。

[二] 三年而一朝，正班爵之義，率長幼之序。

[三] 六年而一會，以訓上下之則，制財用之節。

[四] 十二年而一盟，所以昭信義也。凡八聘四朝再會，王一巡守，盟于方嶽之下。

[五] 聘也。

[六] 朝也。

［七］會也。

［八］盟也。

［九］依先王、先公舊禮，主諸侯盟。

［一〇］齊盟之犧牲。

［一一］終，竟也。

［一二］間，隙也。

［一三］習戰。

［一四］建立旌旗，不曳其斾。斾，游也。

［一五］軍將戰則斾，故曳斾以恐之。

邾人、莒人愬于晉，曰："魯朝夕伐我，幾亡矣。[一]我之不共，魯故之以。"[二]晉侯不見公，使叔向來辭曰："諸侯將以甲戌盟，寡君知不得事君矣，請君無勤。"[三]子服惠伯對曰："君信蠻夷之訴，[四]以絶兄弟之國，棄周公之後，亦惟君。寡君聞命矣。"叔向曰："寡君有甲車四千乘在，雖以無道行之，必可畏也。況其率道，其何敵之有？牛雖瘠，僨於豚上，其畏不死。[五]南蒯、子仲之憂，其庸可棄乎？[六]若奉晉之衆，用諸侯之師，因邾、莒、杞、鄫之怒，[七]以討魯罪，間其二憂，[八]何求而弗克？"魯人懼，聽命。[九]

［一］自昭公即位，邾、魯同好，又不朝夕伐莒，無故怨愬。晉人信之，所謂讒慝弘多。

［二］不共晉貢，以魯故也。

［三］託謙辭以絶魯。

［四］蠻夷，謂邾、莒。

［五］僨，仆也。

［六］棄，猶忘也。

［七］四國近魯，數以小事相忿。鄟已滅，其民猶存，故并以恐魯。

［八］因南蒯、子仲二憂爲間隙。

［九］不敢與盟。

甲戌，同盟于平丘，齊服也。[一]令諸侯日中造于除。[二]癸酉，退朝。[三]子產命外僕速張於除，[四]子大叔止之，使待明日。及夕，子產聞其未張也，使速往，乃無所張矣。[五]及盟，子產爭承，[六]曰："昔天子班貢，輕重以列，[七]列尊貢重，周之制也。[八]卑而貢重者，甸服也。[九]鄭伯，男也，而使從公、侯之貢，[一〇]懼弗給也。敢以爲請。諸侯靖兵，好以爲事。[一一]行理之命，[一二]無月不至，貢之無藝，[一三]小國有闕，所以得罪也。諸侯脩盟，存小國也。貢獻無極，亡可待也。存亡之制，將在今矣。"自日中以爭，至于昏，晉人許之。既盟，子大叔咎之曰："諸侯若討，其可瀆乎？"[一四]子產曰："晉政多門，[一五]貳偷之不暇，何暇討？[一六]國不競亦陵，何國之爲？"[一七]

［一］《經》所以稱"同"。

［二］除地爲壇，盟會處。

［三］先盟朝晉。

［四］張幄幕。

［五］地已滿也。《傳》言子產每事敏於大叔。

［六］承，貢賦之次。

[七] 列，位也。

[八] 公侯地廣，故所貢者多。

[九] 甸服，謂天子畿内共職貢者。

[一〇] 言鄭國在甸服外，爵列伯、子、男，不應出公、侯之貢。

[一一] 靖，息也。

[一二] 行理，使人通聘問者。

[一三] 藝，法制。

[一四] 瀆，易也。

[一五] 政不出一家。

[一六] 貳，不壹。偷，苟且。

[一七] 不競爭則爲人所侵陵，不成爲國。

〔昭經 · 十三 · 六〕

公不與盟。[一]

[一] 魯不堪晉求，讒慝弘多，公不與盟，非國惡，故不諱。

(昭傳 · 十三 · 五)

公不與盟。[一]

[一] 信邾、莒之訴，欲討魯故。

〔昭經 · 十三 · 七〕

晉人執季孫意如以歸。

(昭傳 · 十三 · 六)

晉人執季孫意如，以幕蒙之，[一] 使狄人守之。司鐸射[二] 懷錦奉壺飲冰以蒲伏焉，守者御之，乃與之錦而入。[三] 晉人以平子歸，子服湫從。[四]

［一］蒙，裹也。

［二］魯大夫。

［三］蒲伏竊往，飲季孫。冰，箭筩蓋，可以取飲。

［四］湫，子服惠伯，從至晉。

〔左氏附〕

（昭傳·十三·七）

子産歸，未至，聞子皮卒，哭，且曰："吾已。[一]無爲爲善矣，唯夫子知我。"[二]仲尼謂："子産於是行也，足以爲國基矣。《詩》曰：'樂旨君子〔一〕，邦家之基。'[三]子産，君子之求樂者也。"且曰："合諸侯，藝貢事，禮也。"[四]

［一］已，猶決竟。

［二］言子皮知己之善。

［三］《詩·小雅》。言樂與君子爲治，乃國家之基本。

［四］嫌爭競不順，故以禮明之。

〔昭經·十三·八〕

公至自會。[一]

［一］無《傳》。

〔左氏附〕

（昭傳·十三·八）

鮮虞人聞晉師之悉起也，[一]而不警邊，且不脩備。[二]

〔一〕詩曰樂旨君子　按：阮校曰："宋殘本、宋本'曰'作'云'，石經此處殘缺。宋本、岳本'只'作'旨'。案王氏《詩攷》引亦作'旨'，淳熙本亦作'旨'。"

晉荀吳自著雍以上軍侵鮮虞，及中人，驅衝競，[三]大獲而歸。[四]

[一]五年《傳》曰："遺守四千。"今甲車四千乘，故爲悉起。

[二]言夷狄無謀。

[三]中山望都縣西北有中人城。驅衝車與狄爭逐。

[四]爲十五年晉伐鮮虞起。

〔昭經·十三·九〕

蔡侯廬歸于蔡。陳侯吳歸于陳。[一]

[一]陳、蔡皆受封于楚，故稱爵。諸侯納之曰歸。

(昭傳·十三·九)

楚之滅蔡也，靈王遷許、胡、沈、道、房、申於荆焉。平王即位，既封陳、蔡，而皆復之，禮也。[一]隱大子之子廬歸于蔡，禮也。[二]悼大子之子吳歸于陳，禮也。[三]

[一]滅蔡在十一年。許、胡、沈，小國也。道、房、申，皆故諸侯，楚滅以爲邑。荆，荆山也。《傳》言平王得安民之禮。汝南有吳防縣，即防國。

[二]隱大子，大子有也。廬，蔡平侯。

[三]悼大子，偃師也。吳，陳惠公。

〔昭經·十三·十〕

冬十月，葬蔡靈公。[一]

[一]蔡復而後以君禮葬之。

(昭傳·十三·十)

冬十月，葬蔡靈公，禮也。[一]

［一］國復，成禮以葬也。此陳、蔡事，《傳》皆言“禮”，嫌楚所封，不得比諸侯，故明之。

〔昭經 · 十三 · 十一〕

公如晉，至河乃復。[一]

［一］晉人辭公。

(昭傳 · 十三 · 十一)

公如晉，荀吳謂韓宣子曰：“諸侯相朝，講舊好也。執其卿而朝其君，有不好焉，不如辭之。”乃使士景伯辭公于河。[一]

［一］景伯，士文伯之子彌牟也。

〔昭經 · 十三 · 十二〕

吳滅州來。[一]

［一］州來，楚邑。用大師焉曰滅。

(昭傳 · 十三 · 十二)

吳滅州來。令尹子期請伐吳，王弗許，曰：“吾未撫民人，未事鬼神，未脩守備，未定國家，而用民力，敗不可悔。州來在吳，猶在楚也，子姑待之。”[一]

［一］《傳》言平王所以能有國。

〔左氏附〕

(昭傳 · 十三 · 十三)

季孫猶在晉，子服惠伯私於中行穆子，[一]曰：“魯事晉何以不如夷之小國？魯，兄弟也。土地猶大，所命能具。

若爲夷棄之，使事齊、楚，其何瘳於晉？[二]親親與大，賞共罰否，所以爲盟主也。子其圖之。諺曰‘臣一主二’，[三]吾豈無大國？”[四]穆子告韓宣子，且曰：“楚滅陳、蔡不能救而爲夷執親，將焉用之？”乃歸季孫。惠伯曰：“寡君未知其罪，合諸侯而執其老，[五]若猶有罪，死命可也。[六]若曰無罪，而惠免之，諸侯不聞，是逃命也，何免之爲？請從君惠於會。”[七]宣子患之，謂叔向曰：“子能歸季孫乎？”對曰：“不能。鮒也能。”[八]乃使叔魚。叔魚見季孫曰：“昔鮒也得罪於晉君，自歸於魯君，[九]微武子之賜，不至於今。[一〇]雖獲歸骨於晉，猶子則肉之，敢不盡情？歸子而不歸，鮒也聞諸吏，將爲子除館於西河。[一一]其若之何？”且泣。[一二]平子懼，先歸。惠伯待禮。[一三]

［一］私與之語。

［二］瘳，差也。

［三］言一臣必有二主，道不合，得去事他國。

［四］言非獨晉可事。

［五］老，尊卿稱。

［六］死晉命也。

［七］欲得盟會見遣，不欲私去。

［八］鮒，叔魚。

［九］蓋襄二十一年坐叔虎與欒氏黨并得罪。

［一〇］武子，季平子祖父。

［一一］西使近河。

［一二］泣以信其言。

［一三］待見遣之禮。

昭公十四年

〔昭經·十四·一〕

十有四年春，意如至自晉。[一]

［一］書“至”者，喜得免。

(昭傳·十四·一)

十四年春，意如至自晉，尊晉罪己也。[一] 尊晉罪己，禮也。[二]

［一］以舍族爲尊晉罪己。

［二］禮脩己而不責人。

〔左氏附〕

(昭傳·十四·二)

南蒯之將叛也，盟費人。司徒老祁、慮癸[一] 僞癈疾[一]，使請於南蒯曰：“臣願受盟而疾興，若以君靈不死，請待間而盟。”[二] 許之。二子因民之欲叛也，請朝衆而盟。[三] 遂劫南蒯曰：“群臣不忘其君，[四] 畏子以及今，三年聽命矣。子若弗圖，費人不忍其君，將不能畏子矣。[五] 子何所不逞欲？請送子。”[六] 請期五日。[七] 遂奔齊。侍飲酒於景公。公曰：“叛夫！”[八] 對曰：“臣欲張公室也。”[九] 子韓晳曰：[一〇]“家臣而欲張公室，罪莫大焉。”[一一] 司徒老祁、慮癸來歸費，[一二] 齊侯使鮑文子致之。[一三]

〔一〕 僞癈疾 “癈”，興國軍本作“廢”。按：阮校曰：“宋本、宋殘本、淳熙本、岳本‘廢’作‘癈’，與石經合。”

［一］二人，南蒯家臣。

［二］間，差也。

［三］欲因合衆以作亂。

［四］君謂季氏。

［五］不能復畏子。

［六］送使出奔。

［七］南蒯請期，冀有變。

［八］戲之。

［九］張，强也。

［一〇］齊大夫。

［一一］言越職。

［一二］歸魯。

［一三］南蒯雖叛，費人不從，未專屬齊。二子逐蒯而復其舊，故《經》不書歸費。齊使文子致邑，欲以假好，非事實也。

〔昭經 · 十四 · 二〕

三月，曹伯滕卒。[一]

［一］無《傳》。四同盟。

〔昭經 · 十四 · 三〕

夏四月。[一]

［一］無《傳》。

〔左氏附〕

（昭傳 · 十四 · 三）

夏，楚子使然丹簡上國之兵於宗丘，且撫其民。[一] 分貧振窮，[二]長孤幼，養老疾，收介特，[三]救災患，宥孤寡，[四]赦罪戾，詰姦慝，[五]舉淹滯，[六]禮新敘舊，[七]禄勳合親，[八]任良物官。[九]使屈罷簡東國之兵於召陵，[一〇]亦如之。[一一]好於邊疆，[一二]息民五年而後用師，禮也。

[一] 上國，在國都之西。西方居上流，故謂之“上國”。宗丘，楚地。

[二] 分，與也。振，救也。

[三] 介特，單身民也。收聚不使流散。

[四] 寬其賦稅。

[五] 詰，責問也。

[六] 淹滯，有才德而未敘者。

[七] 新，羈旅也。

[八] 勳，功也。親，九族。

[九] 物，事也。

[一〇] 兵在國都之東者。

[一一] 如然丹。

[一二] 結好四鄰。

〔昭經·十四·四〕

秋，葬曹武公。[一]

[一] 無《傳》。

〔昭經·十四·五〕

八月，莒子去疾卒。[一]

[一] 未同盟。

(昭傳·十四·四)

秋八月，莒著丘公卒，郊公不慼。[一]國人弗順，欲立著丘公之弟庚輿。[二]蒲餘侯惡公子意恢而善於庚輿，[三]郊公惡公子鐸而善於意恢。[四]公子鐸因蒲餘侯而與之謀曰："爾殺意恢，我出君而納庚輿。"許之。[五]

[一] 郊公，著丘公子。

[二] 庚輿，莒共公。

[三] 蒲餘侯，莒大夫兹夫也。意恢，莒群公子。

[四] 鐸亦群公子。

[五] 爲下冬殺意恢《傳》。

〔左氏附〕

(昭傳·十四·五)

楚令尹子旗有德於王，不知度。[一]與養氏比，而求無厭。[二]王患之。九月甲午，楚子殺鬬成然而滅養氏之族，使鬬辛居鄖，以無忘舊勳。[三]

[一] 有佐立之德。

[二] 養氏，子旗之黨，養由基之後。

[三] 辛，子旗之子鄖公辛。

〔昭經·十四·六〕

冬，莒殺其公子意恢。[一]

[一] 以禍亂告，不必繫於爲卿，故雖公子，亦書。意恢與亂君爲黨，故書名惡之。

（昭傳·十四·六）

冬十二月，蒲餘侯茲夫殺莒公子意恢，郊公奔齊。公子鐸逆庚輿於齊。齊隰黨、公子鉏送之，有賂田。[一]

［一］莒賂齊以田。

〔左氏附〕

（昭傳·十四·七）

晉邢侯與雍子爭鄐田，[一]久而無成。士景伯如楚，[二]叔魚攝理。[三]韓宣子命斷舊獄，罪在雍子。雍子納其女於叔魚，叔魚蔽罪邢侯。[四]邢侯怒，殺叔魚與雍子於朝。宣子問其罪於叔向。叔向曰："三人同罪，施生戮死可也。[五]雍子自知其罪而賂以買直，鮒也鬻獄，邢侯專殺，其罪一也。己惡而掠美爲昏，[六]貪以敗官爲墨，[七]殺人不忌爲賊。[八]《夏書》曰'昏、墨、賊，殺'，[九]皋陶之刑也。請從之。"乃施邢侯，而尸雍子與叔魚於市。

［一］邢侯，楚申公巫臣之子也。雍子，亦故楚人。

［二］士景伯，晉理官。

［三］攝，代景伯。

［四］蔽，斷也。

［五］施，行罪也。

［六］掠，取也。昏，亂也。

［七］墨，不絜之稱〔一〕。

［八］忌，畏也。

［九］逸《書》，三者皆死刑。

〔一〕不絜之稱　"絜"，原作"潔"，據興國軍本改。

仲尼曰："叔向，古之遺直也。[一]治國制刑，不隱於親，[二]三數叔魚之惡，不爲末減。[三]曰義也夫，可謂直矣。[四]平丘之會，數其賄也，[五]以寬衛國，晉不爲暴。歸魯季孫，稱其詐也，[六]以寬魯國，晉不爲虐。邢侯之獄，言其貪也，以正刑書，晉不爲頗。三言而除三惡，加三利，[七]殺親益榮，[八]猶義也夫！"[九]

[一] 言叔向之直，有古人遺風。

[二] 謂國之大問，己所答當也。至於他事，則宜有隱。

[三] 末，薄也。減，輕也。皆以正言之。

[四] 於義未安，直則有之。

[五] 謂言瀆貨無厭〔一〕。

[六] 謂言鮒也能。

[七] 三惡，暴、虐、頗也。三惡除，則三利加。

[八] 榮名益己。

[九] 三罪唯答宣子問，不可以不正，其餘則以直傷義，故重疑之。

〔一〕 謂言瀆貨無厭 "瀆"，阮刻本作"賣"。

昭公十五年

〔昭經·十五·一〕

十有五年春王正月，吳子夷末卒。[一]

［一］無《傳》。未同盟。

〔昭經·十五·二〕

二月癸酉，有事于武宫。籥入，叔弓卒，去樂卒事。[一]

［一］略書有事，爲叔弓卒起也。武宫，魯武公廟，成六年復立之。

(昭傳·十五·一)

十五年春，將禘于武公，戒百官。[一]梓慎曰：“禘之日其有咎乎？吾見赤黑之祲，非祭祥也，喪氛也。[二]其在涖事乎？”[三]二月癸酉，禘，叔弓涖事，籥入而卒，去樂卒事，禮也。[四]

［一］齊戒。

［二］祲，妖氛也。蓋見於宗廟，故以爲非祭祥也。氛，惡氣也。

［三］涖，臨也。

［四］大臣卒，故爲之去樂。

〔昭經·十五·三〕

夏，蔡朝吳出奔鄭。[一]

［一］朝吳不遠讒人，亦以見逐而書名[一]。

〔一〕亦以見逐而書名　“亦”，興國軍本、阮刻本作“所”。

(昭傳 · 十五 · 二)

楚費無極害朝吳之在蔡也,[一] 欲去之,乃謂之曰:“王唯信子,故處子於蔡,子亦長矣,而在下位,辱。必求之,吾助子請。”[二] 又謂其上之人[三] 曰:“王唯信吳,故處諸蔡。二三子莫之如也,而在其上,不亦難乎?弗圖,必及於難。”

[一] 朝吳,蔡大夫,有功於楚平王,故無極恐其有寵,疾害之。

[二] 請求上位。

[三] 蔡人在上位者。

夏,蔡人逐朝吳,朝吳出奔鄭。王怒曰:“余唯信吳,故寘諸蔡。且微吳,吾不及此,女何故去之?”無極對曰:“臣豈不欲吳,[一] 然而前知其爲人之異也。[二] 吳在蔡,蔡必速飛。去吳,所以翦其翼也。”[三]

[一] 非不欲善吳。

[二] 言其多權謀。

[三] 以鳥喻也。言吳在蔡,必能使蔡速彊而背楚。

〔昭經 · 十五 · 四〕

六月丁巳朔,日有食之。[一]

[一] 無《傳》。

〔左氏附〕

(昭傳 · 十五 · 三)

六月乙丑,王大子壽卒。[一]

［一］周景王子。

〔左氏附〕

（昭傳·十五·四）

秋八月戊寅，王穆后崩。[一]

［一］大子壽之母也。《傳》爲晉荀躒如周葬穆后起。

〔昭經·十五·五〕

秋，晉荀吳帥師伐鮮虞。

（昭傳·十五·五）

晉荀吳帥師伐鮮虞，圍鼓。[一]鼓人或請以城叛，穆子弗許。左右曰："師徒不勤，而可以獲城，何故不爲？"穆子曰："吾聞諸叔向曰：'好惡不愆，民知所適，事無不濟。'[二]或以吾城叛，吾所甚惡也。人以城來，吾獨何好焉？賞所甚惡，若所好何？[三]若其弗賞，是失信也，何以庇民？力能則進，否則退，量力而行，吾不可以欲城而邇姦，所喪滋多。"使鼓人殺叛人而繕守備。圍鼓三月，鼓人或請降，使其民見曰："猶有食色〔一〕，姑脩而城。"軍吏曰："獲城而弗取，勤民而頓兵，何以事君？"穆子曰："吾以事君也。獲一邑而教民怠，將焉用邑？邑以賈怠，不如完舊。[四]賈怠無卒，[五]棄舊不祥，鼓人能事其君，我亦能事吾君。率義不爽，[六]好惡不愆，城可獲而民知義所，[七]有死命而無二心，不亦可乎？"鼓人告食竭力盡，而後取之。克鼓而反，不戮一人，以鼓子䳒鞮歸。[八]

〔一〕猶有食色　"色"，原作"邑"，據石經改。

[一] 鼓，白狄之别。鉅鹿下曲陽縣有鼓聚。

[二] 愆，過也。適，歸也。

[三] 無以復加所好。

[四] 完，猶保守。

[五] 卒，終也。

[六] 爽，差也。

[七] 知義所在也。荀吴必其能獲，故因以示義。

[八] 載鞮，鼓君名。

〔昭經·十五·六〕

冬，公如晉。

(昭傳·十五·六)

冬，公如晉，平丘之會故也。[一]

[一] 平丘會，公不與盟，季孫見執。今既得免，故往謝之。

〔左氏附〕

(昭傳·十五·七)

十二月，晉荀躒如周，葬穆后，籍談爲介。既葬除喪，以文伯宴，樽以魯壺。[一] 王曰："伯氏，諸侯皆有以鎮撫王室，晉獨無有，何也？"[二] 文伯揖籍談，[三] 對曰："諸侯之封也，皆受明器於王室，[四] 以鎮撫其社稷，故能薦彝器於王。[五] 晉居深山，戎狄之與鄰，而遠於王室。王靈不及，拜戎不暇，[六] 其何以獻器？"

[一] 文伯，荀躒也。魯壺，魯所獻壺樽。

[二] 感魯壺而言也。鎮撫王室，謂貢獻之物。

[三] 文伯無辭，揖籍談使對。

[四] 謂明德之分器。

[五] 薦，獻也。彝，常也。謂可常寶之器，若魯壺之屬。

[六] 言王寵靈不見及，故數爲戎所加陵。

王曰："叔氏，而忘諸乎？[一] 叔父唐叔，成王之母弟也，其反無分乎？密須之鼓與其大路，文所以大蒐也。[二] 闕鞏之甲，武所以克商也。[三] 唐叔受之，以處參虚，匡有戎狄。[四] 其後襄之二路，[五] 鍼鉞秬鬯，[六] 彤弓虎賁，文公受之，以有南陽之田，[七] 撫征東夏，非分而何？夫有勳而不廢，[八] 有績而載，[九] 奉之以土田，[一〇] 撫之以彝器，[一一] 旌之以車服，[一二] 明之以文章，[一三] 子孫不忘，所謂福也。福祚之不登叔父，焉在？[一四] 且昔而高祖孫伯黶，司晉之典籍，以爲大政，故曰籍氏。[一五] 及辛有之二子董之晉，於是乎有董史。[一六] 女，司典之後也，何故忘之？"籍談不能對。賓出，王曰："籍父其無後乎！數典而忘其祖。"[一七]

[一] 叔，籍談也[一]。

[二] 密須，姞姓國也，在安定陰密縣。文王伐之，得其鼓路以蒐。

[三] 闕鞏國所出鎧。

[四] 參虚，實沈之次，晉之分野。

[五] 周襄王所賜晉文公大路、戎路。

[六] 鍼，斧也。鉞，金鉞。秬，黑黍。鬯，香酒。

〔一〕 籍談也 "也"，興國軍本作"字"。

［七］事在僖二十八年。

［八］加重賞。

［九］書功於策。

［一〇］有南陽。

［一一］弓鉞之屬。

［一二］襄之二路。

［一三］旌旗。

［一四］言福祚不在叔父，當在誰邪。

［一五］孫伯黶，晉正卿，籍談九世祖。

［一六］辛有，周人也。其二子適晉爲大史，籍黶與之共董督晉典，因爲董氏。董狐其後。

［一七］忘祖業。

籍談歸，以告叔向。叔向曰："王其不終乎！吾聞之，所樂必卒焉。今王樂憂，若卒以憂，不可謂終。王一歲而有三年之喪二焉。[一] 於是乎以喪賓宴，又求彝器，樂憂甚矣，且非禮也。彝器之來，嘉功之由，非由喪也。三年之喪，雖貴遂服，禮也。[二] 王雖弗遂，宴樂以早，亦非禮也。[三] 禮，王之大經也。一動而失二禮，無大經矣。[四] 言以考典，[五] 典以志經，忘經而多言舉典，將焉用之？"[六]

［一］天子絶期，唯服三年，故后雖期，通謂之三年喪。

［二］天子、諸侯除喪，當在卒哭。今王既葬而除，故譏其不遂。

［三］言今雖不能遂服，猶當静嘿，而便宴樂，又失禮也。

［四］失二禮，謂既不遂服，又設宴樂。

［五］考，成也。

［六］爲二十二年王室亂《傳》。

昭公十六年

〔左氏附〕

(昭傳 · 十六 · 一)

十六年春王正月，公在晉，晉人止公，不書，諱之也。[一]

[一] 猶以取郠故也。公爲晉人所執止，故諱不書。

〔昭經 · 十六 · 一〕

十有六年春，齊侯伐徐。

(昭傳 · 十六 · 二)

齊侯伐徐。

〔昭經 · 十六 · 二〕

楚子誘戎蠻子殺之。

(昭傳 · 十六 · 三)

楚子聞蠻氏之亂也，與蠻子之無質也，[一] 使然丹誘戎蠻子嘉殺之，遂取蠻氏。既而復立其子焉，禮也。[二]

[一] 質，信也。

[二] 詐之，非也。立其子，禮也。河南新城縣東南有蠻城。

〔左氏附〕

(昭傳 · 十六 · 四)

二月丙申，齊師至于蒲隧。[一] 徐人行成。徐子及郯人、莒人會齊侯盟于蒲隧，賂以甲父之鼎。[二] 叔孫昭子曰：“諸侯之無伯，害哉！[三] 齊君之無道也，興師而伐，遠方會之，有成而還，莫之亢也。[四] 無伯也夫！《詩》曰：‘宗周既滅，靡所止戾。正大夫離居，莫知我肄。’[五] 其是之謂乎？”[六]

[一] 蒲隧，徐地，下邳取慮縣東有蒲如陂。

[二] 甲父，古國名，高平昌邑縣東南有甲父亭。徐人得甲父鼎以賂齊。

[三] 爲小國害。

[四] 無亢禦。

[五]《詩·小雅》。戾，定也。肄，勞也。言周舊爲天下宗，今乃衰滅，亂無息定，執政大夫離居異心，無有念民勞者。

[六]《傳》言晉之衰。

〔左氏附〕

(昭傳·十六·五)

三月，晉韓起聘于鄭，鄭伯享之。子産戒之曰：“苟有位於朝，無有不共恪。”孔張後至，立於客間。[一] 執政禦之，[二] 適客後。又禦之，適縣間。[三] 客從而笑之。事畢，富子諫[四] 曰：“夫大國之人不可不慎也，幾爲之笑而不陵我？[五] 我皆有禮，夫猶鄙我。[六] 國而無禮，何以求榮？孔張失位，吾子之耻也。”子産怒曰：“發命之不衷，[七] 出令之不信，刑之頗類，[八] 獄之放紛，[九] 會朝之不敬，[一〇] 使命之不聽，[一一] 取陵於大國，罷民而無功，罪及而弗知，僑之耻也。孔張，君之昆孫，子孔之後也，[一二] 執政之嗣也。[一三]爲嗣大夫，承命以使，周於諸侯，國人所尊，諸侯所知，立於朝而祀於家，[一四]有禄於國，[一五]有賦於軍，[一六]喪祭有職，[一七]受脤歸脤，[一八]其祭在廟，已有著位，在位數世，世守其業而忘其所，僑焉得耻之？[一九]辟邪之人，而皆及執政，是先王無刑罰也。[二〇]子寧以他規我？”[二一]

［一］孔張，子孔之孫。

［二］執政，掌位列者。禦，止也。

［三］縣，樂肆。

［四］富子，鄭大夫，諫子産也。

［五］言數見笑則心陵侮我。

［六］鄙，賤也。

［七］衷，當也。

［八］緣事類以成偏頗。

［九］放，縱也。紛，亂也。

［一〇］謂國無禮敬之心。

［一一］下不從上命。

［一二］昆，兄也。子孔，鄭襄公兄，孔張之祖父。

［一三］子孔嘗執鄭國之政。

［一四］卿得自立廟於家。

［一五］受禄邑。

［一六］軍出卿賦百乘。

［一七］有所主。

［一八］受脤，謂君祭以肉賜大夫。歸脤，謂大夫祭，歸肉於公，皆社之戎祭也。

［一九］其祭在廟，謂助君祭。

［二〇］言爲過謬者自應用刑罰。

［二一］規，正也。

宣子有環，其一在鄭商。[一]宣子謁諸鄭伯，[二]子產弗與，曰："非官府之守器也，寡君不知。"子大叔、子羽謂子產曰："韓子亦無幾求，[三]晉國亦未可以貳。晉國、韓子，不可偷也。[四]若屬有讒人交鬭其間，鬼神而助之以興其凶怒，悔之何及？吾子何愛於一環，其以取憎於大國也，盍求而與之？"子產曰："吾非偷晉而有二心，將終事之，是以弗與，忠信故也。僑聞君子非無賄之難，立而無令名之患。僑聞爲國非不能事大字小之難，無禮以定其位之患。夫大國之人，令於小國而皆獲其求，將何以給之？一共一否，爲罪滋大。[五]大國之求，無禮以斥之，何饜之有？吾且爲鄙邑，則失位矣。[六]若韓子奉命以使而求玉焉，貪淫甚矣，獨非罪乎？出一玉以起二罪，吾又失位，韓子成貪，將焉用之？且吾以玉賈罪，不亦鋭乎？"[七]

［一］玉環，同工共朴，自共爲雙。

［二］謁，請也。

［三］言所求少。

［四］偷，薄也。

［五］滋，益也。

［六］不復成國。

［七］鋭，細小也。

韓子買諸賈人，既成賈矣，商人曰："必告君大夫。"韓子請諸子產曰："日起請夫環，執政弗義，弗敢復也。[一]今買諸商人，商人曰：'必以聞。'敢以爲請。"子產對曰："昔我先君桓公，與商人皆出自周。[二]庸次比耦，[三]以艾殺此地，斬之蓬蒿藜藋而共處之。世有盟誓，以相信也，曰：'爾無我叛，我無强賈，[四]毋或匄奪。爾有利市寶賄，我勿與知。'恃此質誓，故能相保，以至于今。今吾子以好來辱，而謂敝邑强奪商人，是教敝邑背盟誓也，毋乃不可乎？吾子得玉而失諸侯，必不爲也。若大國令，而共無藝，[五]鄭，鄙邑也，亦弗爲也。[六]僑若獻玉，不知所成，敢私布之！"[七]韓子辭玉，曰："起不敏，敢求玉以徼二罪？敢辭之。"[八]

[一]復，重求也。

[二]鄭本在周畿内，桓公東遷并與商人俱。

[三]庸，用也。用次更相從耦耕。

[四]無强市其物。

[五]藝，法也。

[六]不欲爲鄙邑之事。

[七]布，陳也。

[八]《傳》言子產知禮，宣子能改過。

夏四月，鄭六卿餞宣子於郊。[一]宣子曰："二三君子請皆賦，起亦以知鄭志。"[二]子齹賦《野有蔓草》。[三]宣子曰："孺子善哉！吾有望矣。"[四]子產賦鄭之《羔裘》。[五]宣子曰："起不堪也。"[六]子大叔賦《褰裳》。[七]宣子曰："起在此，敢勤子至於他人乎？”[八]子大叔拜。[九]宣子曰：“善哉！子之言是。[一〇]不有是事，其能終乎？”[一一]子游賦《風雨》，[一二]子旗賦《有女同車》，[一三]子柳賦《蘀兮》。[一四]宣子喜曰：“鄭其庶乎！[一五]二三君子以君命貺起，賦不出鄭志，[一六]皆昵燕好也。[一七]二三君子，數世之主也，可以無懼矣。”宣子皆獻馬焉，而賦《我將》。[一八]子產拜，使五卿皆拜，曰：“吾子靖亂，敢不拜德。”宣子私覲於子產，以玉與馬，曰：“子命起舍夫玉，是賜我玉而免吾死也。敢不藉手以拜？”[一九]

[一]餞，送行飲酒。

[二]詩言志也。

[三]子齹，子皮之子嬰齊也。《野有蔓草》，《詩·鄭風》。取其“邂逅相遇，適我願兮[一]”。

[四]君子相願，己所望也。

[五]言鄭，别於唐《羔裘》也。取其“彼己之子，舍命不渝”，邦之彦兮”，以美韓子。

[六]不堪國之司直。

[七]《褰裳》詩曰：“子惠思我，褰裳涉溱。子不我思，豈無他人？”言宣子思己，將有《褰裳》之志；如不我思，亦豈無他人。

[八]言己今崇好在此，不復令子適他人。

[九]謝宣子之有鄭。

[一〇]是，《褰裳》。

[一一]韓起不欲令鄭求他人，子大叔拜以答之，所以晉、鄭終善。

〔一〕適我願兮　“適”，原作“道”，據通行本改。

［一二］子游，駟帶之子駟偃也。《風雨》詩取其“既見君子，云胡不夷”。

［一三］子旗，公孫段之子豐施也。《有女同車》取其“洵美且都”，愛樂宣子之志。

［一四］子柳，印段之子印癸也。《蘀兮》詩取其“倡予和女”，言宣子倡，己將和從之。

［一五］庶幾於興盛。

［一六］六詩皆《鄭風》，故曰“不出鄭志”。

［一七］昵，親也。賦不出其國，以示親好。

［一八］《我將》，《詩・頌》。取其“日靖四方”，“我其夙夜，畏天之威”，言志在靖亂，畏懼天威。

［一九］以玉、馬藉手，拜謝子產。

〔昭經・十六・三〕

夏，公至自晉。

（昭傳・十六・六）

公至自晉，[一] 子服昭伯語季平子，[二] 曰：“晉之公室，其將遂卑矣。君幼弱，六卿彊而奢傲，將因是以習，習實爲常，能無卑乎？”平子曰：“爾幼，惡識國？”[三]

［一］晉人聽公得歸。

［二］昭伯，惠伯之子子服回也。隨公從晉還。

［三］昭伯尚少，平子不信其言。

〔昭經・十六・四〕

秋八月己亥，晉侯夷卒。[一]

［一］未同盟。

(昭傳 · 十六 · 七)

秋八月，晉昭公卒。[一]

［一］爲下平子如晉葬起。

〔昭經 · 十六 · 五〕

九月，大雩。

(昭傳 · 十六 · 八)

九月，大雩，旱也。

〔左氏附〕

(昭傳 · 十六 · 九)

鄭大旱，使屠擊、祝款、豎柎有事於桑山〔一〕。[一] 斬其木，不雨。子産曰："有事於山，蓺山林也，[二] 而斬其木，其罪大矣。"奪之官邑。

［一］三子，鄭大夫。有事，祭也。

［二］蓺，養護，令繁殖。

〔昭經 · 十六 · 六〕

季孫意如如晉。

〔一〕 豎柎有事於桑山　"豎"，原作"竪"，據石經、興國軍本改。阮校曰："石經、宋本、宋殘本、岳本'竪'作'豎'。《釋文》亦作'豎'。是也。"又，方炫琛曰："《會箋》本亦作'豎'，則'竪'當作'豎'。楊注引章太炎先生《春秋左傳讀》卷九云：'《荀子 · 宥坐》云"子産誅鄧析、史付"，史付疑即豎柎。'"

〔昭經 · 十六 · 七〕

冬十月，葬晉昭公。[一]

［一］三月而葬，速。

(昭傳 · 十六 · 十)

冬十月，季平子如晉，葬昭公。平子曰："子服回之言猶信。[一] 子服氏有子哉！"[二]

［一］自往見之，乃信回言。

［二］有賢子也。

昭公十七年

〔昭經·十七·一〕

十有七年春，小邾子來朝。

（昭傳·十七·一）

十七年春，小邾穆公來朝，公與之燕。季平子賦《采叔》，[一] 穆公賦《菁菁者莪》。[二] 昭子曰："不有以國，其能久乎？"[三]

［一］《采叔》，《詩·小雅》。取其"君子來朝，何錫與之"，以穆公喻君子。

［二］《菁菁者莪》，亦《詩·小雅》。取其"既見君子，樂且有儀"，以答《采叔》。

［三］嘉其能答賦，言其賢，故能久有國。

〔昭經·十七·二〕

夏六月甲戌朔，日有食之。

（昭傳·十七·二）

夏六月甲戌朔，日有食之。祝史請所用幣。[一] 昭子曰："日有食之，天子不舉，[二] 伐鼓於社；[三] 諸侯用幣於社，[四] 伐鼓於朝。[五] 禮也。"平子禦之，[六] 曰："止也。唯正月朔，慝未作，日有食之，於是乎有伐鼓、用幣，禮也。其餘則否。"大史曰："在此月也。[七] 日過分而未至，[八] 三辰有災。[九] 於是乎百官降物，[一〇] 君不舉，辟移時，[一一] 樂奏鼓，[一二] 祝用幣，[一三] 史用辭。[一四] 故《夏書》曰：'辰不集于房，[一五]瞽奏鼓，[一六]嗇夫馳，庶人走。’[一七]此月朔之謂也。當夏四月，是謂孟夏。”[一八]平子弗從。昭子退曰：“夫子將有異志，不君君矣。”[一九]

［一］禮，正陽之月日食，當用幣於社，故請之。

［二］不舉盛饌。

［三］責群陰。

［四］請上公。

［五］退自責。

［六］禦，禁也。

［七］正月謂建巳正陽之月也。於周爲六月，於夏爲四月。慝，陰氣也。四月純陽用事，陰氣未動而侵陽，災重，故有伐鼓用幣之禮也。平子以爲六月非正月，故大史答言“在此月也”。

［八］過春分而未夏至。

［九］三辰，日、月、星也。日月相侵，又犯是宿，故三辰皆爲災。

［一〇］降物，素服。

［一一］辟正寢，過日食時。

［一二］伐鼓。

［一三］用幣於社。

［一四］用辭以自責。

［一五］逸《書》也。集，安也。房，舍也。日月不安其舍則食。

［一六］瞽，樂師。

［一七］車馬曰馳，步曰走，爲救日食備也。

［一八］言此六月當夏家之四月。

［一九］安君之災，故曰“有異志”。

〔昭經·十七·三〕

秋，郯子來朝。

（昭傳·十七·三）

秋，郯子來朝，公與之宴。昭子問焉，曰："少皞氏鳥名官，何故也？"[一] 郯子曰："吾祖也，我知之。昔者，黄帝氏以雲紀，故爲雲師而雲名。[二] 炎帝氏以火紀，故爲火師而火名。[三] 共公氏以水紀，故爲水師而水名。[四] 大皞氏以龍紀，故爲龍師而龍名。[五] 我高祖少皞摯之立也〔一〕，鳳鳥適至，故紀於鳥，爲鳥師而鳥名。鳳鳥氏，歷正也。[六] 玄鳥氏，司分者也。[七] 伯趙氏，司至者也。[八] 青鳥氏，司啓者也。[九] 丹鳥氏，司閉者也。[一〇] 祝鳩氏，司徒也。[一一] 鴡鳩氏，司馬也。[一二] 鳲鳩氏，司空也。[一三] 爽鳩氏，司寇也。[一四] 鶻鳩氏，司事也。[一五] 五鳩，鳩民者也。[一六] 五雉爲五工正，[一七] 利器用，正度量，夷民者也。[一八] 九扈爲九農正，[一九] 扈民無淫者也。[二〇] 自顓頊以來，不能紀遠，乃紀於近，爲民師而命以民事，則不能故也。"[二一] 仲尼聞之，見於郯子而學之。[二二] 既而告人曰："吾聞之，'天子失官，學在四夷'，猶信。"[二三]

［一］少皞，金天氏，黄帝之子，己姓之祖也。問何故以鳥名官。

［二］黄帝，軒轅氏，姬姓之祖也。黄帝受命有雲瑞，故以雲紀事。百官師長皆以雲爲名號。縉雲氏蓋其一官也。

［三］炎帝，神農氏，姜姓之祖也。亦有火瑞，以火紀事名百官。

［四］共工，以諸侯霸有九州者，在神農前、大皞後。亦受水瑞，以水名官。

〔一〕我高祖少皞摯之立也　"摯"，石經同。興國軍本、阮刻本作"摰"。

［五］大皞，伏犧氏，風姓之祖也。有龍瑞，故以龍命官〔一〕。

［六］鳳鳥知天時，故以名歷正之官。

［七］玄鳥，燕也。以春分來，秋分去。

［八］伯趙，伯勞也。以夏至鳴，冬至止。

［九］青鳥，鶬鴳也〔二〕。以立春鳴，立夏止。

［一〇］丹鳥，鷩雉也。以立秋來，立冬去，入大水爲蜃。上四鳥皆歷正之屬官。

［一一］祝鳩，鷦鳩也。鷦鳩孝，故爲司徒，主教民。

［一二］鴡鳩，王鴡也。鷙而有別，故爲司馬，主法制。

［一三］鳲鳩，鴶鵴也。鳲鳩平均，故爲司空，平水土。

［一四］爽鳩，鷹也。鷙，故爲司寇，主盜賊。

［一五］鶻鳩，鶻鵰也。春來冬去，故爲司事。

［一六］鳩，聚也。治民上聚，故以鳩爲名。

［一七］五雉，雉有五種：西方曰鷷雉，東方曰鶅雉，南方曰翟雉，北方曰鵗雉，伊、洛之南曰翬雉。

［一八］夷，平也。

［一九］扈有九種也。春扈鳻鶞，夏扈竊玄，秋扈竊藍，冬扈竊黃，棘扈竊丹，行扈唶唶，宵扈嘖嘖，桑扈竊脂，老扈鷃鷃。以九扈爲九農之號，各隨其宜，以教民事。

［二〇］扈，止也。止民使不淫放。

［二一］顓頊氏，代少皞者，德不能致遠瑞，而以民事命官。

［二二］於是仲尼年二十八。

［二三］失官，官不脩其職也。《傳》言聖人無常師。

〔一〕 故以龍命官 “命”，阮刻本作“爲”。

〔二〕 鶬鴳也 “鴳”，阮刻本作“鷃”。

〔昭經·十七·四〕

八月，晉荀吳帥師滅陸渾之戎。

(昭傳·十七·四)

晉侯使屠蒯如周，請有事於雒與三塗。[一]萇弘謂劉子曰：“客容猛，非祭也。其伐戎乎？陸渾氏甚睦於楚，必是故也。君其備之。”乃警戎備〔一〕。[二]九月丁卯，晉荀吳帥師涉自棘津，[三]使祭史先用牲于雒。陸渾人弗知，師從之。庚午，遂滅陸渾，數之，以其貳於楚也。陸渾子奔楚，其衆奔甘鹿，[四]周大獲。[五]宣子夢文公攜荀吳而授之陸渾，故使穆子帥師獻俘于文宮。[六]

[一] 屠蒯，晉侯之膳宰也，以忠諫見進。雒，雒水也。三塗，山名，在陸渾南。

[二] 警戒以備戎也，欲因晉以合勢。

[三] 河津名。

[四] 甘鹿，周地。

[五] 先警戎備，故獲。

[六] 欲以應夢。

〔昭經·十七·五〕

冬，有星孛于大辰。[一]

[一] 大辰，房心尾也。妖變非常，故書。

(昭傳·十七·五)

冬，有星孛于大辰，西及漢。[一]申須曰：“彗，所以除

〔一〕 乃警戎備 “戎”，阮刻本作“戒”。

舊布新也。[二]天事恒象。[三]今除於火，火出必布焉，諸侯其有火災乎？”[四]梓慎曰：“往年吾見之，是其徵也。[五]火出而見。[六]今兹火出而章，必火入而伏。[七]其居火也久矣。[八]其與不然乎？[九]火出，於夏爲三月，[一〇]於商爲四月，於周爲五月。夏數得天，[一一]若火作，其四國當之，在宋、衛、陳、鄭乎？宋，大辰之虚也；[一二]陳，大皞之虚也；[一三]鄭，祝融之虚也；[一四]皆火房也。[一五]星孛及漢，漢，水祥也。[一六]衛，顓頊之虚也，故爲帝丘。[一七]其星爲大水，[一八]水，火之牡也。[一九]其以丙子若壬午作乎？水火所以合也。[二〇]若火入而伏，必以壬午，[二一]不過其見之月。”[二二]鄭裨竈言於子産曰：“宋、衛、陳、鄭將同日火，若我用瓘斝玉瓚，鄭必不火。”[二三]子産弗與。[二四]

[一] 夏之八月，辰星見在天漢西。今孛星出辰西，光芒東及天漢。

[二] 申須，魯大夫。

[三] 天道恒以象類告示人。

[四] 今火向伏，故知當須火出，乃布散爲災。

[五] 徵，始有形象而微也。

[六] 前年火出時。

[七] 隨火没也。

[八] 歷二年〔一〕。

[九] 言必然也。

[一〇] 謂昏見。

[一一] 得天正。

〔一〕 歷二年　“二”，原作“三”，據興國軍本及文義改。

［一二］大辰，大火，宋分野。

［一三］大皞，居陳，木火所自出。

［一四］祝融，高辛氏之火正，居鄭。

［一五］房，舍也。

［一六］天漢，水也。

［一七］衛，今濮陽縣，昔帝顓頊居之，其城内有顓頊冢。

［一八］衛星營室，營室，水也。

［一九］牡，雄也。

［二〇］丙午，火。壬子，水。水火合而相薄，水少而火多，故水不勝火。

［二一］尚未知今孛星當復隨火星俱伏不，故言"若"。

［二二］火見，周之五月。

［二三］瓘，珪也。斝，玉爵也。瓚，勺也。欲以禳火。

［二四］以爲天災流行，非禳所息故也。爲明年宋、衛、陳、鄭災《傳》。

〔昭經·十七·六〕

楚人及吳戰于長岸。[一]

［一］吳、楚兩敗，莫肯告負，故但書"戰"而不書敗也。長岸，楚地。

(昭傳·十七·六)

吳伐楚，陽匄爲令尹。卜戰，不吉。[一] 司馬子魚曰："我得上流，何故不吉？[二] 且楚故，司馬令龜，我請改卜。"令曰："魴也以其屬死之，楚師繼之，尚大克之。"吉。[三] 戰于長岸，子魚先死，楚師繼之，大敗吳師，獲其乘舟餘皇。[四] 使隨人與後至者守之，環而塹之，及泉，[五] 盈其隧炭，陳以待命。[六] 吳公子光[七] 請於其衆曰：“喪先王之乘舟，豈唯光之罪，衆亦有焉。請藉取之以救死。”[八] 衆許之。使長鬣者三人，[九] 潛伏於舟側，曰：“我呼餘皇，則對。”師夜從之。[一〇] 三呼，皆迭對。[一一] 楚人從而殺之，楚師亂，吳人大敗之，取餘皇以歸。[一二]

［一］陽匄，穆王曾孫，令尹子瑕。

［二］子魚，公子魴也。順江而下，易用勝敵。

［三］得吉兆。

［四］餘皇，舟名。

［五］環，周也。

［六］隧，出入道。

［七］光，諸樊子闔廬。

［八］藉衆之力以取舟。

［九］長鬣，多髭鬚，與吳人異形狀，詐爲楚人。

［一〇］師，吳師也。

［一一］迭，更也。

［一二］《傳》言吳光有謀。

春秋左氏經傳集解昭公五第二十四

春秋左氏經傳集解昭公五第二十四〔一〕

杜　氏

昭公十八年

〔左氏附〕

(昭傳·十八·一)

十八年春王二月乙卯，周毛得殺毛伯過[一]而代之。[二]萇弘曰："毛得必亡，是昆吾稔之日也，侈故之以。[三]而毛得以濟侈於王都，不亡何待？"[四]

［一］毛伯過，周大夫。得，過之族。

［二］代居其位。

［三］昆吾，夏伯也。稔，熟也。侈惡積熟，以乙卯日與桀同誅。

［四］爲二十六年毛伯奔楚《傳》。

〔昭經·十八·一〕

十有八年春王三月，曹伯須卒。[一]

［一］未同盟而赴以名。

(昭傳·十八·二)

三月，曹平公卒。[一]

〔一〕原卷標題"昭"字後闕"公"字，據本書體例補。

[一] 爲下會葬見原伯起本。

〔昭經·十八·二〕

夏五月壬午，宋、衛、陳、鄭災。[一]

[一] 來告，故書。天火曰災。

(昭傳·十八·三)

夏五月，火始昏見。[一] 丙子，風。梓慎曰："是謂融風，火之始也。[二] 七日，其火作乎？"[三] 戊寅，風甚。壬午，大甚，宋、衛、陳、鄭皆火。梓慎登大庭氏之庫以望之，[四] 曰："宋、衛、陳、鄭也。"數日，皆來告火。[五] 裨竈曰："不用吾言，鄭又將火。"[六] 鄭人請用之，[七] 子産不可。子大叔曰："寶，以保民也。若有火，國幾亡。可以救亡，子何愛焉？"子産曰："天道遠，人道邇，非所及也，何以知之？竈焉知天道？是亦多言矣，豈不或信？"[八] 遂不與，亦不復火。[九]

[一] 火，心星。

[二] 東北曰融風。融風，木也。木，火母，故曰"火之始"。

[三] 從丙子至壬午七日。壬午，水火合之日〔一〕，故知當火作。

[四] 大庭氏，古國名，在魯城内。魯於其處作庫。高顯，故登以望氣，參近占以審前年之言。

[五] 言《經》所以書。

[六] 前年裨竈欲用瓘斝禳火，子産不聽，今復請用之。

[七] 信竈言。

〔一〕 壬午水火合之日 "壬午"，原脱，據興國軍本補。

[八] 多言者或時有中。

[九]《傳》言天道難明，雖裨竈猶不足以盡知之。

鄭之未災也，里析告子産曰："將有大祥，[一]民震動，國幾亡，吾身泯焉，弗良及也。[二]國遷其可乎？"子産曰："雖可，吾不足以定遷矣。"[三]及火，里析死矣，未葬，子産使輿三十人遷其柩。[四]火作，子産辭晉公子、公孫于東門。[五]使司寇出新客，[六]禁舊客，勿出於宫。[七]使子寬、子上巡群屏攝，至于大宫。[八]使公孫登徙大龜，[九]使祝史徙主祏於周廟，告於先君。[一〇]使府人、庫人各儆其事。[一一]商成公儆司宫，[一二]出舊宫人，寘諸火所不及。[一三]司馬、司寇列居火道，[一四]行火所焮。[一五]城下之人，伍列登城。[一六]明日，使野司寇各保其徵。[一七]郊人助祝史除於國北，[一八]禳火于玄冥、回祿，[一九]祈于四鄘。[二〇]書焚室而寬其征，與之材。[二一]三日，哭，國不市。[二二]使行人告於諸侯。宋、衛皆如是。陳不救火，許不弔災，君子是以知陳、許之先亡也。[二三]

[一] 里析，鄭大夫。祥，變異之氣。

[二] 言將先災死。

[三] 子産知天災不可逃[一]，非遷所免，故託以知不足。

[四] 以其嘗與己言故。

[五] 晉人新來未入，故辭不使前也。

[六] 新來聘者。

[七] 爲其知國情，不欲令去。

〔一〕 子産知天災不可逃　"知"，阮刻本脱。

［八］二子，鄭大夫。屏攝，祭祀之位。大宮，鄭祖廟。巡行宗廟，不得使火及之。

［九］登，開卜大夫。

［一〇］祏，廟主石函。周廟，厲王廟也。有大災，故合群主於祖廟，易救護。

［一一］儆備火也。

［一二］商成公，鄭大夫。司宫，巷伯寺人之官。

［一三］舊宫人，先公宫女。

［一四］備非常也。

［一五］焮，炙也。

［一六］爲部伍登城，備姦也。

［一七］野司寇，縣士也。火之明日，四方乃聞災，故戒保所徵役之人。

［一八］爲祭處於國北者，就太陰禳火。

［一九］玄冥，水神。回禄，火神。

［二〇］鄘，城也。城積土，陰氣所聚，故祈祭之以禳火之餘災。

［二一］征，賦税也。

［二二］示憂戚，不會市。

［二三］不義所以亡。

〔昭經·十八·三〕

六月，邾人入鄅。［一］

［一］鄅國，今琅邪開陽縣。

（昭傳·十八·四）

六月，鄅人藉稻。［一］邾人襲鄅，鄅人將閉門，邾人羊

羅攝其首焉，[二]遂入之，盡俘以歸。鄅子曰：“余無歸矣，從帑於邾。”邾莊公反鄅夫人而舍其女。[三]

[一] 鄅，妘姓國也。其君自出藉稻，蓋履行之。

[二] 斬得閉門者頭。

[三] 爲明年宋伐邾起。

〔昭經·十八·四〕

秋，葬曹平公。

(昭傳·十八·五)

秋，葬曹平公。往者見周原伯魯焉，[一]與之語，不説學。歸以語閔子馬。閔子馬曰：“周其亂乎！夫必多有是説，而後及其大人。[二]大人患失而惑，又曰：‘可以無學，無學不害。’[三]不害而不學，則苟而可。[四]於是乎下陵上替，能無亂乎？夫學，殖也，不學將落，原氏其亡乎？”[五]

[一] 原伯魯，周大夫。

[二] 國亂俗壞，言者適多，漸以及大人。大人，在位者。

[三] 患有學而失道者，以惑其意。

[四] 以爲無害，遂不學，則皆懷苟且。

[五] 殖，生長也。言學之進德，如農之殖苗，日新日益。

〔左氏附〕

(昭傳·十八·六)

七月，鄭子産爲火故，大爲社，[一]祓禳於四方，振除火災，禮也。[二]乃簡兵大蒐，將爲蒐除。[三]子大叔之廟在道南，其寢在道北，其庭小。[四]過期三日，[五]使除徒陳於道南廟北，曰：“子産過女而命速除，乃毁於而向〔一〕。”[六] 子産朝，[七] 過而怒之，[八] 除者南毁。子産及衝，使從者止之曰：“毁於北方。”[九]

[一] 爲，治也。

[二] 振，棄也。

[三] 治兵於廟，城内地迫，故除廣之。

[四] 庭，蒐場也。

[五] 處小不得一時畢。

[六] 而，女也，毁女所向。

[七] 朝君。

[八] 怒不毁。

[九] 言子産仁，不忍毁人廟。

火之作也，子産授兵登陴。子大叔曰：“晉無乃討乎？”[一] 子産曰：“吾聞之，小國忘守則危，况有災乎？國之不可小，有備故也。”既，晉之邊吏讓鄭曰：“鄭國有災，晉君、大夫不敢寧居，卜筮走望，不愛牲玉。鄭之有災，寡君之憂也。今執事撊然授兵登陴，[二] 將以誰罪？邊人恐懼，不敢不告。”子産對曰：“若吾子之言，敝邑之災，君之憂也。敝邑失政，天降之災。又懼讒慝之間謀之，以啓貪人，荐爲敝邑不利，[三] 以重君之憂。幸而不亡，猶可説也。[四] 不幸而亡，君雖憂之，亦無及也。鄭有他竟，望走在晉，[五] 既事晉矣，其敢有二心？”[六]

〔一〕 乃毁於而向　按：阮校曰：“石經、宋本、宋殘本、小字宋本、淳熙本、纂圖本、足利本‘鄉’作‘向’，注同。《釋文》云：‘本亦作“向”。’案，‘向’俗字，‘鄉’古‘向’字。”

［一］辭晉公子、公孫而授兵，似若叛晉。

［二］撊然，勁忿貌。

［三］荐，重也。

［四］説，解也。

［五］言鄭雖與他國爲竟，每瞻望晉歸赴之。

［六］《傳》言子產有備。

〔昭經 · 十八 · 五〕

冬，許遷于白羽。[一]

［一］自葉遷也。畏鄭而樂遷，故以自遷爲文。

(昭傳 · 十八 · 七)

楚左尹王子勝言於楚子曰："許於鄭，仇敵也，而居楚地，以不禮於鄭。[一]晉、鄭方睦，鄭若伐許而晉助之，楚喪地矣。君盍遷許？許不專於楚。[二]鄭方有令政。許曰：'余，舊國也。'[三]鄭曰：'余，俘邑也。'[四]葉在楚國，方城外之蔽也。[五]土不可易，[六]國不可小。[七]許不可俘，讎不可啓。君其圖之。"楚子説。冬，楚子使王子勝遷許於析，實白羽。[八]

［一］十三年，平王復遷邑，許自夷還居葉，恃楚而不事鄭。

［二］自以舊國，不專心事楚。

［三］許先鄭封。

［四］隱十一年鄭滅許而復存之，故曰"我俘邑"。

［五］爲方城外之蔽障。

［六］易，輕也。

［七］謂鄭。

［八］於《傳》時白羽改爲析。

昭公十九年

〔左氏附〕

(昭傳·十九·一)

十九年春，楚工尹赤遷陰于下陰。[一] 令尹子瑕城郟。叔孫昭子曰：“楚不在諸侯矣。其僅自完也，以持其世而已。”[二]

［一］陰縣，今屬南鄉郡。

［二］遷陰、城郟，皆欲以自完守。

〔左氏附〕

(昭傳·十九·二)

楚子之在蔡也，[一] 郹陽封人之女奔之，生大子建。[二] 及即位，使伍奢爲之師〔一〕。[三] 費無極爲少師，無寵焉，欲譖諸王曰：“建可室矣。”[四] 王爲之聘於秦，無極與逆，勸王取之。正月，楚夫人嬴氏至自秦。[五]

［一］蓋爲大夫時，往聘蔡。

［二］郹陽，蔡邑。

［三］伍奢，伍舉之子，伍員之父。

［四］室，妻也。

［五］王自取之，故稱夫人至。爲下拜夫人起。

〔昭經·十九·一〕

十有九年春，宋公伐邾。[一]

〔一〕 使伍奢爲之師 “師”，原作“帥”，據石經改。

［一］爲鄅。

(昭傳 · 十九 · 三)

鄅夫人，宋向戌之女也，故向寧請師。[一] 二月，宋公伐邾，圍蟲。三月，取之。[二] 乃盡歸鄅俘。

［一］寧，向戌子也。請於宋公伐邾。

［二］蟲，邾邑。不書圍、取，不以告。

〔昭經 · 十九 · 二〕

夏五月戊辰，許世子止弑其君買。[一]

［一］加“弑”者，責止不舍藥物。

(昭傳 · 十九 · 四)

夏，許悼公瘧。五月戊辰，飲大子止之藥卒，[一] 大子奔晉。書曰:“弑其君。”君子曰:“盡心力以事君，舍藥物可也。”[二]

［一］止獨進藥，不由醫。

［二］藥物有毒，當由醫，非凡人所知。譏止不舍藥物，所以加弑君之名。

〔左氏附〕

(昭傳 · 十九 · 五)

邾人、郳人、徐人會宋公。乙亥，同盟于蟲。[一]

［一］終宋公伐邾事。

〔左氏附〕

(昭傳 · 十九 · 六)

楚子爲舟師以伐濮。[一] 費無極言於楚子曰:“晉之伯也，邇於諸夏，而楚辟陋，故弗能與爭。若大城城父而寘大子焉，[二]以通北方，王收南方，是得天下也。”王説，從之。故大子建居于城父，令尹子瑕聘于秦，拜夫人也。[三]

［一］濮，南夷也。

［二］城父，今襄城城父縣。

［三］爲明年譖大子張本。故以爲夫人，遣謝秦。

〔昭經 · 十九 · 三〕

己卯，地震。[一]

［一］無《傳》。

〔昭經 · 十九 · 四〕

秋，齊高發帥師伐莒。

(昭傳 · 十九 · 七)

秋，齊高發帥師伐莒。[一]莒子奔紀鄣。[二]使孫書伐之。[三]初，莒有婦人，莒子殺其夫，已爲嫠婦。[四]及老，託於紀鄣，紡焉以度而去之。[五]及師至，則投諸外。[六]或獻諸子占。子占使師夜縋而登。[七]登者六十人，縋絶，師鼓譟，城上之人亦譟。莒共公懼，啓西門而出。七月丙子，齊師入紀。[八]

［一］莒不事齊故。

［二］紀鄣，莒邑也。東海贛榆縣東北有紀城。

［三］孫書，陳無宇之子子占也。

［四］寡婦爲嫠。

［五］因紡纑，連所紡以度城而藏之，以待外攻者，欲報讎。

［六］投繩城外，隨之而出。

［七］緣繩登城。

［八］《傳》言怨不在大。

〔昭經·十九·五〕

冬，葬許悼公。[一]

［一］無《傳》。

〔左氏附〕

(昭傳·十九·八)

是歲也，鄭駟偃卒，子游娶於晉大夫，生絲，弱。[一]其父兄立子瑕。[二]子產憎其爲人也，[三]且以爲不順，[四]弗許，亦弗止。[五]駟氏聳。[六]他日，絲以告其舅。冬，晉人使以幣如鄭，問駟乞之立故。駟氏懼，駟乞欲逃。子產弗遣，請龜以卜，亦弗予。大夫謀對。子產不待而對客曰："鄭國不天，[七]寡君之二三臣，札瘥夭昏，[八]今又喪我先大夫偃，其子幼弱，其一二父兄懼隊宗主，私族於謀而立長親。[九]寡君與其二三老曰：'抑天實剝亂是，吾何知焉？'[一〇]諺曰：'無過亂門。'民有兵亂，猶憚過之，而況敢知天之所亂？今大夫將問其故，抑寡君實不敢知，其誰實知之？平丘之會，[一一]君尋舊盟曰：'無或失職。'若寡君之二三臣，其即世者，晉大夫而專制其位，是晉之縣鄙也，何國之爲？"辭客幣而報其使，晉人舍之。[一二]

［一］子游，駟偃也。弱，幼少。

［二］子瑕，子游叔父駟乞。

［三］憎子瑕。

［四］舍子立叔，不順禮也。

［五］許之爲違禮，止之爲違衆，故中立。

［六］聳，懼也。

［七］不獲天福。

［八］大死曰札，小疫曰瘥，短折曰夭，未名曰昏。

［九］於私族之謀，宜立親之長者。

［一〇］言天自欲亂駟氏，非國所知。

［一一］在十三年。

［一二］遣人報晉使。

〔左氏附〕

（昭傳·十九·九）

楚人城州來。沈尹戌曰："楚人必敗。[一]昔吳滅州來，[二]子旗請伐之。王曰：'吾未撫吾民。'今亦如之，而城州來以挑吳，能無敗乎？"侍者曰："王施舍不倦，息民五年，可謂撫之矣。"戌曰："吾聞撫民者，節用於内而樹德於外，民樂其性而無寇讎。今宮室無量，民人日駭，勞罷死轉，[三]忘寢與食，非撫之也。"[四]

［一］十三年，吳縣州來，今就城而取之。戌，莊王曾孫葉公諸梁父也。

［二］在十三年。

［三］轉，遷徙也。

［四］《傳》言平王所以不能霸。

〔左氏附〕

(昭傳·十九·十)

鄭大水，龍鬬于時門之外洧淵。[一] 國人請爲禜焉。子產弗許，曰："我鬬，龍不我覿也。[二] 龍鬬，我獨何覿焉？禳之，則彼其室也。[三] 吾無求於龍，龍亦無求於我。"乃止也。[四]

[一] 時門，鄭城門也。洧水出滎陽密縣，東南至潁川長平入潁。

[二] 覿，見也。

[三] 淵龍之室。

[四]《傳》言子產之知。

〔左氏附〕

(昭傳·十九·十一)

令尹子瑕言蹶由於楚子，[一] 曰："彼何罪？諺所謂'室於怒，市於色'者，楚之謂矣。[二] 舍前之忿可也。"乃歸蹶由。[三]

[一] 蹶由，吴王弟，五年靈王執以歸。

[二] 言靈王怒吴子而執其弟，猶人忿於室家而作色於市人。

[三] 言楚子能用善言。

昭公二十年

〔昭經·二十·一〕

二十年春王正月。

〔左氏附〕

(昭傳·二十·一)

二十年春王二月己丑，日南至。[一] 梓慎望氛，[二] 曰："今兹宋有亂，國幾亡，三年而後弭。蔡有大喪。"[三] 叔孫昭子曰："然則戴、桓也，[四] 汏侈無禮已甚，亂所在也。"[五]

[一] 是歲，朔旦冬至之歲也。當言"正月己丑朔，日南至"。時史失閏，閏更在二月後，故《經》因史而書"正月"。《傳》更具於二月，記南至日，以正歷也。

[二] 氛，氣也。時魯侯不行登臺之禮，使梓慎望氛。

[三] 爲宋華、向出奔，蔡侯卒《傳》。

[四] 戴族，華氏。桓族，向氏。

[五]《傳》言妖由人興。

〔左氏附〕

(昭傳·二十·二)

費無極言於楚子曰："建與伍奢將以方城之外叛，自以爲猶宋、鄭也，齊、晉又交輔之，將以害楚。其事集矣。"王信之。問伍奢。伍奢對曰："君一過多矣，[一] 何信於讒？"王執伍奢。[二] 使城父司馬奮揚殺大子，未至，而使遣之。[三]

三月，大子建奔宋，王召奮揚。奮揚使城父人執己以至。王曰：“言出於余口，入於爾耳，誰告建也？”對曰：“臣告之。君王命臣曰：‘事建如事余。’臣不佞，[四]不能苟貳。奉初以還，[五]不忍後命，故遣之。既而悔之，亦無及已。”王曰：“而敢來，何也？”對曰：“使而失命，召而不來，是再奸也。[六]逃無所入。”王曰：“歸，從政如他日。”[七]

[一]一過，納建妻。

[二]忿奢切言。

[三]知大子寃，故遣令去。

[四]佞，才也。

[五]奉初命以周旋。

[六]奸，犯也。

[七]善其言，舍使還。

無極曰：“奢之子材，若在吳，必憂楚國，盍以免其父召之。彼仁，必來。不然，將爲患。”王使召之，曰：“來，吾免而父。”棠君尚謂其弟員[一]曰：“爾適吳，我將歸死。吾知不逮，[二]我能死，爾能報。聞免父之命，不可以莫之奔也。親戚爲戮，不可以莫之報也。奔死、免父，孝也。度功而行，仁也。[三]擇任而往，知也。[四]知死不辟，勇也。[五]父不可棄，[六]名不可廢，[七]爾其勉之，相從爲愈。”[八]伍尚歸，奢聞員不來，曰：“楚君大夫其旰食乎！”[九]楚人皆殺之。員如吳，言伐楚之利於州于。[一〇]公子光曰：“是宗爲戮，而欲反其讎，不可從也。”[一一]員曰：“彼將有他志。[一二]余姑爲之求士，而鄙以待之。”[一三]

乃見鱄設諸焉，[一四] 而耕於鄙。[一五]

［一］棠君，奢之長子尚也，爲棠邑大夫。員，尚弟子胥。

［二］自以知不及員。

［三］仁者貴成功。

［四］員任報讎。

［五］尚爲勇。

［六］俱去爲棄父。

［七］俱死爲廢名〔一〕。

［八］愈，差也。

［九］將有吳憂，不得早食。

［一〇］州于，吳子僚。

［一一］光，吳公子闔廬也。反，復也。

［一二］光欲弒僚，不利員用事，故破其議，而員亦知之。

［一三］計未得用，故進勇士以求入於光，退居邊鄙。

［一四］鱄諸，勇士。

［一五］爲二十七年吳弒僚《傳》。

〔昭經 · 二十 · 二〕

夏，曹公孫會自鄸出奔宋。[一]

［一］無《傳》。嘗有玉帛之使來告，故書。鄸，曹邑。

〔左氏附〕

(昭傳 · 二十 · 三)

宋元公無信多私，而惡華、向。華定、華亥與向寧謀

〔一〕 俱死爲廢名 "名"後原衍一"讎"字，據興國軍本刪。

曰："亡愈於死，先諸？"[一] 華亥僞有疾，以誘群公子。公子問之，則執之。夏六月丙申，殺公子寅、公子御戎、公子朱、公子固、公孫援、公孫丁，拘向勝、向行於其廩。[二] 公如華氏請焉，弗許，遂劫之。[三] 癸卯，取大子欒與母弟辰、公子地以爲質。[四] 公亦取華亥之子無慼、向寧之子羅、華定之子啓與華氏盟以爲質。[五]

［一］恐元公殺己，欲先作亂。

［二］八子皆公黨。

［三］劫公。

［四］欒，景公也。辰及地，皆元公弟。

［五］爲此冬華、向出奔《傳》。

〔昭經 · 二十 · 三〕

秋，盜殺衛侯之兄縶。[一]

［一］齊豹作而不義，故書曰"盜"，所謂求名而不得。

(昭傳 · 二十 · 四)

衛公孟縶狎齊豹，[一] 奪之司寇與鄄，[二] 有役則反之，無則取之。[三] 公孟惡北宮喜、褚師圃，欲去之。[四] 公子朝通于襄夫人宣姜，[五] 懼而欲以作亂。故齊豹、北宮喜、褚師圃、公子朝作亂。初，齊豹見宗魯於公孟，[六] 爲驂乘焉。[七] 將作亂，而謂之曰："公孟之不善，子所知也。勿與乘，吾將殺之。"對曰："吾由子事公孟，子假吾名焉，故不吾遠也。[八] 雖其不善，吾亦知之，抑以利故，不能去，是吾過也。今聞難而逃，是僭子也。[九] 子行事乎，吾將死之，以周事子。[一〇] 而歸死於公孟，其可也。"

［一］公孟，靈公兄也。齊豹，齊惡之子，爲衛司寇。狎，輕也。

［二］鄄，豹邑。

［三］縶足不良，故有役則以官邑還豹使行。

［四］喜，貞子。

［五］宣姜，靈公嫡母。

［六］薦，達也。

［七］爲公孟驂乘。

［八］言子借我以善名，故公孟親近我。

［九］使子言不信也。

［一〇］周，猶終竟也。

丙辰，衛侯在平壽，[一]公孟有事於蓋獲之門外，[二]齊子氏帷於門外而伏甲焉。[三]使祝鼃寘戈於車薪以當門，[四]使一乘從公孟以出。[五]使華齊御公孟，宗魯驂乘。及閎中，[六]齊氏用戈擊公孟，宗魯以背蔽之，斷肱，以中公孟之肩，皆殺之。公聞亂，乘驅自閱門入，慶比御公，公南楚驂乘。使華寅乘貳車。[七]及公宮，鴻駵魋駟乘于公，[八]公載寶以出。褚師子申遇公于馬路之衢，遂從。[九]過齊氏，使華寅肉袒執蓋，以當其闕。[一〇]齊氏射公，中南楚之背。公遂出。寅閉郭門，[一一]踰而從公。[一二]公如死鳥。[一三]析朱鉏宵從竇出，徒行從公。[一四]

［一］平壽，衛下邑。

［二］有事，祭也。蓋獲，衛郭門。

［三］齊豹之家。

［四］要其前也。

［五］亦如前車，寘戈於薪，尋其後。

［六］閎，曲門中。

［七］公副車。

［八］鴻駵魋復就公乘，一車四人。

［九］從公出。

［一〇］肉袒，示不敢與齊氏爭。執蓋，蔽公而去。闕，空也，以蓋當侍從空闕之處。

［一一］不欲令追者出。

［一二］踰郭出。

［一三］死鳥，衛地。

［一四］朱鉏，成子黑背孫。

齊侯使公孫青聘于衛。[一] 既出，聞衛亂，使請所聘。公曰："猶在竟内，則衛君也。"乃將事焉。[二] 遂從諸死鳥，請將事。辭曰："亡人不佞，失守社稷，越在草莽，吾子無所辱君命。"賓曰："寡君命下臣於朝曰：'阿下執事。'[三] 臣不敢貳。"[四] 主人曰："君若惠顧先君之好，昭臨敝邑，鎮撫其社稷，則有宗祧在。"[五] 乃止。[六] 衛侯固請見之，[七] 不獲命，以其良馬見，[八] 爲未致使故也。[九] 衛侯以爲乘馬。[一〇] 賓將掫，[一一] 主人辭曰："亡人之憂，不可以及吾子。草莽之中，不足以辱從者。敢辭。"賓曰："寡君之下臣，君之牧圉也。若不獲扞外役，是不有寡君也。[一二] 臣懼不免於戾，請以除死。"親執鐸，終夕與於燎。[一三]

［一］青，頃公之孫。

［二］將事，行聘事。

[三] 阿，比也。命己使比衛臣下。

[四] 貳，違命也。

[五] 言受聘當在宗廟也。

[六] 止，不行聘事。

[七] 欲與青相見[一]。

[八] 以爲相見之禮。

[九] 未致使，故不敢以客禮見。

[一〇] 喜其敬己，故貴其物。

[一一] 掫，行夜。

[一二] 有，相親有。

[一三] 設火燎以備守。

齊氏之宰渠子召北宮子。[一] 北宮氏之宰不與聞謀，殺渠子，遂伐齊氏，滅之。丁巳晦，公入，與北宮喜盟于彭水之上。[二] 秋七月戊午朔，遂盟國人。八月辛亥，公子朝、褚師圃、子玉霄、子高魴出奔晉。[三] 閏月戊辰，殺宣姜。[四] 衛侯賜北宮喜謚曰“貞子”，[五] 賜析朱鉏謚曰“成子”，[六] 而以齊氏之墓予之。[七] 衛侯告寧于齊，且言子石。[八] 齊侯將飲酒，徧賜大夫曰：“二三子之教也。”[九] 苑何忌辭曰：“與於青之賞，必及于其罰。[一〇] 在《康誥》曰：‘父子兄弟，罪不相及。’[一一] 況在群臣。臣敢貪君賜，以干先王？”[一二] 琴張聞宗魯死，[一三] 將往弔之。仲尼曰：“齊豹之盜而孟縶之賊，女何弔焉？[一四] 君子不食姦，[一五] 不受亂，[一六] 不爲利疚於回，[一七] 不以回待人，[一八] 不蓋不

[一] 欲與青相見 “與”，阮刻本作“以”。

義，[一九]不犯非禮。”[二〇]

［一］北宫喜也。

［二］喜本與齊氏同謀，故公先與喜盟。

［三］皆齊氏黨。

［四］與公子朝通謀故。

［五］滅齊氏故。

［六］胥從公故。

［七］皆死而賜謚及墓田，《傳》終而言之。

［八］子石，公孫青。言其有禮。

［九］喜青敬衛侯[一]。

［一〇］何忌，齊大夫。言青若有罪，亦當并受其罰。

［一一］《尚書·康誥》。

［一二］言受賜則犯《康誥》之義。

［一三］琴張，孔子弟子，字子開，名牢。

［一四］言齊豹所以爲盜，孟縶所以見賊，皆由宗魯。

［一五］如公孟不善而受其禄，是食姦也。

［一六］許豹行事，是受亂也。

［一七］疚，病。回，邪也。以利故不能去，是病身於邪。

［一八］知難不告，是以邪待人。

［一九］以周事豹，是蓋不義。

［二〇］以二心事縶，是非禮。

〔昭經·二十·四〕

冬十月，宋華亥、向寧、華定出奔陳。[一]

〔一〕 喜青敬衛侯　“喜”，原作“言”，據興國軍本改。

[一] 與君爭而出，皆書名，惡之。

(昭傳·二十·五)

宋華、向之亂，公子城、[一] 公孫忌、樂舍、[二] 司馬彊、向宜、向鄭、[三] 楚建、[四] 郳甲[一][五] 出奔鄭。[六] 其徒與華氏戰于鬼閻。[七] 敗子城，子城適晉。[八] 華亥與其妻必盥而食所質公子者而後食。公與夫人每日必適華氏，食公子而後歸。華亥患之，欲歸公子。向寧曰："唯不信，故質其子。若又歸之，死無日矣。"公請於華費遂，將攻華氏。[九] 對曰："臣不敢愛死，無乃求去憂而滋長乎？[一〇] 臣是以懼，敢不聽命。"公曰："子死亡有命，余不忍其詢。"[一一] 冬十月，公殺華、向之質而攻之。戊辰，華、向奔陳，華登奔吳。[一二] 向寧欲殺大子。華亥曰："干君而出，又殺其子，其誰納我？且歸之有庸。"[一三] 使少司寇牼以歸，[一四] 曰："子之齒長矣，不能事人，以三公子爲質，必免。"[一五] 公子既入，華牼將自門行。[一六] 公遽見之，執其手曰："余知而無罪也，入復而所。"[一七]

[一] 平公子。

[二] 舍，樂喜孫。

[三] 宜、鄭，皆向戌子。

[四] 楚平王之亡大子。

[五] 小邾穆公子。

[六] 八子，宋大夫。皆公黨，辟難出。

[七] 八子之徒衆也。潁川長平縣西北有閻亭。

〔一〕 郳甲 "甲"，原作"申"，據石經改。

［八］子城爲華氏所敗，別走至晉。爲明年子城以晉師至起本[一]。

［九］蕢遂，大司馬，華氏族。

［一〇］恐殺大子，憂益長。

［一一］詢，恥也。

［一二］登，蕢遂之子，黨華、向者。

［一三］可以爲功善。

［一四］以三子歸公也。牼，華亥庶兄。

［一五］質，信也。送公子歸，可以自明不叛之信。

［一六］從公門去。

［一七］而，女也。所，所居宫。

〔昭經·二十·五〕

十有一月辛卯，蔡侯廬卒[二]。[一]

［一］無《傳》。未同盟而赴以名。

〔左氏附〕

(昭傳·二十·六)

齊侯疥，遂痁。[一]期而不瘳，諸侯之賓問疾者多在。[二]梁丘據與裔款[三]言於公曰："吾事鬼神豐，於先君有加矣。今君疾病，爲諸侯憂，是祝史之罪也。諸侯不知，其謂我不敬。君盍誅於祝固、史嚚以辭賓?"[四]公說，告晏子。晏子曰："日宋之盟，[五]屈建問范會之德於趙武，趙

〔一〕爲明年子城以晉師至起本　"以"，原作"爲"，據興國軍本改。

〔二〕蔡侯廬卒　"廬"，原作"盧"，據石經及昭公十三年《經》正。按：阮校曰："《釋文》亦作'盧'，云本又作'廬'。宋本、宋殘本、小字宋本、淳熙本、岳本、足利本作'廬'，與石經合。"

武曰：'夫子之家事治，言於晉國，竭情無私。其祝史祭祀，陳信不愧。其家事無猜，其祝史不祈。'[六]建以語康王。[七]康王曰：'神人無怨，宜夫子之光輔五君，以爲諸侯主也。'"[八]

[一]痁，瘧疾。

[二]多在齊。

[三]二子，齊嬖大夫。

[四]欲殺嚚、固以辭謝來問疾之賓。

[五]日，往日也。宋盟在襄二十七年。

[六]家無猜疑之事，故祝史無求於鬼神。

[七]楚王。

[八]五君，文、襄、靈、成、景。

公曰："據與款謂寡人能事鬼神，故欲誅于祝史。子稱是語，何故？"對曰："若有德之君，外内不廢，[一]上下無怨，動無違事，其祝史薦信，無愧心矣。[二]是以鬼神用饗，國受其福，祝史與焉。[三]其所以蕃祉老壽者，爲信君使也。其言忠信於鬼神。其適遇淫君，外内頗邪，上下怨疾，動作辟違，從欲厭私。[四]高臺深池，撞鐘舞女〔一〕，斬刈民力，輸掠其聚，[五]以成其違，不恤後人。暴虐淫從，肆行非度，無所還忌，[六]不思謗讟，不憚鬼神，神怒民痛，無悛於心。其祝史薦信，是言罪也。[七]其蓋失數美，是矯誣也。[八]進退無辭，則虛以求媚。[九]是以鬼神不饗其國

〔一〕撞鐘舞女　"鐘"，原作"鍾"。據石經、興國軍本改。按：阮校曰："石經、宋本、宋殘本、岳本'鍾'作'鐘'。"

以禍之，祝史與焉。所以夭昏孤疾者，爲暴君使也，其言僭嫚於鬼神。”

［一］無廢事。

［二］君有功德，祝史陳説之無所愧。

［三］與受國福。

［四］使私情厭足。

［五］掠，奪取也。

［六］還，猶顧也。

［七］以實白神，是爲言君之罪。

［八］蓋，掩也。

［九］作虚辭以求媚於神。

公曰：“然則若之何？”對曰：“不可爲也。[一] 山林之木，衡鹿守之。澤之萑蒲，舟鮫守之。藪之薪蒸，虞候守之。海之鹽蜃，祈望守之。[二] 縣鄙之人，入從其政。偪介之關，暴征其私。[三] 承嗣大夫，强易其賄。[四] 布常無藝，[五] 徵斂無度，宫室日更，淫樂不違。[六] 内寵之妾，肆奪於市。[七] 外寵之臣，僭令於鄙。[八] 私欲養求，不給則應。[九] 民人苦病，夫婦皆詛。祝有益也，詛亦有損。聊、攝以東，[一〇] 姑、尤以西，[一一] 其爲人也多矣。雖其善祝，豈能勝億兆人之詛？[一二] 君若欲誅於祝史，脩德而後可。”公説。使有司寬政，毁關，去禁，薄斂，已責。[一三]

［一］言非誅祝史所能治。

［二］衡鹿、舟鮫、虞候、祈望，皆官名也。言公專守山澤之利，不與民共。

[三] 介，隔也。迫近國都之關。言邊鄙既入服政役，又爲近關所征税枉暴[一]，奪其私物。

[四] 承嗣大夫，世位者。

[五] 藝，法制也。言布政無法制。

[六] 違，去也。

[七] 肆，放也。

[八] 詐爲教令於邊鄙。

[九] 養，長也。所求不給，則應之以罪。

[一〇] 聊、攝，齊西界也。平原聊城縣東北有攝城。

[一一] 姑、尤，齊東界也。姑水、尤水，皆在城陽郡東南入海。

[一二] 萬萬曰億，萬億曰兆。

[一三] 除逋責。

〔左氏附〕

(昭傳 · 二十 · 七)

十二月，齊侯田于沛。[一] 招虞人以弓，不進。[二] 公使執之，辭曰："昔我先君之田也，旃以招大夫，弓以招士，皮冠以招虞人。臣不見皮冠，故不敢進。"乃舍之。仲尼曰："守道不如守官。"[三] 君子韙之。[四]

[一] 言疾愈行獵。沛，澤名。

[二] 虞人，掌山澤之官。

[三] 君招當往，道之常也。非物不進，官之制也。

[四] 韙，是也。

〔一〕 又爲近關所征税枉暴 "枉"，阮刻本作"相"。

〔左氏附〕

(昭傳·二十·八)

齊侯至自田，晏子侍于遄臺。子猶馳而造焉。[一]公曰：“唯據與我和夫?”晏子對曰：“據亦同也，焉得爲和?”公曰：“和與同異乎?”對曰：“異。和如羹焉，水火醯醢，鹽梅以烹魚肉，燀之以薪。[二]宰夫和之，齊之以味，濟其不及，以洩其過。[三]君子食之以平其心。君臣亦然。[四]君所謂可而有否焉，[五]臣獻其否以成其可。[六]君所謂否而有可焉，臣獻其可，以去其否。是以政平而不干，民無爭心。故《詩》曰：‘亦有和羹，既戒既平。[七]鬷嘏無言，時靡有爭。’[八]先王之濟五味、[九]和五聲也，以平其心，成其政也。聲亦如味，一氣，[一〇]二體，[一一]三類，[一二]四物，[一三]五聲，[一四]六律，[一五]七音，[一六]八風，[一七]九歌，[一八]以相成也。[一九]清濁、大小、短長、疾徐、哀樂、剛柔、遲速、高下、出入、周疏，以相濟也。[二〇]君子聽之，以平其心。心平德和。故《詩》曰：‘德音不瑕。’[二一]今據不然。君所謂可，據亦曰可。君所謂否，據亦曰否。若以水濟水，誰能食之?若琴瑟之專壹，誰能聽之?同之不可也如是。”

［一］子猶，梁丘據。

［二］燀，炊也。

［三］濟，益也。洩，減也。

［四］亦如羹。

［五］否，不可也。

［六］獻君之否，以成君可。

［七］《詩》頌殷中宗。言中宗能與賢者和齊可否，其政如羹，敬戒且平。和羹備五味，異於大羹。

［八］鬷，緫也。嘏，大也。言緫大政，能使上下皆如和羹。

［九］濟，成也。

［一〇］須氣以動。

［一一］舞者有文武。

［一二］風、雅、頌。

［一三］雜用四方之物以成器。

［一四］宫、商、角、徵、羽。

［一五］黄鍾、大蔟、姑洗、蕤賓、夷則、無射也。陽聲爲律，陰聲爲吕，此十二月氣。

［一六］周武王伐紂，自午及子，凡七日。王因此以數合之，以聲昭之，故以七同其數，以律和其聲，謂之七音。

［一七］八方之風。

［一八］九功之德皆可歌也。六府三事，謂之九功〔一〕。

［一九］言此九者合，然後相成爲和樂。

［二〇］周，密也。

［二一］《詩·豳風》也。義取心平則德音無瑕闕。

飲酒樂，公曰："古而無死，其樂若何？"晏子對曰："古而無死，則古之樂也，君何得焉？昔爽鳩氏始居此地，［一］季莿因之，［二］有逢伯陵因之，［三］蒲姑氏因之，［四］而後大公因之。古若無死，爽鳩氏之樂，非君所願也。"［五］

［一］爽鳩氏，少皞氏之司寇也。

〔一〕 謂之九功 "功"，原作"歌"，據興國軍本改。

［二］季荊，虞、夏諸侯代爽鳩氏者。

［三］逢伯陵，殷諸侯，姜姓。

［四］蒲姑氏，殷、周之間代逢公者。

［五］齊侯甘於所樂，志於不死，晏子稱古以節其情願。

〔左氏附〕

(昭傳·二十·九)

鄭子産有疾，謂子大叔曰："我死，子必爲政。唯有德者能以寬服民，其次莫如猛。夫火烈，民望而畏之，故鮮死焉。水懦弱，民狎而翫之，[一]則多死焉。故寬難。"[二]疾數月而卒。大叔爲政，不忍猛而寬。鄭國多盜，取人於萑苻之澤〔一〕。[三]大叔悔之曰："吾早從夫子不及此。"興徒兵以攻萑苻之盜，盡殺之，盜少止。仲尼曰："善哉！政寬則民慢，慢則糾之以猛。[四]猛則民殘，殘則施之以寬。寬以濟猛，猛以濟寬，政是以和。《詩》曰：'民亦勞止，汔可小康。惠此中國，以綏四方。'施之以寬也。[五]'毋從詭隨，[六]以謹無良。[七]式遏寇虐，慘不畏明。'糾之以猛也。[八]'柔遠能邇，以定我王。'平之以和也。[九]又曰：'不競不絿，不剛不柔。[一〇]布政優優，百祿是遒。'[一一]和之至也。"及子産卒，仲尼聞之，出涕曰："古之遺愛也。"[一二]

［一］狎，輕也。

［二］難以治。

〔一〕取人於萑苻之澤　按："萑苻"，洪亮吉謂："唐石經初刻作'雚蒲'，後改'萑苻'。惠棟：'按：《韓非子·内儲説》引此事作"雚"。《詩·小弁》云"萑葦淠淠"，《韓詩外傳》作"雚"，古字通也。'今考《水經注》引作'萑蒲'，《文選注》同。《韓非子》載此事：'鄭少年相率爲盜，處于雚澤。游吉率車騎與戰。'"見氏著《春秋左傳詁》，第747頁。

［三］萑苻，澤名，於澤中刼人。

［四］糾，猶攝也。

［五］《詩·大雅》。汔，其也。康、綏，皆安也。周厲王暴虐，民勞於苛政，故詩人刺之，欲其施之以寬。

［六］詭人、隨人，無正心不可從。

［七］謹，勑慎也。

［八］式，用也。遏，止也。憯，曾也。言爲寇虐，曾不畏明法者，亦當用猛政糾治之。

［九］柔，安也。邇，近也。遠者懷附，近者各以能進，則王室定。

［一〇］《詩·殷頌》。言湯政得中和。競，强也。絿，急也。

［一一］優優，和也。遒，聚也。

［一二］子産見愛，有古人之遺風。

昭公二十一年

〔左氏附〕

(昭傳·二十一·一)

二十一年春，天王將鑄無射。[一] 泠州鳩曰：“王其以心疾死乎？[二] 夫樂，天子之職也。[三] 夫音，樂之輿也。[四] 而鐘，音之器也。[五] 天子省風以作樂，[六] 器以鐘之，[七] 輿以行之，[八] 小者不窕，[九] 大者不槬，[一〇] 則和於物。物和則嘉成，[一一] 故和聲入於耳而藏於心，心億則樂。[一二] 窕則不咸，[一三] 槬則不容，[一四] 心是以感，感實生疾。今鐘槬矣，王心弗堪，其能久乎？”[一五]

[一] 周景王也。無射，鐘名。律中無射。

[二] 泠，樂官。州鳩，其名也。

[三] 職，所主也。

[四] 樂因音而行。

[五] 音由器以發。

[六] 省風俗，作樂以移之。

[七] 鐘，聚也，以器聚音。

[八] 樂須音而行。

[九] 窕，細不滿。

[一〇] 槬，横大不入。

[一一] 嘉樂成也。

[一二] 億，安也。

[一三] 不充滿人心。

［一四］心不堪容。

［一五］爲明年天王崩《傳》。

〔昭經·二十一·一〕

二十有一年春王三月，葬蔡平公。

（昭傳·二十一·二）

三月，葬蔡平公。蔡大子朱失位，位在卑。[一]大夫送葬者歸，見昭子。昭子問蔡故，以告。昭子歎曰："蔡其亡乎？若不亡，是君也必不終。《詩》曰：'不解于位，民之攸塈。'[二]今蔡侯始即位而適卑，身將從之。"[三]

［一］不在適子位，以長幼齒。

［二］《詩·大雅》。塈，息也。

［三］爲蔡侯朱出奔《傳》。

〔昭經·二十一·二〕

夏，晉侯使士鞅來聘。[一]

［一］晉頃公即位，通嗣君。

（昭傳·二十一·三）

夏，晉士鞅來聘，叔孫爲政。[一]季孫欲惡諸晉，[二]使有司以齊鮑國歸費之禮爲士鞅。[三]士鞅怒曰："鮑國之位下，其國小，而使鞅從其牢禮，是卑敝邑也。將復諸寡君。"魯人恐，加四牢焉，爲十一牢。[四]

［一］叔孫昭子以三命爲國政。

［二］憎叔孫在己上位，欲使得罪於晉。

［三］鮑國歸費在十四年。牢禮各如其命數，魯人失禮，故爲鮑

國七牢。

［四］言魯不能以禮事大國，且爲哀七年吴徵百牢起。

〔昭經·二十一·三〕

宋華亥、向寧、華定自陳入于宋南里以叛。[一]

［一］自外至，故曰“入”。披其邑，故曰“叛”。南里，宋城内里名。

(昭傳·二十一·四)

宋華費遂生華貙、華多僚、華登。貙爲少司馬，多僚爲御士，[一]與貙相惡，乃譖諸公曰：“貙將納亡人。”[二]亟言之。公曰：“司馬以吾故，亡其良子。[三]死亡有命，吾不可以再亡之。”對曰：“君若愛司馬，則如亡。[四]死如可逃，何遠之有？”[五]公懼，使侍人召司馬之侍人宜僚，飲之酒而使告司馬。[六]司馬歎曰：“必多僚也。吾有讒子而弗能殺，吾又不死，抑君有命，可若何？”乃與公謀，逐華貙，將使田孟諸而遣之。公飲之酒，厚酬之，[七]賜及從者。司馬亦如之。[八]張匄尤之，[九]曰：“必有故。”使子皮承宜僚以劍而訊之，[一〇]宜僚盡以告。[一一]張匄欲殺多僚，子皮曰：“司馬老矣，登之謂甚，[一二]吾又重之，不如亡也。”五月丙申，子皮將見司馬而行，則遇多僚御司馬而朝。張匄不勝其怒，遂與子皮、臼任、鄭翩殺多僚，[一三]劫司馬以叛，而召亡人。壬寅，華、向入，樂大心、豐愆、華牼禦諸横。[一四]華氏居盧門，以南里叛。[一五]六月庚午，宋城舊鄘及桑林之門而守之。[一六]

［一］公御士。

[二] 亡人，華亥等。

[三] 司馬謂費遂，爲大司馬。良子謂華登。

[四] 言若愛大司馬，則當亡走失國。

[五] 言亡可以逃死，勿慮其遠。以恐動公。

[六] 告司馬使逐貙。

[七] 酬酒幣。

[八] 亦如公賜。

[九] 張匄，華貙臣。尤，怪賜之厚。

[一〇] 子皮，華貙。訊，問也。

[一一] 告欲因田以遣之。

[一二] 言登亡，傷司馬心已甚。

[一三] 任、翩亦貙家臣。

[一四] 梁國睢陽縣南有横亭。

[一五] 盧門，宋東城南門。

[一六] 舊鄘，故城也。桑林，城門名。

〔昭經·二十一·四〕

秋七月壬午朔，日有食之。

(昭傳·二十一·五)

秋七月壬午朔，日有食之。公問於梓愼曰："是何物也？禍福何爲？"[一] 對曰："二至二分，[二] 日有食之，不爲災。日月之行也，分同道也，至相過也。[三] 其他月則爲災，陽不克也，故常爲水。"[四]

[一] 物，事也。

[二] 二至，冬至、夏至。二分，春分、秋分。

［三］二分日夜等，故言“同道”。二至長短極，故相過。

［四］陰侵陽，是陽不勝陰。

〔昭經·二十一·五〕

八月乙亥，叔輒卒。[一]

［一］叔弓之子伯張。

(昭傳·二十一·六)

於是叔輒哭日食。[一]昭子曰：“子叔將死，非所哭也。”八月，叔輒卒。

［一］意在於憂災。

〔左氏附〕

(昭傳·二十一·七)

冬十月，華登以吳師救華氏。[一]齊烏枝鳴戍宋。[二]厨人濮曰：[三]“《軍志》有之：‘先人有奪人之心，後人有待其衰。’盍及其勞，且未定也，伐諸？若入而固，則華氏衆矣，悔無及也。”從之。丙寅，齊師、宋師敗吳師于鴻口，[四]獲其二帥公子苦雂、偃州員。[五]華登帥其餘[六]以敗宋師。公欲出，[七]厨人濮曰：“吾小人，可藉死，[八]而不能送亡君〔一〕，請待之。”[九]乃徇曰：“揚徽者，公徒也。”[一〇]衆從之。公自揚門見之，[一一]下而巡之曰：“國亡君死，二三子之耻也。豈專孤之罪也？”齊烏枝鳴曰：“用

〔一〕《經典釋文》曰：“‘而不能送亡君’絶句。”《正義》曰：“服虔以‘君’上屬，孫毓以‘君’下屬。杜（誠按：阮刻本原訛作‘杜’）注不明，亦似上屬。”顧炎武《左傳杜解補正》從孫毓。

少，莫如齊致死，齊致死莫如去備。[一二]彼多兵矣，請皆用劍。"從之。華氏北，復即之。[一三]厨人濮以裳裹首而荷以走，曰："得華登矣。"遂敗華氏于新里。[一四]翟僂新居于新里，既戰，説甲于公而歸。[一五]華妵居于公里，亦如之。[一六]

［一］登前年奔吴。

［二］烏枝鳴，齊大夫。

［三］濮，宋厨邑大夫。

［四］梁國睢陽縣東有鴻口亭。

［五］二帥，吴大夫。

［六］吴餘師。

［七］出奔。

［八］可借使死難。

［九］請君待復戰，決勝負。

［一〇］徽，識也。

［一一］見國人皆揚徽。睢陽正東門名揚門。

［一二］備，長兵也。

［一三］北，敗走。

［一四］新里，華氏所取邑。

［一五］居華氏地而助公戰。

［一六］妵，華氏族，故助華氏。亦如僂新説甲歸。《傳》言古之爲軍，不呰小忿。

十一月癸未，公子城以晉師至。[一]曹翰胡[二]會晉荀吴、[三]齊苑何忌、[四]衛公子朝[五]救宋。丙戌，與華氏戰于赭丘，[六]鄭翩願爲鸛，其御願爲鵞。[七]子祿御公子城，莊堇爲右。[八]干犨御呂封人華豹〔一〕，張匄爲右。[九]相遇，城還。華豹曰："城也。"城怒而反之。[一〇]將注，豹則關矣。[一一]曰："平公之靈尚輔相余。"[一二]豹射出其間，[一三]將注，則又關矣。曰："不狎，鄙。"[一四]抽矢，[一五]城射之，殪。[一六]張匄抽殳而下，[一七]射之，折股。扶伏而擊之，折軫。[一八]又射之，死。[一九]干犨請一矢。[二〇]城曰："余言女於君〔二〕。"[二一]對曰："不死伍乘，軍之大刑也。[二二]干刑而從子，君焉用之？子速諸。"乃射之，殪。[二三]大敗華氏，圍諸南里。華亥搏膺而呼，見華貙，曰："吾爲欒氏矣。"[二四]貙曰："子無我迋，不幸而後亡。"[二五]使華登如楚乞師。華貙以車十五乘，徒七十人犯師而出，[二六]食於睢上，哭而送之，乃復入。[二七]楚薳越帥師將逆華氏，大宰犯諫曰："諸侯唯宋事其君，今又爭國，釋君而臣是助，無乃不可乎？"王曰："而告我也後，既許之矣。"[二八]

［一］城以前年奔晉，今還救宋。

［二］曹大夫。

［三］中行穆子。

［四］齊大夫。

［五］前年出奔晉，今還衛。

［六］赭丘，宋地。

［七］鄭翩，華氏黨。鸛、鵞，皆陳名。

［八］子祿，向宜〔三〕。

〔一〕 干犨御呂封人華豹 "呂"，原作"莒"，據石經及杜注改。

〔二〕 余言女於君 "女"，阮刻本作"汝"。

〔三〕 向宜 後原有"莊"字，蓋涉下文《釋文》而衍。據興國軍本、阮刻本改。

［九］呂封人華豹，華氏黨。

［一〇］怒其呼己，反還戰。

［一一］注，傅矢。關，引弓。

［一二］平公，公子城之父。

［一三］出子城、子祿之間。

［一四］狎，更也。

［一五］豹止不射。

［一六］豹死。

［一七］殳長丈二，在車邊。

［一八］折城車軫。

［一九］豹死。

［二〇］求死。

［二一］欲活之。

［二二］同乘共伍，當皆死。

［二三］犨又死。

［二四］晉欒盈還入作亂而死，事在襄二十三年。

［二五］迋，恐也。

［二六］犯公師出送華登。

［二七］入南里。

［二八］爲明年華、向出奔楚《傳》。

〔昭經·二十一·六〕

冬，蔡侯朱出奔楚。［一］

［一］朱爲大子則失位，遂微弱，爲國人所逐，故以自出爲文。

（昭傳·二十一·八）

蔡侯朱出奔楚。費無極取貨於東國，［一］而謂蔡人曰：

“朱不用命於楚，君王將立東國。若不先從王欲，楚必圍蔡。”蔡人懼，出朱而立東國。朱愬于楚，楚子將討蔡。無極曰：“平侯與楚有盟，故封。[二]其子有二心，故廢之。[三]靈王殺隱大子，其子與君同惡，德君必甚。又使立之，不亦可乎？且廢置在君，蔡無他矣。”[四]

［一］東國，隱大子之子，平侯廬之弟，朱叔父也。

［二］盟于鄧，依陳、蔡人以國。

［三］子，謂朱也。

［四］言權在楚，則蔡無他心。

〔昭經 · 二十一 · 七〕

公如晉，至河乃復。[一]

［一］晉人辭公，故還。

(昭傳 · 二十一 · 九)

公如晉，及河，鼓叛晉。[一]晉將伐鮮虞，故辭公。[二]

［一］叛晉屬鮮虞。

［二］將有軍事，無暇於待賓，且懼泄軍謀。

昭公二十二年

〔昭經·二十二·一〕

二十有二年春，齊侯伐莒。

(昭傳·二十二·一)

二十二年春王二月甲子，齊北郭啓帥師伐莒。[一]莒子將戰，苑羊牧之諫[二]曰："齊帥賤，其求不多，不如下之。大國不可怒也。"弗聽，敗齊師于壽餘。[三]齊侯伐莒，[四]莒子行成。司馬竈如莒涖盟。[五]莒子如齊涖盟，盟于稷門之外。[六]莒於是乎大惡其君。[七]

[一]啓，齊大夫。北郭佐之後。

[二]牧之，莒大夫。

[三]莒地。

[四]怒敗。

[五]竈，齊大夫。

[六]稷門，齊城門也。

[七]爲明年莒子來奔《傳》。

〔昭經·二十二·二〕

宋華亥、向寧、華定自宋南里出奔楚。[一]

[一]言自南里別從國去。

(昭傳·二十二·二)

楚薳越使告于宋曰："寡君聞君有不令之臣爲君憂，無寧以爲宗羞。[一]寡君請受而戮之。"對曰："孤不佞，不能媚於父兄，[二] 以爲君憂，拜命之辱。抑君臣日戰，君曰‘余必臣是助’，亦唯命。人有言曰‘唯亂門之無過’，君若惠保敝邑，無亢不衷，以獎亂人，孤之望也，唯君圖之。”楚人患之。[三] 諸侯之戍謀曰：“若華氏知困而致死，楚耻無功而疾戰，非吾利也。不如出之，以爲楚功，其亦無能爲也已。[四] 救宋而除其害，又何求？”乃固請出之。宋人從之。己巳，宋華亥、向寧、華定、華貙、華登、皇奄傷、省臧、士平出奔楚。[五] 宋公使公孫忌爲大司馬，[六] 邊卬爲大司徒，[七] 樂祁爲司城，[八] 仲幾爲左師，[九] 樂大心爲右師，[一〇] 樂輓爲大司寇，[一一] 以靖國人。[一二]

［一］無寧，寧也。言華氏爲宋宗廟之羞耻。

［二］華、向公族也，故稱父兄。

［三］患宋以義距之。

［四］言華氏不能復爲宋患。

［五］華貙已下五子不書，非卿。

［六］代華費遂。

［七］卬，平公曾孫，代華定。

［八］祁，子罕孫樂祁犁。

［九］幾，仲江孫，代向寧。

［一〇］代華亥。

［一一］輓，子罕孫。

［一二］終梓慎之言，三年而後弭。

〔昭經 · 二十二 · 三〕

大蒐于昌間。[一]

［一］無《傳》。

〔昭經·二十二·四〕

夏四月乙丑，天王崩。

(昭傳·二十二·三)

王子朝、賓起有寵於景王，[一] 王與賓孟説之，欲立之。[二] 劉獻公之庶子伯蚠事單穆公，[三] 惡賓孟之爲人也，願殺之。又惡王子朝之言，以爲亂，願去之。[四] 賓孟適郊，見雄雞自斷其尾，問之，侍者曰："自憚其犧也。"[五] 遽歸告王，且曰："雞其憚爲人用乎？人異於是。[六] 犧者，實用人，人犧實難，己犧何害？"[七] 王弗應。[八] 夏四月，王田北山，使公卿皆從，將殺單子、劉子。[九] 王有心疾，乙丑，崩于榮錡氏。[一〇] 戊辰，劉子摯卒，[一一] 無子，單子立劉蚠。[一二] 五月庚辰，見王。[一三] 遂攻賓起，殺之。[一四] 盟群王子于單氏。[一五]

［一］子朝，景王之長庶子。賓起，子朝之傅。

［二］孟即起也。王語賓孟，欲立子朝爲大子。

［三］獻公，劉摯。伯蚠，劉狄。穆公，單旗。

［四］子朝有欲位之言，故劉蚠惡之。

［五］畏其爲犧牲奉宗廟，故自殘毀。

［六］雞犧雖見寵飾，然卒當見殺。若人見寵飾，則當貴盛，故言異於雞。

［七］言設使寵人如寵犧，則不宜假人以招禍難。使犧在己，則無患害。己喻子朝，欲使王早寵異之。

［八］十五年，大子壽卒，王立子猛，後復欲立子朝而未定。賓孟

感雞，盛稱子朝，王心許之，故不應。

［九］北山，洛北芒也。王知單、劉不欲立子朝，欲因田獵先殺之。

［一〇］四月十九日。河南鞏縣西有榮錡澗。

［一一］二十二日。

［一二］蚃事單子故。

［一三］見王猛。

［一四］黨子朝故。

［一五］王子猛次正〔一〕，故單、劉立之。懼諸王子或黨子朝，故盟之。

〔左氏附〕

(昭傳·二十二·四)

晉之取鼓也，[一] 既獻而反鼓子焉，[二] 又叛於鮮虞。[三] 六月，荀吳略東陽，[四] 使師僞糴者，負甲以息於昔陽之門外，[五] 遂襲鼓，滅之。以鼓子䳒鞮歸，使涉佗守之。[六]

［一］在十五年。

［二］獻於廟。

［三］叛晉屬鮮虞。

［四］略，行也。東陽，晉之山東邑，魏郡廣平以北。

［五］昔陽，故肥子所都。

［六］守鼓之地。涉佗，晉大夫。

〔一〕王子猛次正　“正”，原作“王”，興國軍本作“三”，據阮刻本改。

〔昭經·二十二·五〕

六月，叔鞅如京師，葬景王。[一]

[一] 叔鞅，叔弓子。三月而葬，亂，故速。

〔昭經·二十二·六〕

王室亂。[一]

[一] 承叔鞅言而書之，未知誰是，故但曰“亂”。

(昭傳·二十二·五)

丁巳，葬景王。王子朝因舊官百工之喪職秩者，與靈、景之族以作亂。[一] 帥郊、要、餞之甲，[二] 以逐劉子。[三] 壬戌，劉子奔揚，[四] 單子逆悼王于莊宮以歸。[五] 王子還夜取王以如莊宮。[六] 癸亥，單子出。[七] 王子還與召莊公謀[八] 曰:“不殺單旗，不捷。[九] 與之重盟，必來。背盟而克者多矣。”從之。[一〇] 樊頃子曰:“非言也，必不克。”[一一] 遂奉王以追單子。[一二] 及領，大盟而復，[一三] 殺摯荒以說。[一四] 劉子如劉，[一五] 單子亡。乙丑，奔于平時。[一六] 群王子追之，單子殺還、姑、發、弱、鬷、延、定、稠，[一七] 子朝奔京。[一八] 丙寅，伐之。[一九] 京人奔山，劉子入于王城。[二〇] 辛未，鞏簡公敗績于京。乙亥，甘平公亦敗焉。[二一]

[一] 百工，百官也。靈王、景王之子孫。

[二] 三邑，周地。

[三] 逐伯蚠。

[四] 揚，周邑。

[五] 悼王，子猛也。

［六］王子還，子朝黨也。不欲使單子得王猛，故取之。

［七］失王，故出奔。

［八］莊公，召伯奂，子朝黨也。

［九］旗，單子也。

［一〇］從還謀也。

［一一］頊子，樊齊，單、劉黨。

［一二］王子還奉王。

［一三］領，周地。欲重盟，令單子、劉子復歸。

［一四］委罪於荒。

［一五］歸其采邑。

［一六］平時，周地。知王子還欲背盟，故亡走。

［一七］八子，靈、景之族，因戰而殺之。

［一八］其黨死故。

［一九］單子伐京。

［二〇］子朝奔京，故得入。

［二一］甘、鞏二公，周卿士。皆爲子朝所敗。

叔鞅至自京師，[一]言王室之亂也。[二]閔馬父曰："子朝必不克。其所與者，天所廢也。"[三]

［一］葬景王還。

［二］《經》所以書。

［三］閔馬父，閔子馬，魯大夫。天所廢，謂群喪職秩者。

〔昭經·二十二·七〕

劉子、單子以王猛居于皇。[一]

［一］河南鞏縣西南有黃亭。辟子朝難，出居皇。王猛書名，未即位。

(昭傳·二十二·六)

單子欲告急於晉。秋七月戊寅，以王如平時，遂如圃車，次于皇。[一]

［一］出次以示急。戊寅，七月三日。《經》書"六月"，誤。

〔昭經·二十二·八〕

秋，劉子、單子以王猛入于王城。[一]

［一］王城，郟鄏，今河南縣。晉助猛，故得還王都。

(昭傳·二十二·七)

劉子如劉，單子使王子處守于王城，[一]盟百工于平宮。[二]辛卯，鄩肸伐皇，[三]大敗，獲鄩肸。壬辰，焚諸王城之市。[四]八月辛酉，司徒醜以王師敗績于前城，[五]百工叛。[六]己巳，伐單氏之宮，敗焉。[七]庚午，反伐之。[八]辛未，伐東圉。[九]冬十月丁巳，晉籍談、荀躒帥九州之戎[一〇]及焦、瑕、溫、原之師，[一一]以納王于王城。[一二]庚申，單子、劉蚠以王師敗績于郊，[一三]前城人敗陸渾于社。[一四]

［一］王子處，子猛黨。守王城，距子朝。

［二］平宮，平王廟。

［三］鄩肸，子朝黨。

［四］焚鄩肸。

［五］醜，悼王司徒。前城，子朝所得邑。

［六］司徒醜敗故。

［七］百工伐單氏，爲單氏所敗。

［八］單氏反伐百工。

［九］百工所在。洛陽東南有圉鄉。

［一〇］九州戎，陸渾戎。十七年滅，屬晉。州，鄉屬也。五州爲鄉。

［一一］焦、瑕、溫、原，晉四邑。

［一二］丁巳在十月，《經》書“秋”，誤。

［一三］爲子朝之黨所敗。

［一四］前城，子朝衆。社，周地。

〔昭經·二十二·九〕

冬十月，王子猛卒。[一]

［一］未即位，故不言崩。

（昭傳·二十二·八）

十一月乙酉，王子猛卒，[一]不成喪也。[二]己丑，敬王即位，[三]館于子旅氏。[四]

［一］乙酉在十一月，《經》書“十月”，誤。雖未即位，周人謚曰悼王。

［二］釋所以不稱王崩。

［三］敬王，王子猛母弟王子匄。

［四］子旅，周大夫。

〔左氏附〕

（昭傳·二十二·九）

十二月庚戌，晉籍談、荀躒、賈辛、司馬督[一]帥師軍于陰，[二] 于侯氏，[三] 于谿泉，[四] 次于社。[五] 王師軍于氾，于解，次于任人。[六] 閏月，晉箕遺、樂徵、右行詭濟師，取前城，[七] 軍其東南。王師軍于京楚。辛丑，伐京，毀其西南。[八]

［一］司馬烏。

［二］籍談所軍。

［三］荀躒所軍。

［四］賈辛所軍。鞏縣西南有明谿泉。

［五］司馬督所次。

［六］王師分在三邑。洛陽西南有大解、小解。

［七］三子，晉大夫。濟師，渡伊、洛。

［八］京楚，子朝所在。

〔昭經 · 二十二 · 十〕

十有二月癸酉朔，日有食之。[一]

［一］無《傳》。此月有庚戌，又以《長歷》推校前後，當爲癸卯朔。書“癸酉”，誤。

春秋左氏經傳集解昭公六第二十五

春秋左氏經傳集解昭公六第二十五〔一〕

杜　氏

昭公二十三年

〔昭經·二十三·一〕

二十有三年春王正月，叔孫婼如晉。〔一〕

［一］謝取邾師。

〔昭經·二十三·二〕

癸丑，叔鞅卒。〔一〕

［一］無《傳》。

〔昭經·二十三·三〕

晉人執我行人叔孫婼。〔一〕

［一］稱行人，譏晉執使人。

(昭傳·二十三·二)

邾人城翼，〔一〕還將自離姑。〔二〕公孫鉏曰：“魯將御我。”〔三〕欲自武城還，循山而南。〔四〕徐鉏、丘弱、茅地〔五〕曰：“道下遇雨，將不出，是不歸也。”〔六〕遂自離姑。〔七〕

〔一〕原卷標題“公”字後闕“六”字，據本書體例補。

武城人塞其前，[八] 斷其後之木而弗殊。邾師過之，乃推而蹷之，遂取邾師，獲鉏、弱、地。[九] 邾人愬于晉，晉人來討。叔孫婼如晉，晉人執之。書曰"晉人執我行人叔孫婼"，言使人也。[一〇] 晉人使與邾大夫坐，[一一] 叔孫曰："列國之卿，當小國之君，固周制也。[一二] 邾又夷也，[一三] 寡君之命介子服回在，[一四] 請使當之，不敢廢周制故也。"乃不果坐。

[一] 翼，邾邑。

[二] 離姑，邾邑。從離姑則道徑魯之武城。

[三] 鉏，邾大夫。

[四] 至武城而還，依山南行，不欲過武城。

[五] 三子，邾大夫。

[六] 謂此山道下濕。

[七] 遂過武城。

[八] 以兵塞其前道。

[九] 取邾師不書，非公命。

[一〇] 嫌外内異，故重發《傳》。

[一一] 坐訟曲直。

[一二] 在禮，卿得會伯、子、男，故曰"當小國之君"。

[一三] 邾雜有東夷之風。

[一四] 子服回，魯大夫，爲叔孫之介副。

韓宣子使邾人聚其衆〔一〕，將以叔孫與之。[一] 叔孫聞之，去衆與兵而朝。[二] 士彌牟謂韓宣子 [三] 曰："子弗良圖，而

〔一〕 韓宣子使邾人聚其衆　"聚"，阮刻本作"取"。

以叔孫與其讎，叔孫必死之。魯亡叔孫，必亡邾。邾君亡國，將焉歸？[四]子雖悔之何及？所謂盟主，討違命也。若皆相執，焉用盟主？”[五]乃弗與，使各居一館。[六]士伯聽其辭而愬諸宣子，乃皆執之。[七]士伯御叔孫，從者四人，過邾館以如吏，[八]先歸邾子。士伯曰：“以芻蕘之難，從者之病，將館子於都。”[九]叔孫旦而立，期焉。[一〇]乃館諸箕，舍子服昭伯於他邑。[一一]

[一] 與邾，使執之。

[二] 示欲以身死。

[三] 彌牟，士景伯。

[四] 時邾君在晉，若亡國無所歸，將益晉憂。

[五] 聽邾衆取叔孫，是爲諸侯皆得輒相執。

[六] 分別叔孫、子服回。

[七] 二子辭不屈，故士伯愬而執之。

[八] 欲使邾人見叔孫之屈辱。

[九] 都，別都，謂箕也。

[一〇] 立待命也。從旦至旦爲期。

[一一] 別囚之。

范獻子求貨於叔孫，使請冠焉。[一]取其冠法而與之兩冠，曰：“盡矣。”[二]爲叔孫故，申豐以貨如晉。[三]叔孫曰：“見我，吾告女所行貨。”見而不出。[四]吏人之與叔孫居於箕者，請其吠狗，弗與。及將歸，殺而與之，食之。[五]叔孫所館者，雖一日必葺其牆屋，[六]去之如始至。[七]

[一] 以求冠爲辭。

［二］既送作冠模法，又進二冠以與之，僞若不解其意。

［三］欲行貨以免叔孫。

［四］留申豐不使得出，不欲以貨免。

［五］示不愛。

［六］葺，補治也。

［七］不以當去而有所毁壞。

〔昭經·二十三·四〕

晉人圍郊。[一]

［一］討子朝也。郊，周邑。圍郊在叔鞅卒前，《經》書後，從赴。

(昭傳·二十三·一)

二十三年春王正月壬寅朔，二師圍郊。[一]癸卯，郊、鄩潰。[二]丁未，晉師在平陰，王師在澤邑。[三]王使告間。[四]庚戌，還。[五]

［一］二師，王師、晉師也。王師不書不以告。

［二］河南鞏縣西南有地名鄩中。郊、鄩二邑，皆子朝所得。

［三］平陰，今河陰縣。

［四］子朝敗故。

［五］晉師還。

〔昭經·二十三·五〕

夏六月，蔡侯東國卒于楚。[一]

［一］無《傳》。未同盟而赴以名。

〔昭經·二十三·六〕

秋七月，莒子庚輿來奔。

(昭傳·二十三·四)

莒子庚輿虐而好劍，苟鑄劍，必試諸人，國人患之。又將叛齊，烏存帥國人以逐之。[一]庚輿將出，聞烏存執殳而立於道左，懼，將止死。[二]苑羊牧之曰："君過之，[三]烏存以力聞可矣，何必以弑君成名？"遂來奔。齊人納郊公。[四]

［一］烏存，莒大夫。

［二］殳長丈二而無刃。

［三］牧之，亦莒大夫。

［四］郊公，著丘公之子。十四年奔齊。

〔昭經·二十三·七〕

戊辰，吳敗頓、胡、沈、蔡、陳、許之師于雞父。[一]胡子髡、沈子逞滅。[二]獲陳夏齧。[三]

［一］不書楚，楚不戰也。雞父，楚地，安豐縣南有雞備亭。

［二］國雖存，君死曰滅。

［三］大夫死生通曰獲。夏齧，徵舒玄孫。

(昭傳·二十三·五)

吳人伐州來，楚薳越帥師[一]及諸侯之師奔命救州來。吳人禦諸鍾離。子瑕卒，楚師熸。[二]吳公子光曰："諸侯從於楚者衆，而皆小國也，畏楚而不獲已，是以來。吾聞之曰：'作事威克其愛，雖小必濟。'[三]胡、沈之君幼而狂，[四]陳大夫齧壯而頑，頓與許、蔡疾楚政，楚令尹死，其師熸，帥賤多寵，政令不壹。[五] 七國同役而不同心，[六] 帥賤而不能整，無大威命，楚可敗也。若分師先以犯胡、沈與陳，必先奔。三國敗，諸侯之師乃揺心矣。諸侯乖亂，楚必大奔。請先者去備薄威，[七] 後者敦陳整旅。"[八] 吴子從之。戊辰晦，戰于雞父。[九] 吴子以罪人三千，先犯胡、沈與陳，[一〇] 三國爭之。吴爲三軍以繫於後，中軍從王，[一一] 光帥右，掩餘帥左。[一二] 吴之罪人或奔或止，三國亂。吴師擊之，三國敗，獲胡、沈之君及陳大夫。舍胡、沈之囚，使奔許與蔡、頓，曰："吾君死矣。"師譟而從之，三國奔，[一三] 楚師大奔。書曰"胡子髠、沈子逞滅，獲陳夏齧"，君臣之辭也。[一四] 不言戰，楚未陳也。[一五]

[一] 令尹以疾從戎，故薳越攝其事。

[二] 子瑕即令尹，不起所疾也。吴、楚之間謂火滅爲熸。軍之重主喪亡，故其軍人無復氣勢。

[三] 克，勝也。軍事尚威。

[四] 性無常〔一〕。

[五] 帥賤，薳越非正卿也。軍多寵人，政令不壹於越。

[六] 七國，楚、頓、胡、沈、蔡、陳、許。

[七] 示之以不整以誘之。

[八] 敦，厚也。

[九] 七月二十九日。違兵忌晦戰〔二〕，擊楚所不意。

[一〇] 囚徒不習戰，以示不整。

〔一〕 性無常 "性"，原作"狂"，據興國軍本改。按：阮校曰："宋本、淳熙本、小字宋本'狂'作'性'，不誤。"

〔二〕 違兵忌晦戰 "違"，原作"遺"，據興國軍本、阮刻本改。

［一一］從吴王。

［一二］掩餘，吴子壽夢子〔一〕。

［一三］三國，許、蔡、頓。

［一四］國君社稷之主，與宗廟共其存亡者，故稱滅。大夫輕，故曰"獲"。獲，得也。

［一五］嫌與陳例相涉，故重發之。

〔昭經·二十三·八〕

天王居于狄泉。[一] **尹氏立王子朝。**[二]

［一］敬王辟子朝也。狄泉，今洛陽城内大倉西南池水也。時在城外。

［二］尹氏，周世卿也。書"尹氏立子朝"，明非周人所欲立。

(昭傳·二十三·三)

夏四月乙酉，單子取訾，劉子取牆人、直人。[一] 六月壬午，王子朝入于尹。[二] 癸未，尹圉誘劉佗殺之。[三] 丙戌，單子從阪道，劉子從尹道伐尹。單子先至而敗，劉子還。[四] 己丑，召伯奂、南宫極以成周人戍尹。[五] 庚寅，單子、劉子、樊齊以王如劉。[六] 甲午，王子朝入于王城，次于左巷。[七] 秋七月戊申，鄩羅納諸莊宫。[八] 尹辛敗劉師于唐。[九] 丙辰，又敗諸鄩。甲子，尹辛取西闈。[一〇] 丙寅，攻蒯，蒯潰。[一一]

［一］三邑屬子朝者。訾在河南鞏縣西南。

［二］自京入尹氏之邑。

［三］尹圉，尹文公也。劉佗，劉蚠族，敬王黨。

〔一〕 吴子壽夢子　前"子"，興國軍本、阮刻本作"王"。

［四］單子敗故。

［五］二子，周卿士，子朝黨。奐，召莊公。

［六］辟子朝出居劉子邑。

［七］近東城。

［八］鄩羅，周大夫，鄩肸之子。

［九］尹辛，尹氏族。唐，周地。

［一〇］西闈，周地。

［一一］河南縣西南蒯鄉是也。於是敬王居狄泉，尹氏立子朝。

〔昭經 · 二十三 · 九〕

八月乙未，地震。

（昭傳 · 二十三 · 六）

八月丁酉，南宮極震。[一] 萇弘謂劉文公曰："君其勉之，先君之力可濟也。[二] 周之亡也，其三川震。[三] 今西王之大臣亦震，天棄之矣。[四] 東王必大克。"[五]

［一］《經》書"乙未地動"，魯地也。丁酉，南宮極震，周地亦震也。爲屋所壓而死。

［二］文公，劉蚠也。先君，謂蚠之父獻公也。獻公亦欲立子猛，未及而卒。

［三］謂幽王時也。三川，涇、渭、洛水也。地動，川岸崩。

［四］子朝在王城，故謂"西王"。

［五］敬王居狄泉，在王城之東，故曰"東王"。

〔左氏附〕

（昭傳 · 二十三 · 七）

楚大子建之母在郹，[一] 召吳人而啓之。冬十月甲申，吳大子諸樊入郹[一]，[二]取楚夫人與其寶器以歸。楚司馬薳越追之，不及。將死，衆曰："請遂伐吳以徼之。"[三]薳越曰："再敗君師，死且有罪。[四]亡君夫人，不可以莫之死也。"乃縊於薳澨。[五]

［一］郹，郹陽也。平王娶秦女，廢太子建，故母歸其家。

［二］諸樊，吳王僚之大子。

［三］徼，要其勝負。

［四］此年秋敗於雞父。設往復敗爲再敗。

［五］薳澨，楚地。

〔昭經·二十三·十〕

冬，公如晉，至河，有疾，乃復。

（昭傳·二十三·八）

公爲叔孫故，如晉，及河，有疾而復。[一]

［一］此年春，晉爲邾人執叔孫，故公如晉謝之。

〔左氏附〕

（昭傳·二十三·九）

楚囊瓦爲令尹，[一]城郢。[二]沈尹戌曰："子常必亡郢。苟不能衛，城無益也。古者天子守在四夷。[三]天子卑，守在諸侯。[四]諸侯守在四鄰。[五]諸侯卑，守在四竟。[六]慎其四竟，結其四援，[七]民狎其野，[八]三務成功，[九]民無内憂，而又無外懼，國焉用城？今吳是懼而城於郢，守

〔一〕吳大子諸樊入郹　"郹"，阮刻本作"郥"。

已小矣。卑之不獲，能無亡乎？[一〇]昔梁伯溝其公宮而民潰，[一一]民棄其上，不亡何待？夫正其疆埸，脩其土田，險其走集，[一二]親其民人，明其伍候，[一三]信其鄰國，慎其官守，守其交禮，[一四]不僭不貪，不懦不耆，[一五]完其守備，以待不虞，又何畏矣！《詩》曰：'無念爾祖，聿脩厥德。'[一六]無亦監乎？若敖、蚡冒至于武、文，[一七]土不過同，[一八]慎其四竟，猶不城郢。今土數圻，[一九]而郢是城，不亦難乎？"[二〇]

［一］囊瓦，子囊之孫子常也，代陽匄。

［二］楚用子囊遺言，已築郢城矣。今畏吴，復增脩以自固。

［三］德及遠。

［四］政卑損。

［五］鄰國爲之守。

［六］裁自完。

［七］結四鄰之國爲援助。

［八］狎，安習也。

［九］春、夏、秋三時之務。

［一〇］不獲守四竟。

［一一］在僖十八年。

［一二］走集，邊竟之壘辟。

［一三］使民有部伍，相爲候望。

［一四］交接之禮。

［一五］懦，弱也。耆，强也。

［一六］《詩·大雅》。無念，念也。聿，述也。義取念祖考，則述治其德以顯之。

［一七］四君皆楚先君之賢者。

［一八］方百里爲一同，言未滿一圻。

［一九］方千里爲圻。

［二〇］言守若是難以爲安也。爲定四年吳入楚《傳》。

昭公二十四年

〔左氏附〕

(昭傳·二十四·一)

二十四年春王正月辛丑，召簡公、南宮嚚以甘桓公見王子朝。[一] 劉子謂萇弘曰：“甘氏又往矣。”對曰：“何害？同德度義。[二]《大誓》曰：‘紂有億兆夷人，亦有離德。[三]余有亂臣十人，同心同德。’[四] 此周所以興也。君其務德，無患無人。”戊午，王子朝入于鄔。[五]

［一］簡公，召莊公之子召伯盈也。嚚，南宮極之子。桓公，甘平公之子。

［二］度，謀也。言唯同心同德，則能謀義。子朝不能，於我無害。

［三］言紂衆億兆，兼有四夷，不能同德，終敗亡。

［四］武王言我有治臣十人，雖少，同心也。今《大誓》無此語。

［五］緱氏西南有鄔聚。言子朝稍强。

〔昭經·二十四·一〕

二十四年春王二月丙戌，仲孫貜卒。[一]

［一］無《傳》。孟僖子也。

〔昭經·二十四·二〕

婼至自晉。[一]

［一］喜得赦歸，故書“至”。

(昭傳·二十四·二)

晉士彌牟逆叔孫于箕。[一]叔孫使梁其踁待于門内，[二]曰："余左顧而欬，乃殺之。[三]右顧而笑，乃止。"叔孫見士伯。士伯曰："寡君以爲盟主之故，是以久子。[四]不腆敝邑之禮，將致諸從者，使彌牟逆吾子。"叔孫受禮而歸。二月，婼至自晉，尊晉也。[五]

[一] 將禮而歸之。

[二] 踁，叔孫家臣。

[三] 疑士伯來殺己，故謀殺之。

[四] 久執子以謝邾。

[五] 貶婼族，所以尊晉。婼行人，故不言罪己。

〔左氏附〕

(昭傳·二十四·三)

三月庚戌，晉侯使士景伯涖問周故，[一]士伯立于乾祭而問於介衆。[二]晉人乃辭王子朝，不納其使。[三]

[一] 涖，臨也。就問子朝、敬王知誰曲直。

[二] 乾祭，王城北門。介，大也。

[三] 衆言子朝曲故。

〔昭經·二十四·三〕

夏五月乙未朔，日有食之。

(昭傳·二十四·四)

夏五月乙未朔，日有食之。梓慎曰："將水。"[一]昭子曰："旱也。日過分而陽，猶不克，克必甚，能無旱

乎?[二]陽不克莫，將積聚也。"[三]

[一]陰勝陽，故曰"將水"。

[二]過春分，陽氣盛時而不勝陰，陽將猥出，故爲旱。

[三]陽氣莫然不動，乃將積聚。

〔左氏附〕

(昭傳·二十四·五)

六月壬申，王子朝之師攻瑕及杏，皆潰。[一]

[一]瑕、杏，敬王邑。

〔左氏附〕

(昭傳·二十四·六)

鄭伯如晉，子大叔相，見范獻子。獻子曰:"若王室何?"對曰:"老夫其國家不能恤，敢及王室?抑人亦有言曰:'嫠不恤其緯，[一]而憂宗周之隕，爲將及焉。'[二]今王室實蠢蠢焉，[三]吾小國懼矣。然大國之憂也，吾儕何知焉?吾子其早圖之。《詩》曰:'缾之罄矣，惟罍之耻。'[四]王室之不寧，晉之耻也。"獻子懼，而與宣子圖之。[五]乃徵會於諸侯，期以明年。[六]

[一]嫠，寡婦也。織者常苦緯少，寡婦所宜憂。

[二]恐禍及己。

[三]蠢蠢，動擾貌。

[四]《詩·小雅》。罍，大器。瓶，小器。常稟於罍者，而所受罄盡，則罍爲無餘，故耻之。

[五]宣子，韓起。

［六］爲明年會黃父《傳》。

〔昭經·二十四·四〕

秋八月，大雩。

(昭傳·二十四·七)

秋八月，大雩，旱也。[一]

［一］終如叔孫之言。

〔昭經·二十四·五〕

丁酉，杞伯郁釐卒。[一]

［一］無《傳》。未同盟而赴以名。丁酉，九月五日，有日無月。

〔左氏附〕

(昭傳·二十四·八)

冬十月癸酉，王子朝用成周之寶珪于河。[一]甲戌，津人得諸河上。[二]陰不佞以溫人南侵，[三]拘得玉者，取其玉，將賣之，則爲石。王定而獻之，[四]與之東訾。[五]

［一］禱河求福。

［二］珪自出水。

［三］不佞，敬王大夫。晉以溫兵助敬王，南侵子朝。

［四］不佞獻玉。

［五］喜得玉，故與之邑。鞏縣西南訾城是也。

〔昭經·二十四·六〕

冬，吳滅巢。[一]

［一］楚邑也。書“滅”，用大師。

（昭傳·二十四·九）

楚子爲舟師以略吳疆。[一]沈尹戌曰：“此行也，楚必亡邑。不撫民而勞之，吳不動而速之，[二]吳踵楚，[三]而疆埸無備，邑能無亡乎？”越大夫胥犴勞王於豫章之汭，[四]越公子倉歸王乘舟。[五]倉及壽夢帥師從王。[六]王及圉陽而還。[七]吳人踵楚而邊人不備，遂滅巢，及鍾離而還。[八]沈尹戌曰：“亡郢之始，於此在矣。王壹動而亡二姓之帥，[九]幾如是而不及郢。《詩》曰‘誰生厲階，至今爲梗’，[一〇]其王之謂乎？”[一一]

［一］略，行也。行吳界，將侵之。

［二］速，召也。

［三］躡楚踵跡。

［四］汭，水曲。

［五］歸，遺也。

［六］壽夢，越大夫。

［七］圉陽，楚地。

［八］鍾離不書，告敗略。

［九］二姓之帥，守巢、鍾離大夫。

［一〇］《詩·大雅》。厲，惡。階，道。梗，病也。

［一一］爲定四年吳入郢《傳》。

〔昭經·二十四·七〕

葬杞平公。[一]

［一］無《傳》。

昭公二十五年

〔昭經·二十五·一〕

二十有五年春，叔孫婼如宋。

(昭傳·二十五·一)

二十五年春，叔孫婼聘于宋。桐門右師見之，[一] 語卑宋大夫，而賤司城氏。[二] 昭子告其人曰：“右師其亡乎？君子貴其身而後能及人，是以有禮。[三] 今夫子卑其大夫而賤其宗，是賤其身也，[四] 能有禮乎！無禮必亡。”[五] 宋公享昭子，賦《新宮》，[六] 昭子賦《車轄》。[七] 明日，宴，飲酒樂。宋公使昭子右坐，[八] 語相泣也。樂祁佐。[九] 退而告人曰：“今茲君與叔孫其皆死乎？吾聞之，哀樂[一〇] 而樂哀，[一一] 皆喪心也。心之精爽，是謂魂魄。魂魄去之，何以能久？”[一二]

[一] 右師，樂大心，居桐門。

[二] 司城，樂氏之大宗也。卑、賤，謂其才德薄。

[三] 唯禮可以貴身，貴身故尚禮。

[四] 賤人，人亦賤己。

[五] 爲定十年樂大心出奔《傳》。

[六] 逸《詩》。

[七]《詩·小雅》。周人思得賢女以配君子。昭子將爲季孫迎宋公女，故賦之。

[八] 坐宋公右，以相近言，改禮坐。

[九] 助宴禮。

［一〇］可樂而哀。

［一一］可哀而樂。

［一二］爲此冬叔孫、宋公卒《傳》。

〔左氏附〕

（昭傳·二十五·二）

季公若之姊爲小邾夫人，[一]生宋元夫人，[二]生子以妻季平子。昭子如宋聘，且逆之。[三]公若從，[四]謂曹氏勿與，魯將逐之。[五]曹氏告公，公告樂祁。樂祁曰："與之。如是，魯君必出，政在季氏三世矣。[六]魯君喪政四公矣。[七]無民而能逞其志者，未之有也。國君是以鎮撫其民。《詩》曰：'人之云亡，心之憂矣。'[八]魯君失民矣，焉得逞其志？靖以待命猶可，動必憂。"[九]

［一］平子庶姑與公若同母，故曰"公若姊"。

［二］宋元夫人，平子之外姊。

［三］平子人臣而因卿逆，季氏强横。

［四］從昭子。

［五］曹氏，宋元夫人。

［六］文子、武子、平子。

［七］宣、成、襄、昭。

［八］《詩·大雅》。言無人則憂患至。

［九］爲下公孫《傳》。

〔昭經·二十五·二〕

夏，叔詣會晉趙鞅、宋樂大心、衛北宫喜、鄭游吉、曹

人、邾人、滕人、薛人、小邾人于黄父。

(昭傳·二十五·三)

夏，會于黄父，謀王室也。[一]趙簡子令諸侯之大夫，[二]輸王粟，具戍人，曰：“明年將納王。”[三]子大叔見趙簡子，簡子問揖讓周旋之禮焉。對曰：“是儀也，非禮也。”簡子曰：“敢問何謂禮？”對曰：“吉也聞諸先大夫子産曰：‘夫禮，天之經也，[四]地之義也，[五]民之行也。’[六]天地之經，而民實則之。則天之明，[七]因地之性，[八]生其六氣，[九]用其五行。[一〇]氣爲五味，[一一]發爲五色，[一二]章爲五聲，[一三]淫則昏亂，民失其性。[一四]是故爲禮以奉之：[一五]爲六畜、[一六]五牲、[一七]三犧，[一八]以奉五味；爲九文、[一九]六采、[二〇]五章，以奉五色；[二一]爲九歌、八風、七音、六律，以奉五聲；[二二]爲君臣上下，以則地義；[二三]爲夫婦外内，以經二物；[二四]爲父子、兄弟、姑姊、甥舅、昏媾、姻亞，以象天明；[二五]爲政事、庸力、行務，以從四時；[二六]爲刑罰、威獄，使民畏忌，以類其震曜殺戮；[二七]爲溫慈惠和，以效天之生殖長育。民有好、惡、喜、怒、哀、樂，生于六氣。[二八]是故審則宜類，以制六志。[二九]哀有哭泣，樂有歌舞，喜有施舍，怒有戰鬬。喜生於好，怒生於惡。是故審行信令，禍福賞罰，以制死生。生，好物也。死，惡物也。好物，樂也。惡物，哀也。哀樂不失，乃能協于天地之性，是以長久。”[三〇]簡子曰：“甚哉！禮之大也。”對曰：“禮，上下之紀，天地之經緯也，[三一]民之所以生也，是以先王尚之。故人之能自曲直以赴禮者，謂之成人。大，不亦宜乎！”[三二]簡子曰：“鞅也請終身守

此言也。"[三三]

[一]王室有子朝亂，謀定之。

[二]簡子，趙鞅。

[三]納王於王城。

[四]經者，道之常。

[五]義者，利之宜。

[六]行者，人所履行。

[七]日月星辰，天之明也。

[八]高下剛柔，地之性也。

[九]謂陰、陽、風、雨、晦、明。

[一〇]金、木、水、火、土。

[一一]酸、鹹、辛、苦、甘。

[一二]青、黄、赤、白、黑。發，見也。

[一三]宫、商、角、徵、羽。

[一四]滋味聲色，過則傷性。

[一五]制禮以奉其性。

[一六]馬、牛、羊、雞、犬、豕。

[一七]麋、鹿、麏、狼、兔。

[一八]祭天、地、宗廟三者，謂之犧。

[一九]謂山、龍、華、蟲、藻、火、粉、米、黼、黻也。華若草華。藻，水草。火，畫火。粉米若白米。黼若斧。黻若兩已相戾。《傳》曰："火龍黼黻，昭其文也。"

[二〇]畫繢之事，雜用天地四方之色，青與白，赤與黑，玄與黄，皆相次謂之六色。

[二一]青與赤謂之文，赤與白謂之章，白與黑謂之黼，黑與青謂

之黻。五色備謂之繡。集此五章以奉成五色之用。

［二二］解見二十年。

［二三］君臣有尊卑，法地有高下。

［二四］夫治外，婦治内，各治其物。

［二五］六親和睦，以事嚴父，若衆星之共辰極也。妻父曰昏，重昏曰媾，壻父曰姻，兩壻相謂曰亞。

［二六］在君爲政，在臣爲事。民功曰庸，治功曰力。行其德教，務其時要，禮之本也。

［二七］雷震電曜，天之威也。聖人作刑獄，以象類之。

［二八］此六者，皆稟陰、陽、風、雨、晦、明之氣。

［二九］爲禮以制好、惡、喜、怒、哀、樂六志，使不過節。

［三〇］協，和也。

［三一］經緯，錯居以相成者。

［三二］曲直以弼其性。

［三三］鞅能守此言，故終免於晉陽之難。

宋樂大心曰："我不輸粟，我於周爲客，[一]若之何使客？"晉士伯曰："自踐土以來，[二]宋何役之不會，而何盟之不同？曰同恤王室，子焉得辟之？子奉君命以會大事，而宋背盟，無乃不可乎？"右師不敢對，受牒而退。[三]士伯告簡子曰："宋右師必亡。奉君命以使，而欲背盟以干盟主，無不祥大焉。"[四]

［一］二王後，爲賓客。

［二］踐土在僖二十八年。

［三］右師，樂大心。

［四］言不善無大此者。爲定十年宋樂大心出奔《傳》。

〔昭經·二十五·三〕

有鸜鵒來巢。[一]

［一］此鳥穴居，不在魯界，故曰"來巢"。非常，故書。

(昭傳·二十五·四)

有鸜鵒來巢，書所無也。師己曰："異哉！吾聞文、成之世童謠有之[一]曰：'鸜之鵒之，公出辱之。[二]鸜鵒之羽，公在外野，往饋之馬。[三]鸜鵒跦跦，公在乾侯，[四]徵褰與襦。[五]鸜鵒之巢，遠哉遥遥。裯父喪勞〔一〕，宋父以驕。[六]鸜鵒鸜鵒，往歌來哭。'[七]童謠有是，今鸜鵒來巢，其將及乎？"[八]

［一］師己，魯大夫。

［二］言鸜鵒來，則公出辱也。

［三］饋，遺也。

［四］跦跦，跳行貌。

［五］褰，袴。

［六］裯父，昭公。死外，故喪勞。宋父，定公。代立，故以驕。

［七］昭公生出歌，死還哭。

［八］將及禍也。

〔昭經·二十五·四〕

秋七月上辛，大雩。季辛，又雩。[一]

〔一〕裯父喪勞 "裯"，原作"稠"，據石經、興國軍本改，注同。按：阮校曰："石經、宋本、小字宋本、岳本、足利本作'裯父'，與《漢書·五行志》引傳合。"

［一］季辛，下旬之辛也。言“又”，重上事。

(昭傳·二十五·五)

秋，書再雩，旱甚也。

〔昭經·二十五·五〕

九月己亥，公孫于齊，次于陽州。[一]**齊侯唁公于野井。**[二]

［一］諱奔，故曰“孫”。若自孫讓而去位者。陽州，齊、魯竟上邑。未敢直前，故次于竟。

［二］濟南祝阿縣東有野井亭。齊侯來唁公，公不敢遠勞，故逆之，往至野井。

(昭傳·二十五·六)

初，季公鳥娶妻於齊鮑文子，生甲。[一]公鳥死，季公亥與公思展與公鳥之臣申夜姑相其室。[二]及季姒與饔人檀通[三]而懼，乃使其妾抶己，以示秦遄之妻，[四]曰：“公若欲使余，余不可而抶余。”又訴於公甫[五]曰：“展與夜姑將要余。”[六]秦姬以告公之，[七]公之與公甫告平子。平子拘展於卞，而執夜姑，將殺之。公若泣而哀之曰：“殺是，是余殺也。”將爲之請。平子使豎勿内，日中不得請。有司逆命，[八]公之使速殺之，故公若怨平子。

［一］公鳥，季公亥之兄，平子庶叔父。

［二］公亥即公若也。展，季氏族。相，治也。

［三］季姒，公鳥妻，鮑文子女。饔人，食官。

［四］秦遄，魯大夫。妻，公鳥妹秦姬也。

［五］公甫，平子弟。

［六］要，劫我以非禮。

［七］公之亦平子弟。

［八］執夜姑之有司，欲迎受殺生之命。

季、郈之雞鬬。[一] 季氏介其雞，[二] 郈氏爲之金距。平子怒，[三] 益宫於郈氏，[四] 且讓之。[五] 故郈昭伯亦怨平子。臧昭伯之從弟會[六] 爲讒於臧氏，而逃於季氏，臧氏執旃。平子怒，拘臧氏老。將禘於襄公，萬者二人，其衆萬於季氏。[七] 臧孫曰："此之謂不能庸先君之廟。"[八] 大夫遂怨平子。

［一］季平子、郈昭伯二家相近，故雞鬬。

［二］擣芥子，播其毛也〔一〕。或曰，以膠沙播之爲介雞。

［三］怒其不下己。

［四］侵郈氏室以自益。

［五］讓，責也。

［六］昭伯，臧爲子。

［七］禘，祭也。萬，舞也。於禮，公當三十六人。

［八］不能用禮也。蓋襄公别立廟。

公若獻弓於公爲，[一] 且與之出射於外，而謀去季氏。公爲告公果、公賁。[二] 公果、公賁使侍人僚相告公。公寢，將以戈擊之，乃走。公曰："執之。"亦無命也。[三] 懼而不出，數月不見，公不怒。又使言，公執戈以懼之，乃走。又使言，公曰："非小人之所及也。"[四] 公果自言，公以告

〔一〕播其毛也　"毛"，興國軍本作"羽"。

臧孫，臧孫以難。[五]告郈孫，郈孫以可，勸。告子家懿伯，[六]懿伯曰："讒人以君徼幸，事若不克，君受其名，[七]不可爲也。舍民數世以求克，事不可必也。且政在焉，其難圖也。"公退之。[八]辭曰："臣與聞命矣，言若洩，臣不獲死。"乃館於公。[九]

［一］公爲，昭公子務人。

［二］果、賁，皆公爲弟。

［三］獨言執之，無勑命。

［四］謂僚柤爲小人。

［五］言難逐[一]。

［六］子家羈，莊公之玄孫。

［七］受惡名。

［八］退使去。

［九］恐受洩命之罪，故留公宫以自明。

叔孫昭子如闞，[一]公居於長府。[二]九月戊戌，伐季氏，殺公之于門，遂入之。平子登臺而請曰："君不察臣之罪，使有司討臣以干戈，臣請待於沂上以察罪。"弗許。[三]請囚于費，弗許。請以五乘亡，弗許。子家子曰："君其許之。政自之出久矣，隱民多取食焉。[四]爲之徒者衆矣，日入慝作，弗可知也。[五]衆怒不可蓄也。[六]蓄而弗治，將藴。[七]藴蓄，民將生心。生心，同求將合。[八]君必悔之。"弗聽。郈孫曰："必殺之。"

［一］闞，魯邑。

〔一〕言難逐　"逐"，原作"遂"，據興國軍本改。

［二］長府，官府名。

［三］魯城南自有沂水，平子欲出城待罪也。大沂水出蓋縣，南至下邳入泗[一]。

［四］隱約窮困。

［五］慝，姦惡也。日冥，姦人將起叛君助季氏，不可知。

［六］季氏衆。

［七］薀，積也。

［八］與季氏同求叛君者。

公使郈孫逆孟懿子，[一]叔孫氏之司馬鬷戾言於其衆曰："若之何？"莫對。[二]又曰："我，家臣也，不敢知國。凡有季氏與無，於我孰利？"皆曰："無季氏，是無叔孫氏也。"鬷戾曰："然則救諸？"帥徒以往，陷西北隅以入。[三]公徒釋甲，執冰而踞。[四]遂逐之。[五]孟氏使登西北隅以望季氏，見叔孫氏之旌以告。孟氏執郈昭伯，殺之于南門之西，遂伐公徒。子家子曰："諸臣僞劫君者，而負罪以出，君止。[六]意如之事君也，不敢不改。"[七]公曰："余不忍也。"與臧孫如墓謀，[八]遂行。

［一］懿子，仲孫何忌。

［二］衆疑所助。

［三］陷公圍也。

［四］言無戰心也。冰，櫝丸蓋。或云櫝丸是箭筩，其蓋可以取飲。

［五］逐公徒。

〔一〕 全句《史記集解》引作："魯城南自有沂水，平子欲出城待罪也。大沂水出蓋縣，南入泗水。"

［六］使若非君本意者，君自可止不出。

［七］意如，季平子名。

［八］辭先君，且謀所奔。

己亥，公孫于齊，次于陽州。

齊侯將唁公于平陰，公先至于野井。齊侯曰：“寡人之罪也。使有司待于平陰，爲近故也。”[一]書曰“公孫于齊，次于陽州。齊侯唁公于野井”，禮也。將求於人，則先下之，禮之善物也。[二]齊侯曰：“自莒疆以西，請致千社，[三]以待君命。[四]寡人將帥敝賦以從執事，唯命是聽。君之憂，寡人之憂也。”公喜。子家子曰：“天祿不再。天若胙君，不過周公，以魯足矣。失魯而以千社爲臣，誰與之立？[五]且齊君無信，不如早之晉。”弗從。

［一］齊侯自咎，本不勑有司遠詣陽州，而欲近會于平陰，故令魯侯過共，先至野井，遠見迎逆，自咎以謝公。

［二］物，事也。謂先往至野井。

［三］二十五家爲社，千社二萬五千家。欲以給公。

［四］待君伐季氏之命。

［五］爲齊臣。

臧昭伯率從者將盟，載書曰：“戮力壹心，好惡同之。信罪之有無，[一]繾綣從公，無通外内。”[二]以公命示子家子。子家子曰：“如此，吾不可以盟。羈也不佞，不能與二三子同心，而以爲皆有罪，[三]或欲通外内，且欲去君。[四]二三子好亡而惡定，焉可同也？陷君於難，罪孰大焉！通外

内而去君，君將速入，弗通何爲？而何守焉？”乃不與盟。[五]

[一] 信，明也。處者有罪，從者無罪。

[二] 繾綣，不離散。

[三] 從者陷君，留者逐君，皆有罪也。

[四] 去君，僞負罪出奔，不必繾綣從公。

[五] 何必守公。

〔昭經·二十五·六〕

冬十月戊辰，叔孫婼卒。[一]

[一] 公不與小斂而書日者，公在外，非無恩。

(昭傳·二十五·七)

昭子自闞歸，見平子。平子稽顙曰：“子若我何？”昭子曰：“人誰不死？子以逐君成名，子孫不忘，不亦傷乎？將若子何？”平子曰：“苟使意如得改事君，所謂生死而肉骨也。”昭子從公于齊，與公言。子家子命適公館者執之。[一] 公與昭子言於幄内曰：“將安衆而納公。”[二] 公徒將殺昭子，伏諸道。[三] 左師展告公，公使昭子自鑄歸。[四] 平子有異志。[五] 冬十月辛酉，昭子齊於其寢，使祝宗祈死。戊辰，卒。[六] 左師展將以公乘馬而歸，公徒執之。[七]

[一] 恐從者知叔孫謀。

[二] 昭子請歸安衆。

[三] 伏兵。

[四] 辟伏兵。

[五] 不欲復納公。

[六] 耻爲平子所欺，因祈而自殺。

［七］展，魯大夫。欲與公俱輕歸。

〔左氏附〕

（昭傳·二十五·八）

壬申，尹文公涉于鞏，焚東訾，弗克。[一]

［一］文公，子朝黨。於鞏縣，涉洛水也。東訾，敬王邑。

〔昭經·二十五·七〕

十有一月己亥，宋公佐卒于曲棘。[一]

［一］陳留外黃縣城中有曲棘里，宋地。未同盟而赴以名。

（昭傳·二十五·九）

十一月，宋元公將爲公故如晉，[一]夢大子欒即位於廟，己與平公服而相之。[二]旦召六卿。公曰："寡人不佞，不能事父兄，[三]以爲二三子憂，寡人之罪也。若以群子之靈，獲保首領以没，唯是楄柎所以藉幹者，[四]請無及先君。"[五]仲幾對曰："君若以社稷之故，私降昵宴，群臣弗敢知。[六]若夫宋國之法，死生之度，先君有命矣。群臣以死守之，弗敢失隊。臣之失職，常刑不赦。臣不忍其死，君命祇辱。"[七]宋公遂行。己亥，卒于曲棘。[八]

［一］請納公。

［二］平公，元公父。

［三］父兄謂華、向。

［四］楄柎，棺中笭牀也。幹，骸骨也。

［五］欲自貶損。

［六］昵，近也。降昵宴，謂損親近聲樂飲食之事。

［七］言君命必不行。祇，適也。

［八］爲明年梁丘據語起本。

〔昭經·二十五·八〕

十有二月，齊侯取鄆。[一]

［一］取鄆以居公也。

（昭傳·二十五·十）

十二月庚辰，齊侯圍鄆。[一]

［一］欲取以居公。不書圍，鄆人自服，不成圍。

〔左氏附〕

（昭傳·二十五·十一）

初，臧昭伯如晉，臧會竊其寶龜僂句，[一]以卜爲信與僭，僭吉。[二]臧氏老將如晉問，[三]會請往。[四]昭伯問家故，盡對。[五]及内子與母弟叔孫，則不對。[六]再三問，不對。歸及郊，會逆。問，又如初。[七]至次於外而察之，皆無之。執而戮之，逸，奔郈。郈魴假使爲賈正焉。[八]計於季氏。[九]臧氏使五人以戈楯伏諸桐汝之閭。[一〇]會出，逐之，反奔，執諸季氏中門之外。平子怒，曰："何故以兵入吾門？"拘臧氏老。季、臧有惡，[一一]及昭伯從公，平子立臧會。[一二]會曰："僂句不余欺也。"[一三]

［一］僂句，龜所出地名。

［二］僭，不信也。

［三］問昭伯起居。

［四］代家老行。

［五］故，事也。

［六］内子，昭伯妻。不對，若有他故。

［七］又不對。

［八］郈在東平無鹽縣東南。魴假，郈邑大夫。賈正掌貨物，使有常價，若市吏。

［九］送計簿於季氏。

［一〇］桐汝，里名。

［一一］相怨惡。

［一二］立以爲臧氏後。

［一三］《傳》言卜筮之驗，善惡由人。

〔左氏附〕

(昭傳·二十五·十二)

楚子使薳射城州屈，復茄人焉。[一] 城丘皇，遷訾人焉。[二] 使熊相禖郭巢，季然郭卷。[三] 子大叔聞之，曰："楚王將死矣。使民不安其土，民必憂，憂將及王，弗能久矣。"[四]

［一］還復茄人於州屈。

［二］移訾人於丘皇。

［三］使二大夫爲巢、卷築郭也。卷城在南陽葉縣南。

［四］爲明年楚子居卒《傳》。

昭公二十六年

〔左氏附〕

(昭傳·二十六·一)

二十六年春王正月庚申，齊侯取鄆。[一]

［一］前年已取鄆，至是乃發《傳》者，爲公處鄆起。

〔昭經·二十六·一〕

二十有六年春王正月，葬宋元公。[一]

［一］三月而葬，速。

(昭傳·二十六·二)

葬宋元公，如先君，禮也。[一]

［一］善宋人違命以合禮。

〔昭經·二十六·二〕

三月，公至自齊，居于鄆。

(昭傳·二十六·三)

三月，公至自齊，處于鄆，言魯地也。[一]

［一］入魯竟，故書"至"。猶在外，故書地。

〔昭經·二十六·三〕

夏，公圍成。[一]

［一］成，孟氏邑。不書齊師，帥賤衆少，重在公。

(昭傳·二十六·四)

夏，齊侯將納公，命無受魯貨。申豐從女賈，[一]以幣錦二兩，[二]縛一如瑱，[三]適齊師。謂子猶之人高齮：[四]“能貨子猶，爲高氏後，粟五千庾。”[五]高齮以錦示子猶。子猶欲之。齮曰：“魯人買之，百兩一布，以道之不通，先入幣財。”[六]子猶受之，言於齊侯曰：“群臣不盡力于魯君者，非不能事君也。[七]然據有異焉。[八]宋元公爲魯君如晉，卒於曲棘。叔孫昭子求納其君，無疾而死。不知天之棄魯邪〔一〕，抑魯君有罪於鬼神，故及此也？君若待于曲棘，使群臣從魯君以卜焉。[九]若可，師有濟也，君而繼之，兹無敵矣。若其無成，君無辱焉。”齊侯從之，使公子鉏帥師從公。[一〇]

[一]豐、賈二人，皆季氏家臣。

[二]二丈爲一端，二端爲一兩，所謂匹也。二兩，二匹。

[三]瑱，充耳。縛，卷也。急卷使如充耳，易懷藏。

[四]齮，子猶家臣。子猶，梁丘據。

[五]言若能爲我行貨於子猶，當爲請使得爲高氏後，又當致粟五千庾。庾，十六斗，凡八千斛。

[六]言魯人買此甚多，布陳之，以百兩爲數。

[七]欲行其説，故先示欲盡力納魯君。

[八]異，猶怪也。

[九]卜知可伐否。

[一〇]鉏，齊大夫。

成大夫公孫朝謂平子曰：“有都以衛國也，請我受師。”

〔一〕不知天之棄魯邪　“邪”，原作“耶”，據石經、興國軍本改。按：阮校曰：“石經、宋本、淳熙本、小字宋本、足利本‘耶’作‘邪’，是也。”

許之。[一]請納質,[二]弗許,曰:“信女足矣。”告於齊師曰:“孟氏,魯之敝室也。[三]用成已甚,弗能忍也。請息肩于齊。”[四]齊師圍成,成人伐齊師之飲馬于淄者,曰:“將以厭衆。”[五]魯成備而後告曰:“不勝衆。”[六]

[一]以成邑禦齊師。

[二]恐見疑。

[三]敝,壞也。

[四]公孫朝詐齊師言欲降,使來取成。

[五]以厭衆心,不欲使知已降也。淄水出泰山梁父縣,西北入汶。

[六]告齊言衆不欲降,已不能勝。

師及齊師戰于炊鼻。[一]齊子淵捷從洩聲子,[二]射之,中楯瓦。[三]繇朐汏輈,匕入者三寸。[四]聲子射其馬斬鞅,殪。[五]改駕。人以爲鬷戾也而助之。[六]子車曰:“齊人也。”[七]將擊子車,子車射之,殪。其御曰:“又之。”[八]子車曰:“衆可懼也,而不可怒也。”子囊帶從野洩,叱之。[九]洩曰:“軍無私怒,報乃私也,將亢子。”[一〇]又叱之,[一一]亦叱之。[一二]冉豎射陳武子,中手,[一三]失弓而罵。[一四]以告平子,曰:“有君子白皙,鬒鬚眉,甚口。”平子曰:“必子彊也。無乃亢諸?”[一五]對曰:“謂之君子,何敢亢之?”[一六]林雍羞爲顔鳴右,下。[一七]苑何忌取其耳,[一八]顔鳴去之。[一九]苑子之御曰:“視下顧。”[二〇]苑子剕林雍,斷其足,鑋而乘於他車以歸。[二一]顔鳴三入齊師,呼曰:“林雍乘。”[二二]

[一]季氏師距公,非公命則不書。炊鼻,魯地。

［二］聲子，魯大夫。

［三］瓦，楯脊。

［四］入楯瓦也。朐，車軛。輈，車轅。繇，過也。汏，矢激。匕，矢鏃也。

［五］殪，死也。

［六］人，魯人也。鬷戾，叔孫氏司馬。

［七］子車即淵捷。

［八］又欲使射餘人。

［九］囊帶，齊大夫。野洩即聲子。

［一〇］欲以公戰禦之，不欲私報其叱。

［一一］子囊復叱之。

［一二］野洩亦叱也。言齊無戰心，但相叱。

［一三］冉豎，季氏臣。

［一四］武子罵。

［一五］子彊，武子字。

［一六］僞言不敢違季氏。

［一七］皆魯人。羞爲右，故下車戰。

［一八］何忌，齊大夫。不欲殺雍，但截其耳以辱之。

［一九］其右見獲，懼而去之。

［二〇］復欲使苑子擊其足。

［二一］鑿，一足行。

［二二］言魯人皆致力於季氏，不以私怨而相棄。

〔左氏附〕

（昭傳·二十六·五）

四月，單子如晉告急。五月戊午，劉人敗王城之師于

尸氏。[一] 戊辰，王城人、劉人戰于施谷，劉師敗績。[二]

[一] 劉人，劉蚠之屬。王城，子朝之徒。尸氏在鞏縣西南偃師城。

[二] 施谷，周地。

〔昭經·二十六·四〕

秋，公會齊侯、莒子、邾子、杞伯盟于鄟陵。[一]

[一] 鄟陵，地闕。

(昭傳·二十六·六)

秋，盟于剸陵〔一〕，謀納公也。[一]

[一] 齊侯謀。

〔昭經·二十六·五〕

公至自會，居于鄆。[一]

[一] 無《傳》。

〔左氏附〕

(昭傳·二十六·七)

七月己巳，劉子以王出。[一] 庚午，次于渠。[二] 王城人焚劉。[三] 丙子，王宿于褚氏。[四] 丁丑，王次于萑谷。庚辰，王入于胥靡。辛巳，王次于滑。[五] 晉知躒、趙鞅帥師納王，使女寬守闕塞。[六]

[一] 師敗，懼而出。

〔一〕 盟于剸陵　按：阮校《公羊傳·昭公二十六年》曰："鄂本、閩、監、毛本同。唐石經、蜀大字本'剸'作'鄟'。《釋文》：'鄟陵，音專。本亦作專。'"

［二］渠，周地。

［三］燒劉子邑。

［四］洛陽縣南有褚氏亭。

［五］萑谷、胥靡、滑，皆周地。胥靡、滑，本鄭邑。

［六］女寬，晉大夫。闕塞，洛陽西南伊闕口也。守之，備子朝。

〔昭經·二十六·六〕

九月庚申，楚子居卒。［一］

［一］未同盟而赴以名。

(昭傳·二十六·八)

九月，楚平王卒，令尹子常欲立子西，［一］曰："大子壬弱，其母非適也，［二］王子建實聘之。子西長而好善，立長則順，建善則治。王順國治，可不務乎？"子西怒曰："是亂國而惡君王也。［三］國有外援，不可瀆也。［四］王有適嗣，不可亂也。敗親速讎，［五］亂嗣不祥，我受其名。［六］賂吾以天下，吾滋不從也。［七］楚國何爲？必殺令尹。"令尹懼，乃立昭王。

［一］子西，平王之長庶。

［二］壬，昭王也。

［三］言王子建聘之，是章君王之惡。

［四］外援，秦也。瀆，慢也。

［五］不立壬，秦將來討，是速讎也。

［六］受惡名。

［七］滋，益也。

〔昭經·二十六·七〕

冬十月，天王入于成周。[一] **尹氏、召伯、毛伯以王子朝奔楚。**[二]

[一]《傳》言王入在子朝奔後，《經》在前者，子朝來告晚。

[二] 召伯當言召氏，《經》誤也。尹、召族奔非一人，故言氏。書奔在王入下者，王入，乃告諸侯。

（昭傳·二十六·九）

冬十月丙申，王起師于滑。[一] 辛丑，在郊，[二] 遂次于尸。十一月辛酉，晉師克鞏。[三] 召伯盈逐王子朝[一]，[四] 王子朝及召氏之族、毛伯得、尹氏固、南宫嚚奉周之典籍以奔楚。[五] 陰忌奔莒以叛。[六] 召伯逆王于尸，及劉子、單子盟。[七] 遂軍圉澤，次于隄上。[八] 癸酉，王入于成周。[九] 甲戌，盟于襄宫，[一〇] 晉師使成公般戍周而還。[一一] 十二月癸未，王入于莊宫。[一二]

[一] 起，發也。

[二] 郊，子朝邑。

[三] 知躒、趙鞅之師。

[四] 伯盈本黨子朝，晉師克鞏，知子朝不成，更逐之而逆敬王。

[五] 尹、召二族皆奔，故稱氏。重見尹固名者，爲後還見殺。

[六] 陰忌，子朝黨。莒，周邑。

[七] 召伯新還，故盟。

[八] 圉澤、隄上，皆周地。

〔一〕 誠按：《傳》依杜注，專名綫作“召伯盈逐王子朝”。考《左傳·昭公二十四年》“召簡公、南宫嚚以甘桓公見王子朝”，杜注：“簡公，召莊公之子召伯盈也。”方炫琛曰：“則召其氏也。其稱召簡公，簡蓋其謚也。《左·昭二十六》稱召伯盈，又稱召伯，盈或其名也。”

［九］成周，今洛陽。

［一〇］襄王之廟。

［一一］般，晉大夫。

［一二］莊宫在王城。

王子朝使告于諸侯曰："昔武王克殷，成王靖四方，康王息民，並建母弟，以蕃屏周。亦曰：'吾無專享文、武之功，[一] 且爲後人之迷敗傾覆，而溺入于難，則振救之。'至于夷王，王愆于厥身。[二] 諸侯莫不並走其望，以祈王身。至于厲王，王心戾虐，萬民弗忍，居王于彘，[三] 諸侯釋位，以間王政。[四] 宣王有志，而後效官。[五] 至于幽王，天不弔周，王昏不若，用愆厥位。[六] 攜王奸命，諸侯替之而建王嗣，用遷郟鄏。[七] 則是兄弟之能用力於王室也。至于惠王，天不靖周，生穨禍心〔一〕，施于叔帶，惠、襄辟難，越去王都。[八] 則有晉、鄭，咸黜不端，[九] 以綏定王家。則是兄弟之能率先王之命也。在定王六年，秦人降妖，[一〇] 曰：'周其有頾王，亦克能脩其職。諸侯服享，二世共職。[一一] 王室其有間王位，諸侯不圖，而受其亂災。'[一二] 至于靈王，生而有頾。[一三] 王甚神聖，無惡於諸侯。靈王、景王，克終其世。[一四]

［一］不敢專，故建母弟。

［二］夷王，厲王父也。愆，惡疾也。

［三］不忍害王也。厲王之末，周人流王于彘。

〔一〕生穨禍心　"穨"，原作"頽"，據石經、興國軍本改，注同。按：阮校曰："石經、宋本、小字宋本作'穨'，是也。"

［四］間，猶與也。去其位，與治王之政事。

［五］宣王，厲王子。彘之亂，宣王尚少，召公虎取而長之。效，授也。

［六］幽王，宣王子。若，順也。愆，失也。

［七］攜王，幽王少子伯服也。王嗣，宜臼也。幽王后申姜生大子宜臼，王幸褒姒，生伯服，欲立之而殺大子。大子奔申，申伯與鄫及西戎伐周，戰于戲。幽王死，諸侯廢伯服而立宜臼，是爲平王，東遷郟鄏。

［八］惠王，平王六世孫。穨，惠王庶叔也。莊十九年作亂，惠王適鄭。襄王，惠王子。叔帶，襄王弟。僖二十四年，叔帶作難，襄王處氾。

［九］黜，去也。晉文殺叔帶，鄭厲殺子穨，爲王室去不端直之人。

［一〇］定王，襄王孫。定王六年，魯宣八年。

［一一］二世，謂靈、景。

［一二］間王位，謂子朝也。今子朝以爲王猛。受亂災，謂楚也。今子朝以爲晉。

［一三］靈王，定王孫。

［一四］景王，靈王子。

“今王室亂，單旗、劉狄，剝亂天下，壹行不若。[一]謂：‘先王何常之有？[二]唯余心所命，其誰敢討之？’帥群不弔之人，[三]以行亂于王室，侵欲無厭，規求無度，貫瀆鬼神，[四]慢棄刑法，倍奸齊盟，傲很威儀，矯誣先王。晉爲不道，是攝是贊，[五]思肆其罔極。[六]茲不穀震盪播越，竄在荆蠻，[七]未有攸底。[八]若我一二兄弟甥舅，獎順天法，無助狡猾，以從先王之命。毋速天罰，赦圖不穀，[九]則所願也。敢盡布其腹心，及先王之經，而諸侯實深圖之！昔先王之命曰：'王后無適，則擇立長。年鈞以德，德鈞以卜。'[一〇]王不立愛，公卿無私，古之制也。穆后及大子壽早夭即世，[一一]單、劉贊私立少，以間先王，[一二]亦唯伯仲叔季圖之。"[一三]閔馬父聞子朝之辭曰："文辭以行禮也。子朝干景之命，遠晉之大，以專其志，無禮甚矣，文辭何爲？"[一四]

[一] 單旗，穆公也。劉狄，劉蚠也。壹，專也。

[二] 言先王無常法。

[三] 弔，至也。

[四] 貫，習也。瀆，易也。

[五] 攝，持也。贊，佐也。先王，謂景王。

[六] 肆，放也。

[七] 兹，此也。此不穀，子朝自謂。

[八] 底，至也。攸，所也。

[九] 赦其憂而圖其難。

[一〇] 此所謂先王之經。

[一一] 在十五年。

[一二] 間錯先王之制。

[一三] 伯仲叔季，揔謂諸侯。

[一四]《傳》終王室亂〔一〕。

〔一〕 傳終王室亂 "亂"，阮刻本作"辭"。

〔左氏附〕

（昭傳·二十六·十）

齊有彗星，[一]齊侯使禳之。[二]晏子曰：“無益也，祇取誣焉。[三]天道不謟，[四]不貳其命，若之何禳之？且天之有彗也，以除穢也。君無穢德，又何禳焉？若德之穢，禳之何損？《詩》曰：‘惟此文王，小心翼翼。昭事上帝，聿懷多福。厥德不回，以受方國。’[五]君無違德，方國將至，何患於彗？《詩》曰：‘我無所監，夏后及商。用亂之故，民卒流亡。’[六]若德回亂，民將流亡。祝史之爲，無能補也。”公說，乃止。

［一］出齊之分野。不書，魯不見。

［二］祭以禳除之。

［三］誣，欺也。

［四］謟，疑也。

［五］《詩·大雅》。翼翼，共也。聿，惟也。回，違也。言文王德不違天人，故四方之國歸往之。

［六］逸《詩》也。言追監夏、商之亡，皆以亂故。

〔左氏附〕

（昭傳·二十六·十一）

齊侯與晏子坐于路寢，公歎曰：“美哉室，其誰有此乎！”[一]晏子曰：“敢問何謂也？”公曰：“吾以爲在德。”對曰：“如君之言，其陳氏乎！陳氏雖無大德，而有施於民。豆區釜鍾之數，其取之公也薄，[二]其施之民也厚。[三]公厚斂焉，陳氏厚施焉，民歸之矣。《詩》曰：‘雖無德與女，式歌且舞。’[四]陳氏之施，民歌舞之矣。後世若少惰，陳氏而不亡，則國其國也已。”公曰：“善哉！是可若何？”對曰：“唯禮可以已之。在禮，家施不及國，民不遷，農不移，工賈不變，[五]士不濫，[六]官不滔，[七]大夫不收公利。”[八]公曰：“善哉！我不能矣。吾今而後知禮之可以爲國也。”對曰：“禮之可以爲國也久矣，與天地並。[九]君令臣共，父慈子孝，兄愛弟敬，夫和妻柔，姑慈婦聽，禮也。君令而不違，臣共而不貳，父慈而教，子孝而箴，[一〇]兄愛而友，弟敬而順，夫和而義，妻柔而正，姑慈而從，[一一]婦聽而婉，[一二]禮之善物也。”公曰：“善哉！寡人今而後聞此禮之上也。”對曰：“先王所稟於天地，以爲其民也，是以先王上之。”[一三]

［一］景公自知德不能久有國，故歎也。

［二］謂以公量收。

［三］謂以私量貸。

［四］《詩·小雅》。義取雖無大德，要有喜説之心，欲歌舞之。式，用也。

［五］守常業。

［六］不失職。

［七］滔，慢也。

［八］不作福。

［九］有天地則禮義興。

［一〇］箴，諫也。

［一一］從，不自專。

［一二］婉，順也。

［一三］稟，受也。

春秋左氏經傳集解昭公七第二十六

春秋左氏經傳集解昭公七第二十六〔一〕

杜 氏

昭公二十七年

〔昭經·二十七·一〕

二十有七年春，公如齊。〔一〕

［一］自鄆行。

(昭傳·二十七·一)

二十七年春，公如齊。

〔昭經·二十七·二〕

公至自齊，居于鄆。

(昭傳·二十七·二)

公至自齊，處于鄆，言在外也。〔一〕

［一］在外邑，故書地〔二〕。

〔昭經·二十七·三〕

夏四月，吳弒其君僚。〔一〕

［一］僚亟戰民罷，又伐楚喪，故光乘間而動。稱國以弒，罪在僚。

〔一〕 原卷標題“昭”字後闕“公”字，據本書體例補。

〔二〕 故書地 “地”，阮刻本作“也”。

(昭傳·二十七·三)

吳子欲因楚喪而伐之,[一] 使公子掩餘、公子燭庸帥師圍潛。[二] 使延州來季子聘于上國,[三] 遂聘于晉,以觀諸侯。[四] 楚莠尹然、工尹麇帥師救潛。[五] 左司馬沈尹戌帥都君子與王馬之屬以濟師,[六] 與吳師遇于窮。令尹子常以舟師及沙汭而還。[七] 左尹郤宛、工尹壽帥師至于潛,吳師不能退。[八] 吳公子光曰:“此時也,弗可失也。”[九] 告鱄設諸曰:“上國有言曰:‘不索何獲?’我,王嗣也,吾欲求之。[一〇] 事若克,季子雖至,不吾廢也。”[一一] 鱄設諸曰:“王可弒也。母老子弱,是無若我何。”[一二] 光曰:“我,爾身也。”[一三]

[一] 前年楚平王卒。

[二] 二子皆王僚母弟。潛,楚邑,在廬江六縣西南。

[三] 季子本封延陵,後復封州來,故曰“延州來”。

[四] 觀彊弱。

[五] 二尹,楚官。然、麇,其名。

[六] 都君子,在都邑之士有復除者。王馬之屬,王之養馬官屬校人也。濟,益也。

[七] 沙,水名。

[八] 楚師彊,故吳不得退去。

[九] 欲因其師徒在外,國不堪役,以弒王。

[一〇] 光,吳王諸樊子也,故曰“我,王嗣”。

[一一] 至,謂聘還。

[一二] 猶言我無若是何,欲以老弱託光。

[一三] 言我身猶爾身。

夏四月，光伏甲於堀室而享王。[一] 王使甲坐於道及其門。[二] 門階户席，皆王親也，夾之以鈹。羞者獻體，改服於門外。[三] 執羞者坐行而入，[四] 執鈹者夾承之，[五] 及體以相授也。[六] 光僞足疾，入于堀室。[七] 鱄設諸寘劍於魚中以進〔一〕，[八] 抽劍刺王，鈹交於胸，[九] 遂弑王。闔廬以其子爲卿。[一〇] 季子至，曰："苟先君無廢祀，民人無廢主，社稷有奉，國家無傾，乃吾君也，吾誰敢怨？哀死事生，以待天命，非我生亂，立者從之，先人之道也。"[一一] 復命哭墓，[一二] 復位而待。[一三] 吳公子掩餘奔徐，公子燭庸奔鍾吾。[一四] 楚師聞吳亂而還。[一五]

［一］堀地爲室。

［二］坐道邊，至光門。

［三］羞，進食也。獻體，解衣。

［四］坐行，膝行。

［五］承執羞者。

［六］鈹及進羞者體，以所食授王。

［七］恐難作，王黨殺己，素辟之。

［八］全魚炙。

［九］交鱄諸胸。

［一〇］闔廬，光也。以鱄諸子爲卿。

［一一］吳自諸樊以下兄弟相傳，而不立適，是亂由先人起也。季子自知力不能討光，故云爾。

［一二］復使命於僚墓。

［一三］復本位，待光命。

〔一〕 鱄設諸寘劍於魚中以進　"寘"，阮刻本作"寘"。

［一四］鍾吾，小國。

［一五］言聞吳亂，明郤宛不取賂而還。

〔昭經·二十七·四〕

楚殺其大夫郤宛。[一]

［一］無極，楚之讒人。宛所明知，而信近之，以取敗亡，故書名罪宛。

（昭傳·二十七·四）

郤宛直而和，國人説之。[一]鄢將師爲右領，[二]與費無極比而惡之。[三]令尹子常賄而信讒。無極譖郤宛焉，謂子常曰："子惡欲飲子酒。"[四]又謂子惡〔一〕："令尹欲飲酒於子氏。"子惡曰："我，賤人也，不足以辱令尹。令尹將必來辱，爲惠已甚，吾無以酬之，若何？"[五]無極曰："令尹好甲兵，子出之，吾擇焉。"[六]取五甲五兵，曰："寘諸門，令尹至必觀之，而從以酬之。"[七]及饗日，帷諸門左。[八]無極謂令尹曰："吾幾禍子，子惡將爲子不利，甲在門矣，子必無往。且此役也，[九]吳可以得志，子惡取賂焉而還，又誤群帥，使退其師，曰：'乘亂不祥。'吳乘我喪，我乘其亂，不亦可乎？"令尹使視郤氏，則有甲焉。不往，召鄢將師而告之。[一〇]將師退，遂令攻郤氏且爇之。[一一]子惡聞之，遂自殺也。國人弗爇。令曰："不爇郤氏，與之同罪。"或取一編菅焉，或取一秉秆焉。[一二]國人投之，遂弗爇也。令尹炮之，[一三]盡滅郤氏之族黨，殺陽令終與其弟完及佗，[一四]與晉陳及其子弟。[一五]晉陳之族

〔一〕又謂子惡　"又"，原作"入"，據石經改。

呼於國曰:“鄢氏、費氏自以爲王，專禍楚國，弱寡王室，蒙王與令尹以自利也。[一六]令尹盡信之矣，國將如何?”令尹病之。[一七]

［一］以直事君，以和接類。

［二］右領，官名。

［三］惡郤宛。

［四］子惡，郤宛。

［五］酬，報獻。

［六］擇取以進子常。

［七］曰，無極辭。

［八］張帷，陳甲兵其中。

［九］此春救潛之役。

［一〇］告子惡門有甲兵，將害己。

［一一］爇，燒也。

［一二］編菅，苫也。秉，把也。秆，稾也。

［一三］炮，燔郤宛[一]。

［一四］令終，陽匄子。

［一五］晉陳，楚大夫，皆郤氏黨。

［一六］蒙，欺也。

［一七］爲下殺無極張本。

〔昭經·二十七·五〕

秋，晉士鞅、宋樂祁犂、衛北宮喜、曹人、邾人、滕人會于扈。

〔一〕炮燔郤宛　阮刻本作“燒燔郤宛”。

（昭傳·二十七·五）

秋，會于扈，令戍周〔一〕，且謀納公也。宋、衛皆利納公，固請之。范獻子取貨於季孫，謂司城子梁與北宮貞子[一]曰："季孫未知其罪，而君伐之，請囚請亡，於是乎不獲。君又弗克，而自出也。夫豈無備而能出君乎？季氏之復，天救之也。[二]休公徒之怒，[三]而啓叔孫氏之心。不然，豈其伐人而説甲執冰以游？叔孫氏懼禍之濫，而自同於季氏，天之道也。魯君守齊三年而無成。季氏甚得其民，淮夷與之，[四]有十年之備，有齊、楚之援，[五]有天之贊，有民之助，有堅守之心，有列國之權，而弗敢宣也，[六]事君如在國。[七]故鞅以爲難。二子皆圖國者也，而欲納魯君，鞅之願也。請從二子以圍魯，無成，死之。"二子懼，皆辭，乃辭小國，而以難復。[八]

［一］子梁，宋樂祁也。貞子，衛北宮喜。

［二］復，猶安也。

［三］休，息也。

［四］淮夷，魯東夷。

［五］公雖在齊，言齊不致力。

［六］宣，用也。

［七］書公行，告公至，是也。

［八］以難納白晉君。

〔昭經·二十七·六〕

冬十月，曹伯午卒。[一]

〔一〕令戍周 "戍"，阮刻本作"成"。

［一］無《傳》。未同盟而赴以名。

〔昭經·二十七·七〕

邾快來奔。[一]

［一］無《傳》。快，邾命卿也，故書。

〔左氏附〕

（昭傳·二十七·六）

孟懿子、陽虎伐鄆。[一]鄆人將戰，子家子曰："天命不慆久矣。[二]使君亡者，必此衆也。[三]天既禍之，而自福也不亦難乎？猶有鬼神，此必敗也。嗚呼！爲無望也夫，其死於此乎！"公使子家子如晉。公徒敗于且知。[四]

［一］陽虎，季氏家臣，伐鄆欲奪公。

［二］慆，疑也，言棄君不疑。

［三］言君據鄆衆以與魯戰，必敗亡。

［四］且知，近鄆地。

〔左氏附〕

（昭傳·二十七·七）

楚郤宛之難，國言未已，進胙者莫不謗令尹。[一]沈尹戌言於子常曰："夫左尹與中廄尹莫知其罪，而子殺之，以興謗讟，至于今不已。[二]戌也惑之。仁者殺人以掩謗，猶弗爲也。今吾子殺人以興謗而弗圖，不亦異乎？夫無極，楚之讒人也，民莫不知。去朝吳，[三]出蔡侯朱〔一〕，[四]喪太子

〔一〕出蔡侯朱　"朱"，阮刻本作"宋"。

建，殺連尹奢，[五] 屏王之耳目，使不聰明。不然，平王之溫惠共儉，有過成、莊，無不及焉。所以不獲諸侯，邇無極也〔一〕。[六] 今又殺三不辜以興大謗，[七] 幾及子矣，子而不圖，將焉用之！夫鄢將師矯子之命以滅三族，國之良也，而不愆位。[八] 吳新有君，[九] 疆埸日駭〔二〕。楚國若有大事，子其危哉！知者除讒以自安也，今子愛讒以自危也，甚矣其惑也！”子常曰：“是瓦之罪，敢不良圖？”九月己未，子常殺費無極與鄢將師，盡滅其族，以說于國，謗言乃止。

[一] 進胙，國中祭祀也。謗，詛也。

[二] 左尹，郤宛也。中廄尹，陽令終。

[三] 在十五年。

[四] 在二十一年。

[五] 在二十年。

[六] 邇，近也。

[七] 三不辜，郤氏、陽氏、晉陳氏。

[八] 在位無愆過。

[九] 光新立也。

〔昭經·二十七·八〕

公如齊。[一]

[一] 自鄆行。

〔一〕 邇無極也　“極”，阮刻本作“及”。

〔二〕 疆埸日駭　“埸”，原作“場”，據石經改。按：阮校曰：“纂圖本、監本、毛本‘埸’誤‘場’。”

(昭傳 · 二十七 · 八)

冬，公如齊，齊侯請饗之。[一]子家子曰：“朝夕立於其朝，又何饗焉？其飲酒也。”乃飲酒，使宰獻而請安。[二]子仲之子曰重，爲齊侯夫人，曰：“請使重見。”[三]子家子乃以君出。[四]

[一] 設饗禮。

[二] 比公於大夫也。禮，君不敵臣，宴大夫，使宰爲主。獻，獻爵也。請安，齊侯請自安，不在坐也。

[三] 子仲，魯公子憖也。十二年，謀逐季氏，不能而奔齊。今行飲酒禮，而欲使重見，從宴媟也。

[四] 辟齊夫人。

〔昭經 · 二十七 · 九〕

公至自齊，居于鄆。[一]

[一] 無《傳》。

〔左氏附〕

(昭傳 · 二十七 · 九)

十二月，晉籍秦致諸侯之戍于周，魯人辭以難。[一]

[一]《經》所以不書戍周。籍秦，籍談子。

昭公二十八年

〔昭經·二十八·一〕

二十有八年春王三月，葬曹悼公。[一]

［一］無《傳》。六月而葬，緩。

〔昭經·二十八·二〕

公如晉，次于乾侯。[一]

［一］乾侯在魏郡斥丘縣，晉竟內邑。

（昭傳·二十八·一）

二十八年春，公如晉，將如乾侯。[一] 子家子曰："有求於人，而即其安，人孰矜之？其造於竟。"[二] 弗聽。使請逆於晉，晉人曰："天禍魯國，君淹恤在外，君亦不使一个辱在寡人，[三] 而即安於甥舅，其亦使逆君。"[四] 使公復于竟而後逆之。[五]

［一］齊侯卑公，故適晉。

［二］欲使次於竟以待命。

［三］一个，單使。

［四］言自使齊逆君。

［五］逆著乾侯也。言公不能用子家，所以見辱。

〔昭經·二十八·三〕

夏四月丙戌，鄭伯寧卒。[一]

［一］無《傳》。未同盟而赴以名。

〔昭經·二十八·四〕

六月，葬鄭定公。[一]

［一］無《傳》。三月而葬，速。

(昭傳·二十八·二)

晉祁勝與鄔臧通室。[一]祁盈將執之，[二]訪於司馬叔游。[三]叔游曰：“《鄭書》有之，惡直醜正，實蕃有徒。[四]無道立矣，子懼不免。[五]《詩》曰：‘民之多辟，無自立辟。’[六]姑已，若何？”[七]盈曰：“祁氏私有討，國何有焉？”[八]遂執之。祁勝賂荀躒，荀躒爲之言於晉侯。晉侯執祁盈。[九]祁盈之臣曰：“鈞將皆死，[一〇]憖使吾君聞勝與臧之死也以爲快。”[一一]乃殺之。夏六月，晉殺祁盈及楊食我。[一二]食我，祁盈之黨也，而助亂，故殺之，遂滅祁氏、羊舌氏。

［一］二子，祁盈家臣也。通室，易妻。

［二］盈，祁午之子。

［三］叔游，司馬叔侯之子。

［四］《鄭書》，古《書》名也。言害正直者，實多徒衆。

［五］言世亂讒勝。

［六］《詩·大雅》。

［七］姑，且也。已，止也。

［八］言討家臣，無與國事。

［九］以其專戮。

［一〇］鈞，同也。

［一一］憖，發語之音。

［一二］楊，叔向邑。食我，叔向子伯石也。

初，叔向欲娶於申公巫臣氏，[一]其母欲娶其黨。叔向曰："吾母多而庶鮮，吾懲舅氏矣。"[二]其母曰："子靈之妻殺三夫、[三]一君、[四]一子，[五]而亡一國、[六]兩卿矣。[七]可無懲乎？吾聞之，甚美必有甚惡。是鄭穆少妃姚子之子，子貉之妹也。[八]子貉早死無後，而天鍾美於是，[九]將必以是大有敗也。昔有仍氏生女，黰黑[一〇]而甚美，光可以鑑，[一一]名曰'玄妻'。[一二]樂正后夔取之，[一三]生伯封，實有豕心，貪惏無饜，忿纇無期，謂之'封豕'。[一四]有窮后羿滅之，夔是以不祀。[一五]且三代之亡，共子之廢，皆是物也。[一六]女何以爲哉？夫有尤物，足以移人。苟非德義，則必有禍。"[一七]叔向懼，不敢取。平公强使取之，生伯石。伯石始生，子容之母走謁諸姑，[一八]曰："長叔姒生男。"[一九]姑視之，及堂，聞其聲而還，曰："是豺狼之聲也。狼子野心，非是，莫喪羊舌氏矣。"遂弗視。

[一] 夏姬女也。

[二] 言父多妾媵，而庶子鮮少，嫌母氏性不曠。

[三] 子靈，巫臣。妻，夏姬也。三夫，陳御叔、楚襄老及巫臣也。時巫臣已死。

[四] 陳靈公。

[五] 夏徵舒。

[六] 陳也。

[七] 孔寧、儀行父。

[八] 子貉，鄭靈公夷。

[九] 是，夏姬也。鍾，聚也。子貉死在宣四年。

[一〇] 有仍，古諸侯也。美髮爲黰。

［一一］髮膚光色可以照人。

［一二］以髮黑故。

［一三］夔，舜典樂之君長。

［一四］顡，戾也。封，大也。

［一五］羿，篡夏后者。

［一六］夏以末喜，殷以妲己，周以褒姒，三代所由亡也。共子，晉申生，以驪姬廢。

［一七］尤，異也。

［一八］子容母，叔向嫂，伯華妻也。姑，叔向母。

［一九］兄弟之妻相謂姒。

〔昭經·二十八·五〕

秋七月癸巳，滕子寧卒。[一]

［一］無《傳》。未同盟而赴以名。

〔左氏附〕

(昭傳·二十八·三)

秋，晉韓宣子卒，魏獻子爲政，[一]分祁氏之田以爲七縣，[二]分羊舌氏之田以爲三縣。[三]司馬彌牟爲鄔大夫，[四]賈辛爲祁大夫，[五]司馬烏爲平陵大夫，魏戊爲梗陽大夫，[六]知徐吾爲塗水大夫，[七]韓固爲馬首大夫，[八]孟丙爲盂大夫，[九]樂霄爲銅鞮大夫，[一〇]趙朝爲平陽大夫，[一一]僚安爲楊氏大夫。[一二]謂賈辛、司馬烏爲有力於王室，[一三]故舉之。謂知徐吾、趙朝、韓固、魏戊，餘子之不失職，能守業者也。[一四]其四人者，皆受縣而後見於魏子，以賢

舉也。[一五]

［一］獻子，魏舒。

［二］七縣，鄔、祁、平陵、梗陽、塗水、馬首、盂也。

［三］銅鞮、平陽、楊氏。

［四］太原鄔縣。

［五］太原祁縣。

［六］戊，魏舒庶子。梗陽在太原晉陽縣南。

［七］徐吾，知盈孫。塗水，太原榆次縣。

［八］固，韓起孫。

［九］太原盂縣。

［一〇］上黨銅鞮縣。

［一一］朝，趙勝曾孫。平陽，平陽縣。

［一二］平陽楊氏縣。

［一三］二十二年，辛、烏帥師納敬王。

［一四］卿之庶子爲餘子。

［一五］四人，司馬彌牟、孟丙、樂霄、僚安也。受縣而後見，言采衆而舉，不以私也。

魏子謂成鱄：[一]"吾與戊也縣，人其以我爲黨乎？"對曰："何也？戊之爲人也，遠不忘君，[二]近不偪同，[三]居利思義，[四]在約思純，[五]有守心而無淫行。雖與之縣，不亦可乎？昔武王克商，光有天下，[六]其兄弟之國者十有五人，姬姓之國者四十人，皆舉親也。夫舉無他，唯善所在，親疏一也。《詩》曰：'唯此文王，帝度其心。莫其德音，其德克明。克明克類，克長克君。王此大國，克順克比。比于文王，其德靡悔。既受帝祉，施于孫子。’[七] 心能制義曰度，[八] 德正應和曰莫，[九] 照臨四方曰明，勤施無私曰類，[一〇] 教誨不倦曰長，[一一] 賞慶刑威曰君，[一二] 慈和徧服曰順，[一三] 擇善而從之曰比，[一四] 經緯天地曰文。[一五] 九德不愆，作事無悔。[一六] 故襲天祿，子孫賴之。[一七] 主之舉也，近文德矣，所及其遠哉！”[一八]

［一］鱄，晉大夫。

［二］遠，疏遠也。

［三］不偪同位。

［四］不苟得。

［五］無濫心。

［六］光，大也。

［七］《詩·大雅》。美文王能王大國，受天福施及子孫。

［八］帝度其心。

［九］莫然清靜。

［一〇］施而無私，物得其所，無失類也。

［一一］教誨長人之道。

［一二］作威作福，君之職也。

［一三］唯順，故天下徧服。

［一四］比方善事，使相從也。

［一五］經緯相錯，故織成文。

［一六］九德，上九曰也。皆無愆過，則動無悔吝。

［一七］襲，受也。

［一八］舉魏戊等勤施無私也。其四人者，擇善而從，故曰“近文德，所及遠”也。

賈辛將適其縣，見於魏子。魏子曰："辛來！昔叔向適鄭，鬷蔑惡，[一]欲觀叔向，從使之收器者，[二]而往立於堂下。一言而善。叔向將飲酒，聞之，曰：'必鬷明也。'[三]下執其手以上，曰：'昔賈大夫惡，[四]取妻而美，三年不言不笑，御以如皋。[五]射雉，獲之，其妻始笑而言。賈大夫曰："才之不可以已，我不能射，女遂不言不笑夫。"今子少不颺，[六]子若無言，吾幾失子矣。言之不可以已也如是。'遂如故知。今女有力於王室，吾是以舉女。[七]行乎，敬之哉！毋墮乃力。"[八]仲尼聞魏子之舉也，以爲義，曰："近不失親，[九]遠不失舉，[一〇]可謂義矣。"又聞其命賈辛也，以爲忠。[一一]"《詩》曰'永言配命，自求多福'，忠也。[一二]魏子之舉也義，其命也忠，其長有後於晉國乎！"

[一]惡，貌醜。

[二]從，隨也。隨使人應斂俎豆者。

[三]素聞其賢，故聞其言而知之。

[四]賈國之大夫。惡，亦醜也。

[五]爲妻御之皋澤。

[六]顔貌不揚顯。

[七]因賈辛有功而後舉之。言人不可無能。

[八]墮，損也。

[九]謂舉魏戊。

[一〇]以賢舉。

[一一]先賞王室之功，故爲忠。

[一二]《詩·大雅》。永，長也。言能長配天命，致多福者唯忠。

〔昭經·二十八·六〕

冬，葬滕悼公。[一]

[一]無《傳》。

〔左氏附〕

(昭傳·二十八·四)

冬，梗陽人有獄，魏戊不能斷，以獄上。[一]其大宗賂以女樂，[二]魏子將受之。魏戊謂閻没、女寬[三]曰："主以不賄聞於諸侯，若受梗陽人，賄莫甚焉。吾子必諫。"皆許諾。退朝待於庭，[四]饋入，召之。[五]比置，三歎。既食，使坐。[六]魏子曰："吾聞諸伯叔，諺曰'唯食忘憂'，吾子置食之間三歎，何也？"同辭而對曰："或賜二小人酒，不夕食。[七]饋之始至，恐其不足，是以歎。中置，自咎曰：'豈將軍食之，而有不足！'是以再歎。[八]及饋之畢，願以小人之腹爲君子之心，屬厭而已。"[九]獻子辭梗陽人。[一〇]

[一]上魏子。

[二]訟者之大宗。

[三]二人，魏子之屬大夫。

[四]魏子朝君，退而待於魏子之庭。

[五]召二大夫食。

[六]更命之令坐。

[七]或，他人也，言飢甚。

[八]魏子，中軍帥，故謂之將軍。

[九]屬，足也。言小人之腹飽，猶知厭足，君子之心亦宜然。

[一〇]《傳》言魏氏所以興也。

昭公二十九年

〔昭經 · 二十九 · 一〕

二十有九年春，公至自乾侯，居于鄆。[一] **齊侯使高張來唁公。**[二]

［一］以乾侯至，不得見晉侯故。

［二］唁公至晉不見受。高張，高偃子。

（昭傳 · 二十九 · 一）

二十九年春，公至自乾侯，處于鄆。齊侯使高張來唁公，稱主君。[一] 子家子曰："齊卑君矣，君祇辱焉。"[二] 公如乾侯。[三]

［一］比公於大夫。

［二］言往事齊，適取辱。

［三］爲齊所卑，故復適晉，冀見恤。

〔左氏附〕

（昭傳 · 二十九 · 二）

三月己卯，京師殺召伯盈、尹氏固及原伯魯之子。[一] 尹固之復也，[二] 有婦人遇之周郊，尤之曰："處則勸人爲禍，行則數日而反，是夫也，其過三歲乎？"

［一］皆子朝黨也。稱伯魯子，終不説學。

［二］二十六年，尹固與子朝俱奔楚而道還。

夏五月庚寅，王子趙車入于鄻以叛，陰不佞敗之。[一]

［一］趙車，子朝之餘也。見王殺伯盈等，故叛。鄩，周邑。

〔昭經·二十九·二〕

公如晉，次于乾侯。[一]

［一］復不見受，往乾侯。

(昭傳·二十九·三)

平子每歲賈馬，[一]具從者之衣屨而歸之于乾侯。公執歸馬者賣之，[二]乃不歸馬。衛侯來獻其乘馬曰“啓服”，[三]塹而死。[四]公將爲之櫝。[五]子家子曰：“從者病矣，請以食之。”乃以幃裹之。[六]

［一］賈，買也。

［二］賣其馬。

［三］啓服，馬名。

［四］隋塹死也。

［五］爲作棺也。

［六］《禮》曰：“敝幃不棄，爲埋馬也〔一〕。”

公賜公衍羔裘，使獻龍輔於齊侯。[一]遂入羔裘。齊侯喜，與之陽穀。[二]公衍、公爲之生也，其母偕出。[三]公衍先生。公爲之母曰：“相與偕出，請相與偕告。”[四]三日，公爲生，其母先以告。公爲爲兄。公私喜於陽穀而思於魯，曰：“務人爲此禍也。[五]且後生而爲兄，其誣也久矣。”乃黜之，而以公衍爲大子。

〔一〕 敝幃不棄爲埋馬也　按：阮校曰：“石經、宋本、岳本、足利本‘幃’作‘帷’，與《釋文》合。注同。”金澤文庫本亦作“帷”，注同。注引《禮》，見《檀弓》。

［一］龍輔，玉名。

［二］陽穀，齊邑。

［三］出之牽舍。

［四］留公衍母，使待己，共白公。

［五］務人，公爲也。始與公若謀逐季氏。

〔昭經·二十九·三〕

夏四月庚子，叔詣卒。[一]

［一］無《傳》。

〔昭經·二十九·四〕

秋七月。

〔左氏附〕

（昭傳·二十九·四）

秋，龍見于絳郊。[一]魏獻子問於蔡墨，[二]曰："吾聞之，蟲莫知於龍，以其不生得也，謂之知，信乎？"對曰："人實不知，非龍實知。[三]古者畜龍，故國有豢龍氏，有御龍氏。"[四]獻子曰："是二氏者，吾亦聞之，而不知其故，是何謂也？"對曰："昔有飂叔安，[五]有裔子曰董父，[六]實甚好龍，能求其耆欲以飲食之，龍多歸之。乃擾畜龍，以服事帝舜。帝賜之姓曰董，[七]氏曰豢龍。[八]封諸鬷川，鬷夷氏其後也。[九]故帝舜氏世有畜龍。及有夏孔甲擾于有帝，[一〇]帝賜之乘龍，河、漢各二，[一一]各有雌雄，孔甲不能食，而未獲豢龍氏。有陶唐氏既衰，其後有劉累，[一二]

學擾龍于豢龍氏，以事孔甲，能飲食之。夏后嘉之，賜氏曰御龍，[一三]以更豕韋之後。[一四]龍一雌死，潛醢以食夏后。[一五]夏后饗之，既而使求之。[一六]懼而遷于魯縣，[一七]范氏其後也。”[一八]

［一］絳，晉國都。

［二］蔡墨，晉太史。

［三］言龍無知，乃人不知之耳。

［四］豢、御，養也。

［五］飂，古國也。叔安，其君名。

［六］裔，遠也。玄孫之後爲裔。

［七］擾，順也。

［八］豢龍，官名。官有世功，則以官氏。

［九］鬷，水上夷，皆董姓。

［一〇］孔甲，少康之後九世君也。其德能順於天。

［一一］合爲四。

［一二］陶唐，堯所治地。

［一三］夏后，孔甲。

［一四］更，代也。以劉累代彭姓之豕韋。累尋遷魯縣，豕韋復國，至商而滅。累之後世，復承其國，爲豕韋氏，在襄二十四年。

［一五］潛，藏也。藏以爲醢，明龍不知。

［一六］求致龍也。

［一七］不能致龍，故懼遷魯縣，自貶退也。魯縣，今魯陽也。

［一八］晉范氏也。

獻子曰："今何故無之？"對曰："夫物物有其官，官脩其方，[一]朝夕思之。一日失職，則死及之。[二]失官不食。[三]官宿其業，[四]其物乃至。[五]若泯棄之，物乃坻伏，[六]鬱湮不育。[七]故有五行之官，是謂五官，實列受氏姓，封爲上公，[八]祀爲貴神。社稷五祀，是尊是奉。[九]木正曰句芒，[一〇]火正曰祝融，[一一]金正曰蓐收，[一二]水正曰玄冥，[一三]土正曰后土。[一四]龍，水物也，水官棄矣，故龍不生得。[一五]不然，《周易》有之，[一六]在《乾》䷀[一七]之《姤》䷫，[一八]曰：'潛龍勿用。'[一九]其《同人》䷌[二〇]曰：'見龍在田。'[二一]其《大有》䷍[二二]曰：'飛龍在天。'[二三]其《夬》䷪[二四]曰：'亢龍有悔。'[二五]其《坤》䷁[二六]曰：'見群龍無首，吉。'[二七]《坤》之《剝》䷖[二八]曰：'龍戰于野。'[二九]若不朝夕見，誰能物之？"[三〇]獻子曰："社稷五祀，誰氏之五官也？"[三一]對曰："少皞氏有四叔，[三二]曰重、曰該、曰脩、曰熙，實能金木及水。[三三]使重爲句芒，[三四]該爲蓐收，[三五]脩及熙爲玄冥。[三六]世不失職，遂濟窮桑，此其三祀也。[三七]顓頊氏有子曰犂，爲祝融。[三八]共工氏有子曰句龍，爲后土。[三九]此其二祀也。后土爲社。[四〇]稷，田正也。[四一]有烈山氏之子曰柱，爲稷，[四二]自夏以上祀之。[四三]周弃亦爲稷，[四四]自商以來祀之。"[四五]

[一]方，法術。

[二]失職有罪。

[三]不食祿。

[四]宿，猶安也。

[五] 設水官脩則龍至。

[六] 汩，滅也。坻，止也。

[七] 鬱，滯也。湮，塞也。育，生也。

[八] 爵上公。

[九] 五官之君長能脩其業者，死皆配食於五行之神，爲王者所尊奉。

[一〇] 正，官長也。取木生句曲而有芒角也，其祀重焉。

[一一] 祝融，明貌，其祀犂焉。

[一二] 秋物摧蓐而可收也，其祀該焉。

[一三] 水陰而幽冥，其祀脩及熙焉。

[一四] 土爲群物主，故稱后也，其祀句龍焉。在家則祀中霤，在野則爲社。

[一五] 棄，廢也。

[一六] 言若不爾，《周易》無緣有龍。

[一七]《乾》下《乾》上，《乾》。

[一八]《巽》下《乾》上，《姤》。《乾》初九變。

[一九]《乾》初九爻辭。

[二〇]《離》下《乾》上，《同人》。《乾》九二變。

[二一]《乾》九二爻辭。

[二二]《乾》下《離》上，《大有》。《乾》九五變。

[二三]《乾》九五爻辭。

[二四]《乾》下《兑》上，《夬》。《乾》上九變。

[二五]《乾》上九爻辭。

[二六]《坤》下《坤》上，《坤》。《乾》六爻皆變。

[二七]《乾》用九爻辭。

[二八]《坤》下《艮》上，《剝》。《坤》上六變。

［二九］上爻辭[一]。

［三〇］物，謂上六卦所稱龍各不同也。今說《易》者皆以龍喻陽氣，如史墨之言，則爲皆是真龍。

［三一］問五官之長皆是誰。

［三二］少皞，金天氏。

［三三］能治其官。

［三四］木正。

［三五］金正。

［三六］二子相代爲水正。

［三七］窮桑，少皞之號也。四子能治其官，使不失職，濟成少皞之功，死皆爲民所祀。窮桑地在魯北。

［三八］犂爲火正。

［三九］共工在大皞後，神農前，以水名官者。其子句龍能平水土，故死而見祀。

［四〇］方答社稷，故明言爲社。

［四一］掌播殖也。

［四二］烈山氏，神農世諸侯。

［四三］祀柱。

［四四］弃，周之始祖，能播百穀。湯既勝夏，廢柱而以弃代之。

［四五］《傳》言蔡墨之博物。

〔昭經·二十九·五〕

冬十月，鄆潰。[一]

〔一〕 上爻辭　阮校曰："上爻辭，宋本、淳熙本、岳本、纂圖本、監本、毛本作'坤上六爻辭'。是也。"

［一］無《傳》。民逃其上曰潰。潰散叛公。

〔左氏附〕

(昭傳 · 二十九 · 五)

冬，晉趙鞅、荀寅帥師城汝濱，[一] 遂賦晉國一鼓鐵，以鑄刑鼎，[二] 著范宣子所爲刑書焉。仲尼曰："晉其亡乎？失其度矣。夫晉國將守唐叔之所受法度，以經緯其民，卿、大夫以序守之。[三] 民是以能尊其貴，貴是以能守其業。貴賤不愆，所謂度也。文公是以作執秩之官，爲被廬之法，[四] 以爲盟主。今棄是度也，而爲刑鼎，民在鼎矣，何以尊貴？[五] 貴何業之守？[六] 貴賤無序，何以爲國？且夫宣子之刑，夷之蒐也，晉國之亂制也。[七] 若之何以爲法？"蔡史墨曰："范氏、中行氏其亡乎？[八] 中行寅爲下卿，而干上令，擅作刑器，以爲國法，是法姦也。又加范氏焉，易之，亡也。[九] 其及趙氏，趙孟與焉，然不得已，若德可以免。"[一〇]

［一］趙鞅，趙武孫也。荀寅，中行荀吳之子。汝濱，晉所取陸渾地。

［二］令晉國各出功力，共鼓石爲鐵。計令一鼓而足，因軍役而爲之，故言"遂"。

［三］序，位次也。

［四］僖二十七年文公蒐被廬，脩唐叔之法。

［五］棄禮徵書，故不尊貴。

［六］民不奉上，則上失業。

［七］范宣子所用刑，乃夷蒐之法也。夷蒐在文六年，一蒐而三易

中軍帥，賈季、箕鄭之徒遂作亂，故曰“亂制”。

［八］蔡史墨即蔡墨。

［九］范宣子刑書，中既廢矣，今復興之，是成其咎。

［一〇］鑄刑鼎本非趙鞅意，不得已而從之。若能脩德，可以免禍。爲定十三年荀寅、士吉射入朝歌以叛。

昭公三十年

〔昭經·三十·一〕

三十年春王正月，公在乾侯。[一]

［一］釋不朝正于廟。

(昭傳·三十·一)

三十年春王正月，公在乾侯。不先書鄆與乾侯，非公，且徵過也。[一]

［一］徵，明也。二十七年、二十八年，公在鄆。二十九年，公在乾侯。而《經》不釋朝正之禮者，所以非責公之妄，且明過謬猶可掩，故不顯書其所在，使若在國然。自是鄆人潰叛，齊、晉卑公，子家忠謀，終不能用，内外棄之，非復過誤所當掩塞，故每歲書公所在。

〔昭經·三十·二〕

夏六月庚辰，晉侯去疾卒。[一]

［一］未同盟而赴以名。

(昭傳·三十·二)

夏六月，晉頃公卒。

〔昭經·三十·三〕

秋八月，葬晉頃公。[一]

［一］三月而葬，速。

(昭傳·三十·三)

秋八月，葬。鄭游吉弔，且送葬。魏獻子使士景伯詰之，曰：“悼公之喪，子西弔，子蟜送葬。[一]今吾子無貳，何故？”[二]對曰：“諸侯所以歸晉君，禮也。禮也者，小事大，大字小之謂。事大在共其時命，[三]字小在恤其所無。以敝邑居大國之間，共其職貢，與其備御不虞之患，豈忘共命？[四]先王之制，諸侯之喪，士弔，大夫送葬。唯嘉好、聘享、三軍之事，於是乎使卿。晉之喪事，敝邑之間先君有所助執紼矣。[五]若其不間，雖士、大夫有所不獲數矣。[六]大國之惠，亦慶其加，[七]而不討其乏，明厎其情，[八]取備而已，以爲禮也。靈王之喪，[九]我先君簡公在楚，我先大夫印段實往，敝邑之少卿也。[一〇]王吏不討，恤所無也。今大夫曰：‘女盍從舊？’[一一]舊有豐有省，不知所從。從其豐，則寡君幼弱，是以不共。從其省，則吉在此矣。唯大夫圖之。”晉人不能詰。[一二]

[一]在襄十五年。

[二]弔葬共使。

[三]隨時共所求。

[四]言不敢忘共命〔一〕，以所備御者多，不及辨之〔二〕。

[五]紼，輓索也。禮，送葬必執紼。

[六]不得如先王禮數。

[七]慶，善也。謂善其君自行。

[八]厎，致也。

〔一〕言不敢忘共命 “共”，阮刻本作“恭”。

〔二〕不及辨之 “辨”，阮刻本作“辦”。校曰：“宋本、淳熙本‘辦’作‘辨’。”

［九］在襄二十九年。

［一〇］少，年少也。

［一一］盍，何不也。

［一二］《傳》言大叔之敏。

〔昭經·三十·四〕

冬十有二月，吳滅徐，徐子章羽奔楚。[一]

［一］徐子稱名，以名告也。

(昭傳·三十·四)

吳子使徐人執掩餘，使鍾吾人執燭庸。[一]二公子奔楚，楚子大封而定其徙。[二]使監馬尹大心逆吳公子，使居養。[三]楚莠尹然、左司馬沈尹戌城之，[四]取於城父與胡田以與之。[五]將以害吳也。子西諫曰："吳光新得國而親其民，視民如子，辛苦同之，將用之也。若好吾邊疆〔一〕，使柔服焉，猶懼其至。[六]吾又彊其讎〔二〕，以重怒之，無乃不可乎？[七]吳，周之胄裔也，而棄在海濱，不與姬通。今而始大，比于諸華。光又甚文，將自同於先王。[八]不知天將以爲虐乎？使翦喪吳國而封大異姓乎？其抑亦將卒以祚吳乎？其終不遠矣。[九]我盍姑億吾鬼神，[一〇]而寧吾族姓，以待其歸，[一一]將焉用自播揚焉？"[一二]王弗聽。

［一］二十七年奔故。

［二］大封與土田，定其所徙之居。

〔一〕若好吾邊疆　按：洪亮吉謂"諸本'吾'作'吳'。今从《釋文》、石經及宋本改正。《釋文》：'"吳"，一本作"吾"'"。據改。見氏著《春秋左傳詁》，第797頁。

〔二〕吾又彊其讎　"彊"，原作"疆"，據石經改。按：阮校曰："石經、宋本、淳熙本、岳本、足利本'疆'作'彊'。是也。"

［三］二子奔楚，楚使逆之於竟也。養即所封之邑。

［四］城養。

［五］胡田，故胡子之地。

［六］柔服，謂不與吳構怨。

［七］讎，謂二公子。

［八］先王，謂大王、王季，亦自西戎始比諸華。

［九］言其事行可知不久。

［一〇］億，安也。

［一一］善惡之歸。

［一二］播揚，猶勞動也。

吳子怒。冬十二月，吳子執鍾吳子，遂伐徐，防山以水之。[一] 己卯，滅徐，徐子章禹斷其髮，[二] 攜其夫人以逆吳子。吳子唁而送之，使其邇臣從之，遂奔楚。[三] 楚沈尹戌帥師救徐，弗及，遂城夷，使徐子處之。[四]

［一］防壅出水以灌徐〔一〕。

［二］斷髮，自刑示懼。

［三］邇，近也。

［四］夷，城父也。

〔左氏附〕

(昭傳·三十·五)

吳子問於伍員曰："初而言伐楚，[一] 余知其可也，而恐其使余往也，又惡人之有余之功也。今余將自有之矣，

〔一〕 防壅出水以灌徐 "出"，興國軍本作"山"。

伐楚何如？”對曰：“楚執政衆而乖，莫適任患。若爲三師以肄焉，[二]一師至，彼必皆出，彼出則歸，彼歸則出，楚必道敝。[三]亟肄以罷之，[四]多方以誤之。既罷而後以三軍繼之，必大克之。”闔廬從之，楚於是乎始病。[五]

［一］在二十年。

［二］肄，猶勞也。

［三］罷敝於道。

［四］亟，數也。

［五］爲定四年吴入楚《傳》。

昭公三十一年

〔昭經·三十一·一〕

三十有一年春王正月，公在乾侯。

（昭傳·三十一·一）

三十一年春王正月，公在乾侯，言不能外内也。[一]

［一］公内不容於臣子，外不容於齊、晉，所以久在乾侯。

〔昭經·三十一·二〕

季孫意如會晉荀躒于適歷。[一]

［一］適歷，晉地。

（昭傳·三十一·二）

晉侯將以師納公。范獻子曰："若召季孫而不來，則信不臣矣。然後伐之，若何？"晉人召季孫，獻子使私焉，曰："子必來，我受其無咎。"[一]季孫意如會晉荀躒于適歷。荀躒曰："寡君使躒謂吾子：'何故出君？'有君不事，周有常刑，子其圖之。"季孫練冠，麻衣，跣行。[二]伏而對曰："事君，臣之所不得也，敢逃刑命？[三]君若以臣爲有罪，請囚于費，以待君之察也，亦唯君。若以先臣之故，不絶季氏而賜之死，[四]若弗殺弗亡，君之惠也，死且不朽。若得從君而歸，則固臣之願也，敢有異心？"[五]

［一］言我爲子受無咎之任。

［二］示憂慼。

［三］言願事君，君不肯還，不敢辟罪。

[四] 雖賜以死，不絶其後。

[五] 君皆謂魯侯也。蓋季孫探言罪己輕重，以答荀躒。

〔昭經·三十一·三〕

夏四月丁巳，薛伯穀卒。[一]

[一] 襄二十五年盟重丘。

(昭傳·三十一·四)

薛伯穀卒，同盟，故書。[一]

[一] 謂書名也。入春秋來，薛始書名，故發《傳》。《經》在荀躒唁公上，《傳》在下者，欲魯事相次。

〔昭經·三十一·四〕

晉侯使荀躒唁公于乾侯。[一]

[一] 將使意如迎公，故荀躒來唁。

(昭傳·三十一·三)

夏四月，季孫從知伯如乾侯。[一] 子家子曰："君與之歸，一慙之不忍，而終身慙乎？"公曰："諾。"衆曰："在一言矣，君必逐之。"[二] 荀躒以晉侯之命唁公，且曰："寡君使躒以君命討於意如，意如不敢逃死，君其入也。"公曰："君惠顧先君之好，施及亡人，將使歸糞除宗祧以事君，則不能見夫人。己所能見夫人者，有如河。"[三] 荀躒掩耳而走，[四] 曰："寡君其罪之恐，敢與知魯國之難？[五] 臣請復於寡君。"退而謂季孫："君怒未怠，子姑歸祭。"[六] 子家子曰："君以一乘入于魯師，季孫必與君歸。"公欲從之，衆從者脅公，不得歸。[七]

[一] 知伯，荀躒。

[二] 言晉既憂君，君一言使晉，晉必逐之。

[三] 夫人，謂季孫也。言若見季孫，己當受禍，明如河以自誓。

[四] 怪公所言，示不忍聽。

[五] 言恐獲不納君之罪。今納而不入，何敢復知耶？

[六] 歸攝君事。

[七]《傳》言君弱不得復自在。

〔昭經 · 三十一 · 五〕

秋，葬薛獻公。[一]

[一] 無《傳》。

〔左氏附〕

(昭傳 · 三十一 · 五)

秋，吳人侵楚，伐夷，侵潛、六。[一]楚沈尹戌帥師救潛，吳師還。楚師遷潛於南岡而還。吳師圍弦。左司馬戌、右司馬稽帥師救弦，及豫章。[二]吳師還。始用子胥之謀也。[三]

[一] 皆楚邑。

[二] 左司馬，沈尹戌。

[三] 謀在前年。

〔昭經 · 三十一 · 六〕

冬，黑肱以濫來奔。[一]

[一] 黑肱，邾大夫。濫，東海昌慮縣。不書邾，史闕文。

(昭傳·三十一·六)

冬，邾黑肱以濫來奔，賤而書名，重地故也。[一]君子曰："名之不可不慎也如是。[二]夫有所有名，而不如其已。[三]以地叛，雖賤必書地，以名其人。終爲不義，弗可滅已。是故君子動則思禮，行則思義，不爲利回，[四]不爲義疚。[五]或求名而不得，或欲蓋而名章，懲不義也。齊豹爲衛司寇，守嗣大夫，[六]作而不義，其書爲'盜'。[七]邾庶其、[八]莒牟夷、[九]邾黑肱以土地出，求食而已，不求其名，賤而必書。[一〇]此二物者，所以懲肆而去貪也。[一一]若艱難其身，[一二]以險危大人，[一三]而有名章徹，[一四]攻難之士將奔走之。[一五]若竊邑叛君，以徼大利而無名，[一六]貪冒之民將寘力焉。[一七]是以《春秋》書齊豹曰'盜'，三叛人名，以懲不義，數惡無禮，其善志也。[一八]故曰：'《春秋》之稱，微而顯，[一九]婉而辨。'[二〇]上之人能使昭明，[二一]善人勸焉，淫人懼焉，是以君子貴之。"

［一］黑肱非命卿，故曰"賤"。

［二］是，黑肱也。

［三］有所，謂有地也。言雖有名，不如無名。已，止也。

［四］回，正心也。

［五］疚，病也。見義則爲之。

［六］守先人嗣，言其尊。

［七］求名而不得也。二十年豹殺衛侯兄，欲求不畏彊禦之名。

［八］在襄二十一年。

［九］在五年。

［一〇］《春秋》叛者多，唯取三人來適魯者，三人皆小國大夫，故曰"賤"。

[一一] 物，事也。肆，放也。齊豹書“盜”，懲肆也。三叛人名，去貪也。

[一二] 身爲艱難。

[一三] 大人，在位者。

[一四] 謂得勇名。

[一五] 攻，猶作也。奔走，猶赴趣也。

[一六] 謂不書其人名。

[一七] 盡力爲之，不顧於見書。

[一八] 無禮、惡逆，皆數而不忘，記事之善者也。

[一九] 文微而義著。

[二〇] 辭婉而旨別。

[二一] 上之人，謂在位者。在位者能行其法，非賤人所能。

〔昭經·三十一·七〕

十有二月辛亥朔，日有食之。

（昭傳·三十一·七）

十二月辛亥朔，日有食之。是夜也，趙簡子夢童子羸而轉以歌。[一] 旦，占諸史墨曰：“吾夢如是，今而日食，何也？”[二] 對曰：“六年及此月也，吳其入郢乎？終亦弗克。[三] 入郢，必以庚辰。[四] 日月在辰尾，[五] 庚午之日，日始有謫。火勝金，故弗克。”[六]

[一] 轉，婉轉也。

[二] 簡子夢適與日食會，謂咎在己，故問之。

[三] 史墨知夢非日食之應，故釋日食之咎而不釋其夢。

[四] 庚日有變，日在辰尾，故曰“以庚辰”。定四年十一月庚辰，

吴入郢。

[五] 辰尾，龍尾也。周十二月，今之十月，日月合朔於辰尾而食。

[六] 謫，變氣也。庚午十月十九日，去辛亥朔四十一日，雖食在辛亥，更以始變爲占也。午，南方，楚之位也。午，火。庚，金也。日以庚午有變，故災在楚。楚之仇敵唯吴，故知入郢必吴。火勝金者，金爲火妃，食在辛亥，亥，水也。水數六，故六年也。

昭公三十二年

〔昭經 · 三十二 · 一〕

三十有二年春王正月，公在乾侯。

(昭傳 · 三十二 · 一)

三十二年春王正月，公在乾侯，言不能外內，又不能用其人也。[一]

［一］其人，謂子家羈也。言公不能用其人，故於今猶在乾侯。

〔昭經 · 三十二 · 二〕

取闞。[一]

［一］無《傳》。公別居乾侯，遣人誘闞而取之，不用師徒。

〔昭經 · 三十二 · 三〕

夏，吳伐越。

(昭傳 · 三十二 · 二)

夏，吳伐越，始用師於越也。[一] 史墨曰："不及四十年，越其有吳乎？[二] 越得歲而吳伐之，必受其凶。"[三]

［一］自此之前，雖疆事小爭，未嘗用大兵。

［二］存亡之數，不過三紀。歲星三周，三十六歲，故曰"不及四十年"。哀二十二年越滅吳，至此三十八歲。

［三］此年歲在星紀。星紀，吳、越之分也。歲星所在，其國有福。吳先用兵，故反受其殃。

〔昭經·三十二·四〕

秋七月。

〔昭經·三十二·五〕

冬，仲孫何忌會晉韓不信、齊高張、宋仲幾、衛世叔申、鄭國參、曹人、莒人、薛人、杞人、小邾人，城成周。[一]

[一] 世叔申，世叔儀孫也。國參，子產之子。不書盟，時公在外，未及告公，公已薨。

(昭傳·三十二·三)

秋八月，王使富辛與石張如晉，請城成周。[一] 天子曰："天降禍于周，俾我兄弟並有亂心，以爲伯父憂。[二] 我一二親昵甥舅，不皇啓處，於今十年，[三] 勤戍五年，[四] 余一人無日忘之，[五] 閔閔焉如農夫之望歲，懼以待時。[六] 伯父若肆大惠，復二文之業，弛周室之憂，[七] 徼文、武之福以固盟主，宣昭令名，則余一人有大願矣。昔成王合諸侯，城成周以爲東都，崇文德焉。[八] 今我欲徼福假靈于成王，脩成周之城，俾戍人無勤，諸侯用寧，蝥賊遠屏，晉之力也。[九] 其委諸伯父，使伯父實重圖之。俾我一人無徵怨于百姓，[一〇] 而伯父有榮施，先王庸之。"[一一]

[一] 子朝之亂，其餘黨多在王城，敬王畏之，徙都成周。成周狹小，故請城之。

[二] 俾，使也。兄弟，謂子朝也。伯父，謂晉侯。

[三] 謂二十三年二師圍郊至于今。

[四] 謂二十八年晉籍秦致諸侯之戍至于今。

[五] 念諸侯勞。

［六］閔閔，憂貌。王憂亂，常閔閔冀望安定，如農夫之憂飢，冀望來歲之將熟。

［七］肆，展放也。二文，謂文侯仇、文公重耳。弛，猶解也。

［八］作成周，遷殷民以爲京師之東都，所以崇文王之德。

［九］蝥賊，喻災害[一]。

［一〇］徵，召也。

［一一］庸，功也。先王之靈，以爲大功。

范獻子謂魏獻子曰："與其戍周，不如城之。天子實云，[一]雖有後事，晉勿與知可也。從王命以紓諸侯，晉國無憂。是之不務，而又焉從事？"魏獻子曰："善。"使伯音對[二]曰："天子有命，敢不奉承，以奔告於諸侯。遲速衰序，[三]於是焉在。"[四]

［一］云欲罷戍而城。

［二］伯音，韓不信。

［三］衰，差也。序，次也。

［四］在周所命。

冬十一月，晉魏舒、韓不信如京師，合諸侯之大夫于狄泉，尋盟，且令城成周。[一]魏子南面。[二]衛彪傒曰："魏子必有大咎。干位以令大事，非其任也。[三]《詩》曰：'敬天之怒，不敢戲豫。敬天之渝，不敢馳驅。'[四]況敢干位以作大事乎？"己丑，士彌牟營成周，計丈數，[五]揣高

〔一〕喻災害 "喻"，阮刻本作"諭"。按：阮校曰："宋本、岳本、監本、毛本'諭'作'喻'。"

卑，[六]度厚薄，仞溝洫，[七]物土方，議遠邇，[八]量事期，[九]計徒庸，[一〇]慮財用，[一一]書餱糧，[一二]以令役於諸侯，屬役賦丈，[一三]書以授帥，[一四]而效諸劉子。[一五]韓簡子臨之，以爲成命。[一六]

［一］尋平丘盟。

［二］居君位。

［三］彪傒，衛大夫。

［四］《詩·大雅》。戒王者言當敬畏天之譴怒，不可遊戲逸豫，驅馳自恣〔一〕。渝，變也。

［五］計所當城之丈數也。

［六］度高曰揣。

［七］度深曰仞。

［八］物，相也。相取土之方面，遠近之宜。

［九］知事幾時畢。

［一〇］知用幾人功。

［一一］知費幾財用。

［一二］知用幾糧食。

［一三］付所當城尺丈。

［一四］帥，諸侯之大夫。

［一五］效，致也。

［一六］臨，履其事以命諸侯。《經》所以不書魏舒。

〔昭經·三十二·六〕

十有二月己未，公薨于乾侯。[一]

［一］十五日。

〔一〕驅馳自恣　“驅馳”，阮刻本作“馳驅”。

(昭傳·三十二·四)

十二月，公疾，徧賜大夫，[一]大夫不受。賜子家子雙琥，[二]一環，一璧，輕服，[三]受之。大夫皆受其賜。己未，公薨。子家子反賜於府人，曰：“吾不敢逆君命也。”大夫皆反其賜。書曰“公薨于乾侯”，言失其所也。[四]

［一］從公者。

［二］琥，玉器。

［三］細好之服。

［四］不薨路寢，爲失所。

趙簡子問於史墨曰：“季氏出其君而民服焉，諸侯與之，君死於外而莫之或罪也？”對曰：“物生有兩，有三，有五，有陪貳。故天有三辰，[一]地有五行，[二]體有左右，[三]各有妃耦。[四]王有公，諸侯有卿，皆有貳也。天生季氏，以貳魯侯，爲日久矣，民之服焉，不亦宜乎？魯君世從其失，季氏世脩其勤，民忘君矣。雖死於外，其誰矜之？社稷無常奉，[五]君臣無常位，自古以然。[六]故《詩》曰：‘高岸爲谷，深谷爲陵。’[七]三后之姓，於今爲庶，王所知也。[八]在《易》卦，雷乘乾曰《大壯》䷡，[九]天之道也。[一〇]昔成季友，桓之季也，文姜之愛子也。始震而卜，卜人謁之，曰：‘生有嘉聞，[一一]其名曰友，爲公室輔。’及生，如卜人之言，有文在其手曰‘友’，遂以名之。既而有大功於魯，[一二]受費以爲上卿。至於文子、武子，[一三]世增其業，不廢舊績〔一〕。魯文公薨，而東門遂殺適立庶，魯君於是乎失

〔一〕不廢舊績　“廢”，石經同。阮刻本作“費”。

國，[一四] 政在季氏，於此君也，四公矣。民不知君，何以得國？是以爲君，慎器與名，不可以假人。”[一五]

［一］謂有三。

［二］謂有五。

［三］謂有兩。

［四］謂陪貳。

［五］奉之無常人，言唯德也。

［六］史墨跡古今以實言。

［七］《詩·小雅》。言高下有變易。

［八］三后，虞、夏、商。

［九］《乾》下《震》上，《大壯》。《震》在《乾》上，故曰“雷乘乾”。

［一〇］《乾》爲天子，《震》爲諸侯，而在《乾》上，君臣易位，猶臣大强壯，若天上有雷。

［一一］嘉名聞於世。

［一二］立僖公。

［一三］文子，行父。武子，宿。

［一四］失國權。

［一五］器，車服。名，爵號。

春秋左氏經傳集解定公上第二十七

春秋左氏經傳集解定公上第二十七〔一〕

杜　氏

定公元年

〔定經·元·一〕

元年春王。[一]

[一] 公之始年而不書正月，公即位在六月故。

〔定經·元·二〕

三月，晉人執宋仲幾于京師。[一]

[一] 晉執人于天子之側，而不以歸京師，故但書其執，不書所歸。

(定傳·元·一)

元年春王正月辛巳，晉魏舒合諸侯之大夫于狄泉，將以城成周。魏子涖政，[一]衛彪傒曰〔二〕:[二]"將建天子，[三]而易位以令，非義也。大事奸義，必有大咎。晉不失諸侯，魏子其不免乎!"是行也，魏獻子屬役於韓簡子及原壽

〔一〕 原卷標題"定"字後闕"公"字，據本書體例補。

〔二〕 衛彪傒曰　按:《左傳·昭公三十二年》作"彪傒"。阮校曰:"淳熙本、正德本、閩本亦作'徯'，注同。石經、岳本、宋本、纂圖本、監本、毛本作'傒'，與《釋文》合。按，《説文》有'徯'無'傒'。毛本'衛'誤'魏'。"

過，[四]而田於大陸，焚焉。[五]還，卒於甯。[六]范獻子去其柏椁，以其未復命而田也。[七]

[一]涖，臨也。代天子大夫爲政。

[二]衛大夫。

[三]立天子之居。

[四]簡子，韓起孫不信也。原壽過，周大夫。

[五]《禹貢》：大陸在鉅鹿北，嫌絶遠，疑此田在汲郡吴澤荒蕪之地。火田，并見燒也。《爾雅》："廣平曰陸。"

[六]甯，今脩武縣，近吴澤。

[七]范獻子代魏子爲政。去其柏椁，示貶之。

孟懿子會城成周。[一]庚寅，栽。[二]宋仲幾不受功，曰："滕、薛、郳，吾役也。"[三]薛宰曰："宋爲無道，絶我小國於周，以我適楚。故我常從宋。晉文公爲踐土之盟，[四]曰：'凡我同盟，各復舊職。'若從踐土，若從宋，亦唯命。"仲幾曰："踐土固然。"[五]薛宰曰："薛之皇祖奚仲，居薛以爲夏車正。[六]奚仲遷于邳，[七]仲虺居薛以爲湯左相。[八]若復舊職，將承王官，何故以役諸侯？"[九]仲幾曰："三代各異物，薛焉得有舊？[一〇]爲宋役亦其職也。"士彌牟曰："晉之從政者新，[一一]子姑受功。歸，吾視諸故府。"[一二]仲幾曰："縱子忘之，山川鬼神，其忘諸乎？"[一三]士伯怒，謂韓簡子曰："薛徵於人，[一四]宋徵於鬼，[一五]宋罪大矣。且己無辭而抑我以神，誣我也。啓寵納侮，其此之謂矣。[一六]必以仲幾爲戮。"乃執仲幾以歸。三月，歸諸京師。[一七]城三旬而畢，乃歸諸侯之戍。齊高張後，不從諸侯。[一八]晉女叔寬曰："周萇弘、齊高張皆將不免。[一九]萇叔違天，高子違人。[二〇]天之所壞，不可支也。衆之所爲，不可奸也。"[二一]

[一]不書，公未即位。

[二]栽，設板築。

[三]欲使三國代宋受功役也〔一〕。郳，小邾。

[四]在僖二十八年。

[五]固曰從舊，薛舊爲宋役。

[六]皇，大也。奚仲爲夏禹掌車服大夫。

[七]邳，下邳縣。

[八]仲虺，奚仲之後。

[九]承，奉也。

[一〇]言居周世，不得以夏、殷爲舊。

[一一]言范獻子新爲政，未習故事。

[一二]求故事。

[一三]山川鬼神，盟所告。

[一四]典籍故事，人所知也。

[一五]取證於鬼神。

[一六]開寵過分，則納受侵侮。

[一七]知以歸不可，故復歸之京師。

[一八]後期，不及諸侯之役。

[一九]叔寬，女寬也。

[二〇]天既厭周德，萇弘欲遷都以延其祚，故曰"違天"。諸侯

〔一〕欲使三國代宋受功役也　阮校曰："宋本、淳熙本'也'下有'郳小邾'三字。"據補。

相帥以崇天子，而高子後期，故曰“違人”。

［二一］爲哀三年周人殺萇弘，六年高張來奔起。

〔定經·元·三〕

夏六月癸亥，公之喪至自乾侯。［一］

［一］告於廟，故書“至”。

（定傳·元·二）

夏，叔孫成子逆公之喪于乾侯。［一］季孫曰：“子家子亟言於我，未嘗不中吾志也。吾欲與之從政，子必止之，且聽命焉。”［二］子家子不見叔孫，易幾而哭。［三］叔孫請見子家子。子家子辭曰：“羈未得見，而從君以出。［四］君不命而薨，羈不敢見。”［五］叔孫使告之曰：“公衍、公爲實使群臣不得事君，［六］若公子宋主社稷，則群臣之願也。［七］凡從君出而可以入者，將唯子是聽。子家氏未有後，季孫願與子從政，此皆季孫之願也，使不敢以告。”［八］對曰：“若立君，則有卿、士、大夫與守龜在，羈弗敢知。若從君者，則貌而出者，入可也；［九］寇而出者，行可也。［一〇］若羈也，則君知其出也，［一一］而未知其入也。羈將逃也。”喪及壞隤，公子宋先入，從公者皆自壞隤反。［一二］六月癸亥，公之喪至自乾侯。

［一］成子，叔孫婼之子。

［二］衆士皆諮問子家子。

［三］幾，哭會也。不欲見叔孫，故朝夕哭不同會。

［四］出時成子未爲卿。

［五］言未受昭公之命，託辭以距叔孫。

［六］二子始謀逐季氏。

［七］宋，昭公弟定公。

［八］不敢，叔孫成子名。

［九］貌出，謂以義從公，與季氏無實怨。

［一〇］與季氏爲寇讎者，自可去。

［一一］君，昭公。

［一二］出奔。

〔定經·元·四〕

戊辰，公即位。[一]

［一］定公不得以正月即位，失其時，故詳而日之，記事之宜，無義例。

（定傳·元·三）

戊辰，公即位。[一]

［一］諸侯薨五日而殯，殯則嗣子即位。癸亥，昭公喪至，五日殯於宮，定公乃即位。

〔定經·元·五〕

秋七月癸巳，葬我君昭公。[一]

［一］公在外薨，故八月乃葬。

（定傳·元·四）

季孫使役如闞，公氏將溝焉。[一]榮駕鵞曰："生不能事，死又離之，以自旌也。[二]縱子忍之，後必或耻之。"乃止。季孫問於榮駕鵞曰："吾欲爲君謚，使子孫知之。"[三]對曰："生弗能事，死又惡之，以自信也，將焉用之？"乃止。

［一］闞，魯群公墓所在也。季孫惡昭公，欲溝絶其兆域，不使與先君同。

［二］駕鵞，魯大夫榮成伯也。旌，章也。

［三］爲惡謚。

秋七月癸巳，葬昭公於墓道南。孔子之爲司寇也，溝而合諸墓。[一]

［一］明臣無貶君之義。

〔定經·元·六〕

九月，大雩。[一]

［一］無《傳》。過也。

〔定經·元·七〕

立煬宫。[一]

［一］煬公，伯禽子也。其廟已毁，季氏禱之而立其宫，書以譏之。

（定傳·元·五）

昭公出，故季平子禱于煬公。九月，立煬宫。[一]

［一］平子逐君，懼而請禱於煬公。昭公死於外，自以爲獲福，故立其宫。

〔左氏附〕

（定傳·元·六）

周鞏簡公棄其子弟而好用遠人。[一]

［一］簡公，周卿士。遠人，異族也。爲明年鞏氏賊簡公張本。

〔定經·元·八〕

冬十月，隕霜殺菽。[一]

［一］無《傳》。周十月，今八月。隕霜殺菽，非常之災。

定公二年

〔定經·二·一〕

二年春王正月。

〔左氏附〕

（定傳·二·一）

二年夏四月辛酉，鞏氏之群子弟賊簡公。[一]

［一］《傳》言棄親用疎，所以敗也。

〔定經·二·二〕

夏五月壬辰，雉門及兩觀災。[一]

［一］無《傳》。雉門，公宫之南門。兩觀，闕也。天火曰災。

〔左氏附〕

（定傳·二·二）

桐叛楚。[一]吴子使舒鳩氏誘楚人，[二]曰："以師臨我，[三]我伐桐，爲我使之無忌。"[四]

［一］桐，小國，廬江舒縣西南有桐鄉。

［二］舒鳩，楚屬國。

［三］教舒鳩誘楚，使以師臨吴。

［四］吴伐桐也。僞若畏楚師之臨己，而爲伐其叛國以取媚者也。欲使楚不忌吴，所謂"多方以誤之"〔一〕。

〔一〕所謂多方以誤之　"謂"，阮刻本作"請"。

〔定經·二·三〕

秋，楚人伐吳。[一]

［一］囊瓦稱人，見誘以敗軍。

（定傳·二·三）

秋，楚囊瓦伐吳，師于豫章。[一]吳人見舟于豫章，[二]而潛師于巢。[三]

［一］從舒鳩言。

［二］僞將爲楚伐桐。

［三］實欲以擊楚。

〔定經·二·四〕

冬十月，新作雉門及兩觀。[一]

［一］無《傳》。

〔左氏附〕

（定傳·二·四）

冬十月，吳軍楚師于豫章，敗之。[一]遂圍巢，克之，獲楚公子繁。[二]

［一］楚不忌故。

［二］繁，守巢大夫。

〔左氏附〕

（定傳·二·五）

邾莊公與夷射姑飲酒，私出。[一]閽乞肉焉，奪之，杖

以敲之。[二]

［一］射姑，邾大夫。出，辟酒。

［二］奪閽杖以敲閽頭也。爲明年邾子卒《傳》。

定公三年

〔定經·三·一〕

三年春王正月，公如晉，至河乃復。[一]

［一］無《傳》。

〔定經·三·二〕

二月辛卯，邾子穿卒。[一]

［一］再同盟。

（定傳·三·一）

三年春二月辛卯，邾子在門臺，[一]臨廷。閽以缾水沃廷。邾子望見之，怒。閽曰："夷射姑旋焉。"[二]命執之。[三]弗得，滋怒，自投于牀，廢于鑪炭，爛，遂卒。[四]先葬以車五乘，殉五人。[五]莊公卞急而好潔，故及是。[六]

［一］門上有臺。

［二］旋，小便。

［三］見其不潔，執射姑。

［四］廢，隋也。

［五］欲藏中之潔，故先內車及殉，別爲便房，蓋其遺命。

［六］卞，躁疾也。

〔定經·三·三〕

夏四月。

〔定經·三·四〕

秋，葬邾莊公。[一]

［一］六月乃葬，緩。

〔左氏附〕

（定傳·三·二）

秋九月，鮮虞人敗晉師于平中，[一]獲晉觀虎，恃其勇也。[二]

［一］平中，晉地。

［二］爲五年士鞅圍鮮虞張本。

〔定經·三·五〕

冬，仲孫何忌及邾子盟于拔。[一]

［一］拔，地闕。

（定傳·三·三）

冬，盟于郯，[一]脩邾好也。[二]

［一］郯即拔也。

［二］公即位，故脩好。

〔左氏附〕

（定傳·三·四）

蔡昭侯爲兩佩與兩裘，[一]以如楚，獻一佩一裘於昭王。昭王服之，以享蔡侯。蔡侯亦服其一。子常欲之，弗與，三年止之。唐成公如楚，有兩肅爽馬，子常欲之，[二]弗與，亦三年止之。唐人或相與謀，請代先從者，許之。飲先從者酒，醉之。竊馬而獻之子常。子常歸唐侯，自拘於司敗，[三] 曰：“君以弄馬之故，隱君身，[四] 棄國家。群臣請相夫人以償馬，必如之。”[五] 唐侯曰：“寡人之過也。二三子無辱。”皆賞之。蔡人聞之，固請而獻佩于子常。子常朝，見蔡侯之徒，命有司曰：“蔡君之久也，官不共也。[六] 明日，禮不畢，將死。”[七] 蔡侯歸，及漢，執玉而沈，曰：“余所有濟漢而南者，有若大川。”[八] 蔡侯如晉，以其子元與其大夫之子爲質焉，而請伐楚。[九]

[一] 佩，佩玉也。

[二] 成公，唐惠侯之後。肅爽，駿馬名。

[三] 竊馬者自拘。

[四] 隱，憂約也。

[五] 相，助也。夫人，謂養馬者。

[六] 言楚所以禮遺蔡侯之物，不共備故。

[七] 遺蔡侯之禮。

[八] 自誓言若復渡漢當受禍，明如大川。

[九] 爲明年會召陵張本。

定公四年

〔定經·四·一〕

四年春王二月癸巳，陳侯吳卒。[一]

［一］無《傳》。未同盟而赴以名。癸巳，正月七日。書“二月”，從赴。

〔定經·四·二〕

三月，公會劉子、晉侯、宋公、蔡侯、衛侯、陳子、鄭伯、許男、曹伯、莒子、邾子、頓子、胡子、滕子、薛伯、杞伯、小邾子、齊國夏于召陵，侵楚。[一]

［一］於召陵先行會禮，入楚竟，故書“侵”。

(定傳·四·一)

四年春三月，劉文公合諸侯于召陵，謀伐楚也。[一]晉荀寅求貨於蔡侯，弗得。言於范獻子，曰：“國家方危，諸侯方貳，將以襲敵，不亦難乎？水潦方降，疾瘧方起，中山不服，[二]棄盟取怨，無損於楚，[三]而失中山，不如辭蔡侯。吾自方城以來，楚未可以得志，[四]祗取勤焉。”乃辭蔡侯。

［一］文公，王官伯也。晉人假王命以討楚之久留蔡侯，故曰“文公合諸侯”。

［二］中山，鮮虞。

［三］晉、楚同盟，伐之爲取怨。

［四］晉敗楚侵方城在襄十六年。

晉人假羽旄於鄭，鄭人與之。[一]明日，或旆以會，[二]晉於是乎失諸侯。[三]

［一］析羽爲旌，王者遊車之所建，鄭私有之，因謂之“羽旄”，借觀之。

［二］或，賤者也。繼旐曰旆。令賤人施其旆，執以從會，示卑鄭。

［三］《傳》言晉無禮，所以遂弱。

〔左氏附〕

（定傳·四·三）

反自召陵，鄭子大叔未至而卒。晉趙簡子爲之臨，甚哀，曰：“黄父之會，[一]夫子語我九言，曰：‘無始亂，無怙富，無恃寵，無違同，無敖禮，無驕能，[二]無復怒，[三]無謀非德，[四]無犯非禮〔一〕。’”[五]

［一］在昭二十五年。

［二］以能驕人。

［三］復，重也。

［四］非所謀也。

［五］《傳》言簡子能用善言，所以遂興。

〔定經·四·三〕

夏四月庚辰，蔡公孫姓帥師滅沈，以沈子嘉歸，殺之。

（定傳·四·四）

沈人不會于召陵，晉人使蔡伐之。夏，蔡滅沈。

〔一〕 無犯非禮 “禮”，原作“義”，據石經改。

〔定經·四·四〕

五月，公及諸侯盟于臯鼬。[一]

［一］召陵會劉子，諸侯揔言之也。繁昌縣東南有城臯亭。復稱公者，會盟異處故。

（定傳·四·二）

將會，衛子行敬子言於靈公[一]曰："會同難，[二]嘖有煩言，莫之治也。[三]其使祝佗從。"[四]公曰："善。"乃使子魚。子魚辭曰："臣展四體以率舊職，猶懼不給而煩刑書，若又共二，[五]徼大罪也。且夫祝，社稷之常隸也。[六]社稷不動，祝不出竟，官之制也。[七]君以軍行，祓社釁鼓，[八]祝奉以從，[九]於是乎出竟。若嘉好之事，[一〇]君行師從，[一一]卿行旅從，[一二]臣無事焉。"公曰："行也。"

［一］子行敬子，衛大夫。

［二］難得宜。

［三］嘖，至也。煩言，忿爭。

［四］祝佗，大祝子魚。

［五］共二職。

［六］隸，賤臣也。

［七］社稷動，謂國遷。

［八］師出，先有事祓禱於社，謂之宜社。於是殺牲，以血塗鼓鼙，爲釁鼓。

［九］奉社主也。

［一〇］謂朝會。

［一一］二千五百人。

［一二］五百人。

及皋鼬，[一]將長蔡於衛。[二]衛侯使祝佗私於萇弘，曰："聞諸道路，不知信否。若聞蔡將先衛，信乎？"萇弘曰："信。蔡叔，康叔之兄也，[三]先衛，不亦可乎？"子魚曰："以先王觀之，則尚德也。昔武王克商，成王定之，選建明德，以藩屏周。故周公相王室以尹天下，[四]於周爲睦。[五]

[一]將盟。

[二]欲令蔡先衛歃。

[三]蔡叔，周公兄。康叔，周公弟。

[四]尹，正也。

[五]睦，親厚也。以盛德見親厚。

"分魯公以大路、大旂，[一]夏后氏之璜，[二]封父之繁弱，[三]殷民六族：條氏、徐氏、蕭氏、索氏、長勺氏、尾勺氏，使帥其宗氏，輯其分族，將其類醜，[四]以法則周公，用即命于周。[五]是使之職事于魯，[六]以昭周公之明德。[七]分之土田陪敦，[八]祝宗卜史，[九]備物典策，[一〇]官司彝器。[一一]因商奄之民，[一二]命以伯禽，[一三]而封於少皞之虚。[一四]

[一]魯公，伯禽也。此大路，金路，錫同姓諸侯車也。交龍爲旂。《周禮》："同姓以封。"

[二]璜，美玉名。

[三]封父，古諸侯也。繁弱，大弓名。

[四]醜，衆也。

[五]即，就也。使六族就周受周公之法制。

[六]共魯公之職事。

［七］昭，顯也。

［八］陪，增也。敦，厚也。

［九］大祝、宗人、大卜、大史凡四官。

［一〇］典策，春秋之制。

［一一］官司，百官也。彝器，常用器。

［一二］商奄，國名也。與四國流言，或迸散在魯，皆令即屬魯懷柔之。

［一三］伯禽，周公世子。時周公唯遣伯禽之國，故皆以付伯禽。

［一四］少皞虚，曲阜也，在魯城内。

"分康叔[一]以大路、少帛、綪茷、旃旌，[二]大吕，[三]殷民七族：陶氏、施氏、繁氏、錡氏、樊氏、饑氏、終葵氏，封畛土略，自武父以南及圃田之北竟，[四]取於有閻之土，以共王職。[五]取於相土之東都，以會王之東蒐。[六]聃季授土，[七]陶叔授民，[八]命以《康誥》，而封於殷虚，[九]皆啓以商政，疆以周索。[一〇]分唐叔[一一]以大路、密須之鼓、[一二]闕鞏、[一三]沽洗、[一四]懷姓九宗，職官五正，[一五]命以《唐誥》，而封於夏虚，[一六]啓以夏政，[一七]疆以戎索。[一八]

［一］康叔，衛之祖。

［二］少帛，雜帛也。綪茷，大赤，取染草名也。通帛爲旃，析羽爲旌。

［三］鐘名。

［四］畛，塗所徑也。略，界也。武父，衛北界。圃田，鄭藪名。

［五］有閻，衛所受朝宿邑。蓋近京畿。

［六］爲湯沐邑。王東巡守以助祭泰山。

［七］聃季，周公弟，司空。

［八］陶叔，司徒。

［九］《康誥》，《周書》。殷虚，朝歌也。

［一〇］皆魯、衛也。啓，開也。居殷故地，因其風俗，開用其政，疆理土地以周法。索，法也。

［一一］唐叔，晉之祖。

［一二］密須，國名。

［一三］甲名。

［一四］鐘名。

［一五］懷姓，唐之餘民。九宗，一姓爲九族。職官五正，五官之長。

［一六］《唐誥》，誥命篇名也。夏虚，大夏，今大原晉陽也。

［一七］亦因夏風俗，開用其政。

［一八］大原近戎而寒，不與中國同，故自以戎法。

“三者皆叔也，而有令德，故昭之以分物。不然，文、武、成、康之伯猶多，而不獲是分也，唯不尚年也。管、蔡啓商，惎間王室。[一] 王於是乎殺管叔而蔡蔡叔，[二] 以車七乘，徒七十人。[三] 其子蔡仲改行帥德，周公舉之，以爲己卿士，[四] 見諸王而命之以蔡，[五] 其命書云：‘王曰：“胡，無若爾考之違王命也。”’[六] 若之何其使蔡先衛也？武王之母弟八人，周公爲大宰，康叔爲司寇，聃季爲司空，五叔無官，豈尚年哉！[七] 曹，文之昭也。[八] 晉，武之穆也。[九] 曹爲伯甸，非尚年也。[一〇] 今將尚之，是反先王也。晉文公爲踐土之盟，衛成公不在，夷叔，其母弟也，猶先蔡，[一一] 其載書云：‘王若曰：“晉重、[一二] 魯申、[一三]

衛武、[一四]蔡甲午、[一五]鄭捷、[一六]齊潘、[一七]宋王臣、[一八]莒期。"'[一九]藏在周府，可覆視也。吾子欲復文、武之略，[二〇]而不正其德，將如之何?"萇弘説，告劉子，與范獻子謀之，乃長衛侯於盟。

［一］惎，毒也。周公攝政，管叔、蔡叔開道紂子祿父，以毒亂王室。

［二］周公稱王命以討二叔。蔡，放也。

［三］與蔡叔車徒而放之。

［四］爲周公臣。

［五］命爲蔡侯。

［六］胡，蔡仲名。

［七］五叔，管叔鮮、蔡叔度、成叔武、霍叔處、毛叔聃也。

［八］文王子，與周公異母。

［九］武王子。

［一〇］以伯爵居甸服，言小。

［一一］踐土、召陵二會,《經》書蔡在衛上，霸主以國大小之序也。子魚所言，盟歃之次。

［一二］文公。

［一三］僖公。

［一四］叔武。

［一五］莊侯。

［一六］文公。

［一七］昭公。

［一八］成公。

［一九］兹平公也。齊序鄭下，周之宗盟，異姓爲後。

［二〇］略，道也。

〔定經·四·五〕

杞伯成卒于會。[一]

[一] 無《傳》。

〔定經·四·六〕

六月，葬陳惠公。[一]

[一] 無《傳》。

〔定經·四·七〕

許遷于容城。[一]

[一] 無《傳》。

〔定經·四·八〕

秋七月，公至自會。[一]

[一] 無《傳》。

〔定經·四·九〕

劉卷卒。[一]

[一] 無《傳》。即劉蚠也。劉子奉命出盟召陵，死則天王爲告同盟，故不具爵。

〔定經·四·十〕

葬杞悼公。[一]

[一] 無《傳》。

〔定經·四·十一〕

楚人圍蔡。〔一〕

［一］不服故也。

（定傳·四·五）

秋，楚爲沈故圍蔡。

〔定經·四·十二〕

晉士鞅、衛孔圉帥師伐鮮虞。〔一〕

［一］無《傳》。孔圉，孔羈孫。士鞅即范鞅。

〔定經·四·十三〕

葬劉文公。〔一〕

［一］無《傳》。

〔定經·四·十四〕

冬十有一月庚午，蔡侯以吳子及楚人戰于柏舉，楚師敗績。〔一〕**楚囊瓦出奔鄭。**〔二〕

［一］師能左右之曰以，皆陳曰戰，大崩曰敗績。吳爲蔡討楚，從蔡計謀，故書蔡侯以吳子，言能左右之也。囊瓦稱人，貪以致敗，不能死難，罪賤之。柏舉，楚地。昭三十一年《傳》曰，六年十二月庚辰，吳其入郢。今以十一月者，并數閏。

［二］書名，惡之。

（定傳·四·六）

伍員爲吳行人以謀楚。楚之殺郤宛也，〔一〕伯氏之族出。〔二〕伯州犁之孫嚭爲吳大宰以謀楚。楚自昭王即位，無歲不有吳師。蔡侯因之，以其子乾與其大夫之子爲質於吳。

［一］在昭二十七年。

［二］郤宛黨。

冬，蔡侯、吳子、唐侯伐楚，[一]舍舟于淮汭，[二]自豫章與楚夾漢。[三]左司馬戌謂子常曰："子沿漢而與之上下，[四]我悉方城外以毀其舟，[五]還塞大隧、直轅、冥阨，[六]子濟漢而伐之，我自後擊之，必大敗之。"既謀而行。武城黑謂子常[七]曰："吳用木也，我用革也，[八]不可久也。不如速戰。"史皇謂子常："楚人惡子而好司馬，[九]若司馬毀吳舟于淮，塞城口而入，[一〇]是獨克吳也。子必速戰，不然，不免。"乃濟漢而陳，自小别至于大别。[一一]三戰，子常知不可，欲奔。[一二]史皇曰："安求其事，[一三]難而逃之，將何所入？子必死之，初罪必盡説。"[一四]

［一］唐侯不書，兵屬於吳、蔡。

［二］吳乘舟從淮來，過蔡而舍之。

［三］豫章，漢東江北地名。

［四］沿，緣也。緣漢上下，遮使勿渡。

［五］以方城外人毀吳所舍舟。

［六］三者，漢東之隘道。

［七］黑，楚武城大夫。

［八］用軍器。

［九］史皇，楚大夫。司馬，沈尹戌。

［一〇］城口，三隘道之揔名。

［一一］《禹貢》，漢水至大别南入江，然則此二别在江夏界。

［一二］知吴不可勝。

［一三］求知政事。

［一四］言致死以克吴，可以免貪賄致寇之罪。

十一月庚午，二師陳于柏舉。[一] 闔廬之弟夫槩王晨請於闔廬曰："楚瓦不仁，[二] 其臣莫有死志，先伐之，其卒必奔，而後大師繼之，必克。"弗許。夫槩王曰："所謂臣義而行，不待命者，其此之謂也。今日我死，楚可入也。"以其屬五千先擊子常之卒。子常之卒奔，楚師亂，吴師大敗之。子常奔鄭，史皇以其乘廣死。[三]

［一］《經》所以書戰。二師，吴、楚師。

［二］瓦，子常名。

［三］以戰死。

〔定經·四·十五〕

庚辰，吴入郢。[一]

［一］弗地曰入。吴不稱子，史略文。

(定傳·四·七)

吴從楚師，及清發，[一] 將擊之。夫槩王曰："困獸猶鬭，況人乎！若知不免而致死，必敗我。若使先濟者知免，後者慕之，蔑有鬭心矣，半濟而後可擊也。"從之，又敗之。楚人爲食，吴人及之，奔食而從之。敗諸雍澨，五戰及郢〔一〕。[二]

〔一〕陳增杰謂當讀爲"楚人爲食，吴人及之；奔，食而從之。敗諸雍澨，五戰及郢"，注當讀爲"奔食，食者走。不陳，故不在戰數"。

[一] 清發，水名。

[二] 奔食，食者走不陳，故不在戰數。

己卯，楚子取其妹季芈、畀我以出，涉睢。[一] 鍼尹固與王同舟，王使執燧象以奔吴師。[二] 庚辰，吴入郢，以班處宫。[三] 子山處令尹之宫，[四] 夫槩王欲攻之，懼而去之，夫槩王入之。[五] 左司馬戌及息而還，[六] 敗吴師于雍澨，傷。[七] 初，司馬臣闔廬，故耻爲禽焉。[八] 謂其臣曰："誰能免吾首？"吴句卑曰："臣賤，可乎？"司馬曰："我實失子，可哉？"[九] 三戰皆傷，曰："吾不可用也已。"句卑布裳，剄而裹之，[一〇] 藏其身，而以其首免。[一一]

[一] 睢水出新城昌魏縣東南，至枝江縣入江，是楚王西走。

[二] 燒火燧繫象尾，使赴吴師驚却之。

[三] 以尊卑班次處楚王宫室。

[四] 子山，吴王子。

[五] 入令尹宫也。言吴無禮，所以不能遂克。

[六] 息，汝南新息也。聞楚敗，故還。

[七] 司馬先敗吴師而身被創。

[八] 司馬嘗在吴爲闔廬臣，是以今耻於見禽。

[九] 失不知子賢。

[一〇] 司馬已死，剄取其首。

[一一]《傳》言司馬之忠壯。

楚子涉睢濟江，入于雲中。[一] 王寢，盜攻之，以戈擊王，王孫由于以背受之，中肩。王奔鄖，鍾建負季芈以從，[二] 由于徐蘇而從。[三] 鄖公辛之弟懷將弒王，曰："平王殺吾父，我殺其子，不亦可乎？"[四] 辛曰："君討臣，誰敢讎之？君命，天也。若死天命，將誰讎？《詩》曰：'柔亦不茹，剛亦不吐，不侮矜寡，不畏彊禦。'唯仁者能之。[五] 違彊陵弱，非勇也。乘人之約，非仁也。滅宗廢祀，非孝也。[六] 動無令名，非知也。必犯是，余將殺女。"鬭辛與其弟巢以王奔隨。吳人從之，謂隨人曰："周之子孫在漢川者，楚實盡之。天誘其衷，致罰於楚，而君又竄之，[七] 周室何罪？君若顧報周室，施及寡人，以獎天衷，[八] 君之惠也。漢陽之田，君實有之。"楚子在公宮之北，[九] 吳人在其南。子期似王，[一〇] 逃王而己爲王，曰："以我與之，王必免。"隨人卜與之，不吉，乃辭吳曰："以隨之辟小，而密邇於楚，楚實存之。世有盟誓，至于今未改。若難而棄之，何以事君？執事之患，不唯一人。[一一] 若鳩楚竟，敢不聽命？"吳人乃退。[一二] 鑪金初宦於子期氏〔一〕，實與隨人要言。[一三] 王使見。[一四] 辭曰："不敢以約爲利。"[一五] 王割子期之心，以與隨人盟。[一六]

[一] 入雲夢澤中，所謂江南之夢。

[二] 鍾建，楚大夫。

[三] 以背受戈，故當時悶絶。

[四] 辛，蔓成然之子鬭辛也。昭十四年楚平王殺成然。

[五]《詩·大雅》。言仲山甫不辟彊陵弱。

〔一〕 鑪金初宦於子期氏　"鑢"，原作"鑪"，據石經改。"宦"，原作"官"，據石經改。按：阮校曰："石經、宋本'鑪'作'鑢'。是也，與《釋文》合。案，《漢書·古今人表》亦作'鑢'字。宋本、岳本、足利本'官'作'宦'，淳熙本作'宧'。石經初刻同，後改'宦'。是也。"

［六］弑君，罪應滅宗。

［七］竄，匿也。

［八］獎，成也。

［九］隨公宮也。

［一〇］子期，昭王兄公子結也。

［一一］一人，楚王。

［一二］鳩，安集也。

［一三］要言，無以楚王與吳，并欲脱子期。

［一四］王喜其意，欲引見之以比王臣，且欲使盟隨人。

［一五］此約，謂要言也。此一時之事，非爲德舉，故辭不敢見，亦不肯爲盟主。

［一六］當心前割取血以盟，示其至心。

初，伍員與申包胥友。[一] 其亡也，謂申包胥曰："我必復楚國。"[二] 申包胥曰："勉之。子能復之，我必能興之。"及昭王在隨，申包胥如秦乞師，曰："吳爲封豕長蛇，以荐食上國。[三] 虐始於楚，寡君失守社稷，越在草莽。使下臣告急，曰：'夷德無厭，若鄰於君，疆埸之患也。[四] 逮吳之未定，君其取分焉。[五] 若楚之遂亡，君之土也。若以君靈撫之，世以事君。'"[六] 秦伯使辭焉，曰："寡人聞命矣，子姑就館，將圖而告。"對曰："寡君越在草莽，未獲所伏，[七] 下臣何敢即安？"立，依於庭牆而哭，日夜不絶聲，勺飲不入口。七日。秦哀公爲之賦《無衣》，[八] 九頓首而坐，[九] 秦師乃出。[一〇]

［一］包胥，楚大夫。

［二］復，報也。

［三］荐，數也。言吴貪害如蛇豕。

［四］吴有楚，則與秦鄰。

［五］與吴共分楚地。

［六］撫，存恤也。

［七］伏，猶處也。

［八］《詩·秦風》。取其“王于興師〔一〕，脩我戈矛，與子同仇”，“與子偕作”，“與子偕行”。

［九］《無衣》三章，章三頓首。

［一〇］爲明年包胥以秦師至張本。

〔一〕王于興師　“于”，原作“子”，據《詩》通行本改。

定公五年

〔定經·五·一〕

五年春王三月辛亥朔，日有食之。[一]

［一］無《傳》。

〔左氏附〕

（定傳·五·一）

五年春，王人殺子朝于楚。[一]

［一］因楚亂也。終閔馬父之言。

〔定經·五·二〕

夏，歸粟于蔡。[一]

［一］蔡爲楚所圍，飢乏，故魯歸之粟。

（定傳·五·二）

夏，歸粟於蔡，以周亟矜無資。[一]

［一］亟，急也。

〔定經·五·三〕

於越入吳。[一]

［一］於，發聲也。

（定傳·五·三）

越入吳，吳在楚也。

〔定經·五·四〕

六月丙申，季孫意如卒。

（定傳·五·四）

六月，季平子行東野，[一]還，未至。丙申，卒于房。陽虎將以璵璠斂。[二]仲梁懷弗與，[三]曰："改步改玉。"[四]陽虎欲逐之，告公山不狃。不狃曰："彼爲君也，子何怨焉？"[五]既葬，桓子行東野。[六]及費，子洩爲費宰，逆勞於郊，桓子敬之。勞仲梁懷，仲梁懷弗敬。[七]子洩怒，謂陽虎："子行之乎？"[八]

［一］東野，季氏邑。

［二］璵璠，美玉，君所佩。

［三］懷亦季氏家臣。

［四］昭公之出，季孫行君事，佩璵璠祭宗廟。今定公立，復臣位，改君步，則亦當去璵璠。

［五］不狃，季氏臣費宰子洩也。爲君，不欲使僭。

［六］桓子，意如子季孫斯。

［七］懷時從桓子行，輕慢子洩。

［八］行，逐懷也。爲下陽虎囚桓子起。

〔定經·五·五〕

秋七月壬子，叔孫不敢卒。[一]

［一］無《傳》。

〔左氏附〕

（定傳·五·五）

申包胥以秦師至，秦子蒲、子虎帥車五百乘以救楚。[一]

子蒲曰："吾未知吳道。"[二] 使楚人先與吳人戰，而自稷會之，大敗夫槩王于沂。[三] 吳人獲薳射於柏舉。[四] 其子帥奔徒，[五] 以從子西，敗吳師于軍祥。[六]

［一］五百乘，三萬七千五百人。

［二］道，猶法術。

［三］稷、沂，皆楚地。

［四］薳射，楚大夫。

［五］奔徒，楚散卒。

［六］楚地。

秋七月，子期、子蒲滅唐。[一] 九月，夫槩王歸，自立也。以與王戰而敗，[二] 奔楚，爲堂谿氏。[三] 吳師敗楚師于雍澨。秦師又敗吳師。吳師居麇，[四] 子期將焚之，子西曰："父兄親暴骨焉，不能收，又焚之，不可。"[五] 子期曰："國亡矣。死者若有知也，可以歆舊祀，[六] 豈憚焚之？"焚之而又戰，吳師敗。又戰于公壻之谿。[七] 吳師大敗，吳子乃歸。囚闉輿罷。闉輿罷請先，遂逃歸。[八] 葉公諸梁之弟后臧從其母於吳，不待而歸。[九] 葉公終不正視。[一〇]

［一］從吳伐楚故。

［二］自立爲吳王，號夫槩。

［三］《傳》終言之。

［四］麇，地名。

［五］前年楚人與吳戰，多死麇中，言不可并焚。

［六］言焚吳復楚，則祭祀不廢。

［七］楚地名。

［八］輿罷，楚大夫。請先至吳而逃歸，言吳唯得楚一大夫，復失之，所以不克。

［九］諸梁，司馬沈尹戌之子葉公子高也。吳入楚獲后臧之母，楚定，臧棄母而歸。

［一〇］不義之。

〔左氏附〕

（定傳 · 五 · 六）

乙亥，陽虎囚季桓子及公父文伯，[一]而逐仲梁懷。冬十月丁亥，殺公何藐。[二]己丑，盟桓子于稷門之內。[三]庚寅，大詛，逐公父歜及秦遄，皆奔齊。[四]

［一］文伯，季桓子從父昆弟也。陽虎欲爲亂，恐二子不從，故囚之。

［二］藐，季氏族。

［三］魯南城門。

［四］歜即文伯也。秦遄，平子姑壻也。《傳》言季氏之亂。

〔左氏附〕

（定傳 · 五 · 七）

楚子入于郢。[一]初，鬭辛聞吳人之爭宮也，曰："吾聞之，不讓則不和，不和不可以遠征。吳爭於楚，必有亂，有亂則必歸，焉能定楚？"王之奔隨也，將涉於成臼，[二]藍尹亹涉其帑，[三]不與王舟。及寧，王欲殺之。[四]子西曰："子常唯思舊怨以敗，君何效焉？"王曰："善。使復其所，吾以志前惡。”[五] 王賞鬭辛、王孫由于、王孫圉、鍾建、鬭巢、申包胥、王孫賈、宋木、鬭懷。[六] 子西曰：“請舍懷也。”[七] 王曰：“大德滅小怨，道也。”[八] 申包胥曰：“吾爲君也，非爲身也。君既定矣，又何求？且吾尤子旗，其又爲諸？”[九] 遂逃賞。王將嫁季芈，季芈辭曰：“所以爲女子，遠丈夫也。鍾建負我矣。”以妻鍾建，以爲樂尹。[一〇]

［一］吳師已歸。

［二］江夏竟陵縣西有白水，出聊屈山，西南入漢。

［三］亹，楚大夫。

［四］寧，安定也。

［五］惡，過也。

［六］九子皆從王有大功者。

［七］以初謀弒王也。

［八］終從其兄，免王大難，是大德。

［九］子旗，蔓成然也。以有德於平王，求欲無厭，平王殺之。在昭十四年。

［一〇］司樂大夫。

王之在隨也，子西爲王輿服以保路，國于脾洩。[一] 聞王所在而後從王。王使由于城麇，[二] 復命。子西問高厚焉，弗知。子西曰：“不能，如辭。[三] 城不知高厚小大，何知？”對曰：“固辭不能，子使余也。人各有能有不能。王遇盜於雲中，余受其戈，其所猶在。”袒而視之背，曰：“此余所能也。脾洩之事，余亦弗能也。”[四]

［一］脾洩，楚邑也。失王，恐國人潰散，故僞爲王車服，立國脾洩，以保安道路人。

［二］於麇築城。

［三］言自知不能，當辭勿行。

［四］《傳》言昭王所以復國，有賢臣也。

〔定經·五·六〕

冬，晉士鞅帥師圍鮮虞。

（定傳·五·八）

晉士鞅圍鮮虞，報觀虎之敗也〔一〕。[一]

［一］三年，鮮虞獲晉觀虎。

〔一〕 報觀虎之敗也 “敗”，原作“役”，據石經改。按：阮校曰：“石經、宋本、淳熙本、足利本‘役’作‘敗’。是也。”

定公六年

〔定經·六·一〕

六年春王正月癸亥，鄭游速帥師滅許，以許男斯歸。[一]

［一］游速，大叔子。

（定傳·六·一）

六年春，鄭滅許，因楚敗也。

〔定經·六·二〕

二月，公侵鄭。

（定傳·六·二）

二月，公侵鄭，取匡，爲晉討鄭之伐胥靡也。[一]往不假道於衛。及還，陽虎使季、孟自南門入，出自東門，[二]舍於豚澤。衛侯怒，使彌子瑕追之。[三]公叔文子老矣，[四]輦而如公，曰："尤人而效之，非禮也。昭公之難，君將以文之舒鼎，[五]成之昭兆，[六]定之鞶鑑，[七]苟可以納之，擇用一焉。公子與二三臣之子，諸侯苟憂之，將以爲之質。[八]此群臣之所聞也。今將以小忿蒙舊德，[九]無乃不可乎？大姒之子，[一〇]唯周公、康叔爲相睦也，而效小人以棄之，不亦誣乎？天將多陽虎之罪以斃之，君姑待之，若何？"乃止。[一一]

［一］胥靡，周地也。周儋翩因鄭人以作亂，鄭爲之伐胥靡，故晉使魯討之。匡，鄭地。取匡不書，歸之晉。

［二］陽虎將逐三桓，欲使得罪於鄰國。

［三］彌子瑕，衛嬖大夫。

［四］文子，公叔發。

［五］衛文公之鼎。

［六］寶龜。

［七］鞶帶而以鏡爲飾也。今西方羌、胡猶然，古之遺服。

［八］爲質，求納魯昭公。

［九］蒙，覆也。

［一〇］大姒，文王妃。

［一一］止不伐魯師。

〔定經·六·三〕

公至自侵鄭。[一]

［一］無《傳》。

〔定經·六·四〕

夏，季孫斯、仲孫何忌如晉。

（定傳·六·三）

夏，季桓子如晉，獻鄭俘也。[一] 陽虎强使孟懿子往報夫人之幣。[二] 晉人兼享之。[三] 孟孫立于房外，謂范獻子曰："陽虎若不能居魯，而息肩於晉，所不以爲中軍司馬者，有如先君。"[四] 獻子曰："寡君有官，將使其人，[五] 鞅何知焉？"獻子謂簡子曰："魯人患陽虎矣，孟孫知其釁，以爲必適晉，故强爲之請，以取入焉。"[六]

［一］獻此春取匡之俘。

［二］虎欲困辱三桓，并求媚於晉，故强使正卿報晉夫人之聘。

［三］賤魯，故不復兩設禮，明《經》所以不備書。

［四］稱先君以徵其言，若欲使晉必厚待之。

［五］擇得其人。

［六］欲令晉人聞虎當逃走，故强設請託之辭，因此言以入晉，令晉素知之。

〔左氏附〕

（定傳・六・四）

四月己丑，吳大子終纍敗楚舟師，[一]獲潘子臣、小惟子[二]及大夫七人。楚國大惕，懼亡。子期又以陵師敗于繁揚。[三]令尹子西喜曰："乃今可爲矣。"[四]於是乎遷郢於鄀，而改紀其政，以定楚國。[五]

［一］終纍，闔廬子、夫差兄。舟師，水戰。

［二］二子，楚舟師之帥。

［三］陵師，陸軍。

［四］言知懼而後可治。

［五］《傳》言楚賴子西以安。

〔左氏附〕

（定傳・六・五）

周儋翩率王子朝之徒，因鄭人將以作亂于周。[一]鄭於是乎伐馮、滑、胥靡、負黍、狐人、闕外。[二]六月，晉閻没戍周，且城胥靡。[三]

［一］儋翩，子朝餘黨。

［二］鄭伐周六邑在魯伐鄭取匡前，於此見者，爲戍周起也。陽城

縣西南有負黍亭〔一〕。

［三］爲下天王出居姑蕕起。

〔定經·六·五〕

秋，晉人執宋行人樂祁犂。[一]

［一］稱行人，言非其罪。

(定傳·六·六)

秋八月，宋樂祁言於景公曰：“諸侯唯我事晉，今使不往，晉其憾矣。”樂祁告其宰陳寅。[一]陳寅曰：“必使子往。”他日，公謂樂祁曰：“唯寡人説子之言，子必往。”陳寅曰：“子立後而行，吾室亦不亡。[二]唯君亦以我爲知難而行也。”見溷而行。[三]趙簡子逆而飲之酒於緜上，獻楊楯六十於簡子。[四]陳寅曰：“昔吾主范氏，今子主趙氏，又有納焉。以楊楯賈禍，弗可爲也已。[五]然子死晉國，子孫必得志於宋。”[六]范獻子言於晉侯曰：“以君命越疆而使，未致使而私飲酒，不敬二君，不可不討也。”乃執樂祁。[七]

［一］以與公言告之。

［二］寅知晉政多門，往必有難，故使樂祁立後而行。

［三］溷，樂祁子也。見於君，立以爲後。

［四］楊，木名。

［五］知范氏必怨，將得禍。

［六］以其爲國死。

［七］獻子怒祁比趙氏，《經》所以稱行人。

〔一〕 陽城縣西南有負黍亭 “陽城縣”，原作“陽起縣”，據興國軍本改。

〔定經·六·六〕

冬，城中城。[一]

［一］無《傳》。公爲晉侵鄭，故懼而城之。

〔定經·六·七〕

季孫斯、仲孫忌帥師圍鄆。[一]

［一］無《傳》。何忌不言何，闕文。鄆貳於齊，故圍之。

〔左氏附〕

（定傳·六·七）

陽虎又盟公及三桓於周社，盟國人于亳社，詛于五父之衢。[一]

［一］《傳》言三桓微，陪臣專政，爲八年陽虎作亂起。

〔左氏附〕

（定傳·六·八）

冬十二月，天王處于姑蕕，[一]辟儋翩之亂也。[二]

［一］姑蕕，周地。

［二］爲明年單、劉逆王起。

定公七年

〔定經·七·一〕

七年春王正月。

〔左氏附〕

〔定傳·七·一〕

七年春二月，周儋翩入于儀栗以叛。[一]

[一] 儀栗，周邑。

〔左氏附〕

〔定傳·七·二〕

齊人歸鄆、陽關，陽虎居之以爲政。[一]

[一] 鄆、陽關皆魯邑，中貳於齊，齊今歸之，不書，虎專之。

〔定經·七·二〕

夏四月。

〔定傳·七·三〕

夏四月，單武公、[一]劉桓公[二]敗尹氏于窮谷。[三]

[一] 穆公子。

[二] 文公子。

[三] 尹氏復黨儋翩，共爲亂也。

〔定經·七·三〕

秋，齊侯、鄭伯盟于鹹。[一]

[一] 衛地。

(定傳·七·四)

秋，齊侯、鄭伯盟于鹹，徵會于衛。[一]

[一] 徵，召也。

〔定經·七·四〕

齊人執衛行人北宮結以侵衛。[一]

[一] 稱行人，非使人之罪。

〔定經·七·五〕

齊侯、衛侯盟于沙。[一]

[一] 結叛晉也。陽平元城縣東南有沙亭。

(定傳·七·五)

衛侯欲叛晉，[一] 諸大夫不可。使北宮結如齊，而私於齊侯，曰："執結以侵我。"[二] 齊侯從之，乃盟于瑣。[三]

[一] 屬齊、鄭也。

[二] 欲以齊師懼諸大夫。

[三] 瑣即沙也。爲明年涉沱捘衛侯手起。

〔定經·七·六〕

大雩。[一]

[一] 無《傳》。過也。

〔定經·七·七〕

齊國夏帥師伐我西鄙。[一]

［一］夏，國佐孫。

（定傳·七·六）

齊國夏伐我。[一] 陽虎御季桓子，公斂處父御孟懿子，[二] 將宵軍齊師。齊師聞之，墮，伏而待之。[三] 處父曰："虎不圖禍，而必死。"[四] 苫夷曰："虎陷二子於難，[五] 不待有司，余必殺女。"虎懼，乃還，不敗。[六]

［一］齊叛晉故。

［二］處父，孟氏家臣成宰公斂陽。

［三］墮毀其軍以誘敵，而設伏兵。

［四］而，女也。

［五］苫夷，季氏家臣。二子，季、孟。

［六］《傳》言陪臣强，能自相制，季、孟不敢有心。

〔定經·七·八〕

九月，大雩。[一]

［一］無《傳》。過也。

〔定經·七·九〕

冬十月。

〔左氏附〕

（定傳·七·七）

冬十一月戊午，單子、劉子逆王于慶氏。[一] 晉籍秦送王。己巳，王入于王城，[二] 館于公族黨氏，[三] 而後朝于莊宮。[四]

［一］慶氏，守姑蕕大夫。

［二］己巳，十二月五日。有日無月。

［三］黨氏，周大夫。

［四］莊王廟也。

春秋左氏經傳集解定公下第二十八

春秋左氏經傳集解定公下第二十八〔一〕

杜氏

定公八年

〔定經·八·一〕

八年春王正月，公侵齊。[一]

[一] 報前年伐我西鄙。

(定傳·八·一)

八年春王正月，公侵齊，門于陽州。[一] 士皆坐列，[二] 曰："顏高之弓六鈞。"[三] 皆取而傳觀之。陽州人出，顏高奪人弱弓，籍丘子鉏擊之，與一人俱斃。[四] 偃，且射子鉏，中頰，殪。[五] 顏息射人中眉，[六] 退曰："我無勇，吾志其目也。"[七] 師退，冉猛僞傷足而先。[八] 其兄會乃呼曰："猛也殿。"[九]

[一] 攻其門。

[二] 言無鬭志。

[三] 顏高，魯人。三十斤爲鈞，六鈞百八十斤。古稱重，故以爲異强。

[四] 子鉏，齊人。斃，仆也。

[五] 子鉏死。

〔一〕 原卷標題"定"字後闕"公"字，據本書體例補。

[六] 顏息，魯人。

[七] 以自矜。

[八] 猛，魯人。欲先歸。

[九] 會見師退而猛不在列，乃大呼詐言猛在後爲殿。《傳》言魯無軍政。

〔定經·八·二〕

公至自侵齊。[一]

[一] 無《傳》。

〔左氏附〕

(定傳·八·二)

二月己丑，單子伐穀城，劉子伐儀栗。[一] 辛卯，單子伐簡城，劉子伐盂，以定王室。[二]

[一] 討儋翩之黨。穀城在河南縣西。

[二]《傳》終王室之亂。

〔左氏附〕

(定傳·八·三)

趙鞅言於晉侯曰：“諸侯唯宋事晉，好逆其使，猶懼不至。今又執之，是絶諸侯也。”將歸樂祁。士鞅曰：“三年止之，無故而歸之，宋必叛晉。”[一] 獻子私謂子梁[二]曰：“寡君懼不得事宋君，是以止子。子姑使溷代子。”[三] 子梁以告陳寅，陳寅曰：“宋將叛晉，是棄溷也。不如待之。”[四] 樂祁歸，卒于大行。[五] 士鞅曰：“宋必叛，不如

止其尸以求成焉。”乃止諸州。[六]

[一] 執樂祁在六年。

[二] 獻子，范鞅。子梁，樂祁。

[三] 溷，樂祁子。

[四] 留待，勿以子自代。

[五] 大行，晉東南山。

[六] 州，晉地。爲明年宋公使樂大心如晉張本。

〔定經·八·三〕

二月，公侵齊。[一]

[一] 未得志故。

(定傳·八·四)

公侵齊，攻廩丘之郛。[一] 主人焚衝。[二] 或濡馬褐以救之，[三] 遂毁之。[四] 主人出，師奔。[五] 陽虎僞不見冉猛者，曰：“猛在此，必敗。”[六] 猛逐之，顧而無繼，僞顛。[七] 虎曰：“盡客氣也。”[八]

[一] 郛，郭也。

[二] 衝，戰車。

[三] 馬褐，馬衣。

[四] 毁郛。

[五] 攻郛人少，故遣後師走往助之。

[六] 陽州之役，猛先歸。言若在此，必復敗。

[七] 逐廩丘人。

[八] 言皆客氣，非勇。

〔左氏附〕

(定傳·八·五)

苫越生子，將待事而名之。[一] 陽州之役獲焉，名之曰陽州。[二]

[一] 苫越，苫夷。

[二] 欲自比僑如。

〔定經·八·四〕

三月，公至自侵齊。[一]

[一] 無《傳》。

〔定經·八·五〕

曹伯露卒。[一]

[一] 無《傳》。四年盟皋鼬。

〔定經·八·六〕

夏，齊國夏帥師伐我西鄙。

(定傳·八·六)

夏，齊國夏、高張伐我西鄙，[一] 晉士鞅、趙鞅、荀寅救我。[二]

[一] 報上二侵。

[二] 救不書，齊師已去，未入竟。

〔定經·八·七〕

公會晉師于瓦。[一]

［一］瓦，衛地。將來救魯，公逆會之。東郡燕縣東北有瓦亭。

(定傳·八·七)

公會晉師于瓦，范獻子執羔，趙簡子、中行文子皆執鴈，魯於是始尚羔。[一]

［一］獻子，士鞅也。簡子，趙鞅也。中行文子，荀寅也。禮，卿執羔，大夫執鴈，魯則同之，今始知執羔之尊也〔一〕。卿不書，禮不敵公，史略之。

〔定經·八·八〕

公至自瓦。[一]

［一］無《傳》。

〔定經·八·九〕

秋七月戊辰，陳侯柳卒。[一]

［一］無《傳》。四年盟皋鼬。

〔定經·八·十〕

晉士鞅帥師侵鄭，遂侵衛。[一]

［一］兩事，故曰“遂”。

(定傳·八·八)

晉師將盟衛侯于鄟澤。[一]趙簡子曰：“群臣誰敢盟衛君者？”[二]涉佗、成何曰：“我能盟之。”[三]衛人請執牛耳，[四]成何曰：“衛，吾溫、原也，焉得視諸侯？”[五]將歃，涉佗

〔一〕今始知執羔之尊也　“今”，阮刻本作“令”。

捘衞侯之手及捥。[六] 衞侯怒。王孫賈趨進，[七] 曰："盟以信禮也。[八] 有如衞君，其敢不唯禮是事，而受此盟也？"[九] 衞侯欲叛晉而患諸大夫，王孫賈使次于郊，大夫問故。[一〇] 公以晉詬語之，[一一] 且曰："寡人辱社稷，其改卜嗣，寡人從焉。"[一二] 大夫曰："是衞之禍，豈君之過也？"公曰："又有患焉，謂寡人必以而子與大夫之子爲質。"[一三] 大夫曰："苟有益也，公子則往。群臣之子敢不皆負羈絏以從。"將行，王孫賈曰："苟衞國有難，工商未嘗不爲患，使皆行而後可。"[一四] 公以告大夫，乃皆將行之。行有日，[一五] 公朝國人，使賈問焉，曰："若衞叛晉，晉五伐我，病何如矣？"皆曰："五伐我，猶可以能戰。"賈曰："然則如叛之，病而後質焉，何遲之有？"乃叛晉。晉人請改盟，弗許。

[一] 自瓦還，就衞地盟。

[二] 前年衞叛晉屬齊。簡子意欲摧辱之。

[三] 二子，晉大夫。

[四] 盟禮，尊者涖牛耳，主次盟者。衞侯與晉大夫盟，自以當涖牛耳，故請之。

[五] 言衞小可比晉縣，不得從諸侯禮。

[六] 捘，擠也。血至捥。

[七] 賈，衞大夫。

[八] 信，猶明也。

[九] 言晉無禮，不欲受其盟。

[一〇] 問不入故。

[一一] 詬，耻也。

[一二] 使改卜他公子以嗣先君，我從大夫所立。

［一三］爲質於晉。

［一四］欲以激怒國人。

［一五］有期日。

〔左氏附〕

（定傳・八・九）

秋，晉士鞅會成桓公侵鄭，圍蟲牢，報伊闕也。[一]遂侵衛。[二]

［一］桓公，周卿士。不書，監帥不親侵也。六年鄭伐周闕外，晉爲周報之。

［二］討叛。

〔定經・八・十一〕

葬曹靖公。[一]

［一］無《傳》。

〔定經・八・十二〕

九月，葬陳懷公。[一]

［一］無《傳》。三月而葬，速。

〔定經・八・十三〕

季孫斯、仲孫何忌帥師侵衛。

（定傳・八・十）

九月，師侵衛，晉故也。[一]

［一］魯爲晉討衛。

〔定經·八·十四〕

冬，衛侯、鄭伯盟于曲濮。[一]

[一] 無《傳》。結叛晉。曲濮，衛地。

〔定經·八·十五〕

從祀先公。[一]

[一] 從，順也。先公，閔公、僖公也。將正二公之位次，所順非一，親盡，故通言“先公”。

（定傳·八·十一）

季寤、[一]公鉏極、[二]公山不狃[三]皆不得志於季氏，叔孫輒無寵於叔孫氏，[四]叔仲志不得志於魯。[五]故五人因陽虎。陽虎欲去三桓，以季寤更季氏，[六]以叔孫輒更叔孫氏，[七]己更孟氏，[八]冬十月，順祀先公而祈焉。[九]辛卯，禘于僖公。[一〇]

[一] 季桓子之弟。

[二] 公彌曾孫，桓子族子。

[三] 費宰。

[四] 輒，叔孫氏之庶子。

[五] 志，叔孫帶之孫，皆爲國人所薄。

[六] 代桓子。

[七] 代武叔。

[八] 陽虎自代懿子。

[九] 將作大事，欲以順祀取媚。

[一〇] 辛卯，十月二日。不於大廟者，順祀之義，當退僖公。懼於僖神，故於僖廟行順祀。

〔定經·八·十六〕

盜竊寶玉、大弓。[一]

［一］盜，謂陽虎也。家臣賤，名氏不見，故曰“盜”。寶玉，夏后氏之璜。大弓，封父之繁弱。

（定傳·八·十二）

壬辰，將享季氏于蒲圃而殺之，戒都車曰：“癸巳至。”[一]成宰公斂處父告孟孫曰：“季氏戒都車，何故？”孟孫曰：“吾弗聞。”處父曰：“然則亂也。必及於子，先備諸。”與孟孫以壬辰爲期。[二]

［一］都邑之兵車也。陽虎欲以壬辰夜殺季孫，明日癸巳以都車攻二家。

［二］處父期以兵救孟氏。壬辰，先癸巳一日。

陽虎前驅，林楚御桓子，虞人以鈹盾夾之，陽越殿。[一]將如蒲圃，桓子咋謂林楚[二]曰：“而先皆季氏之良也，爾以是繼之。”[三]對曰：“臣聞命後。[四]陽虎爲政，魯國服焉。違之，徵死。死無益於主。”桓子曰：“何後之有？而能以我適孟氏乎？”對曰：“不敢愛死，懼不免主。”桓子曰：“往也。”[五]孟氏選圉人之壯者三百人，以爲公期築室於門外。[六]林楚怒馬，及衢而騁，[七]陽越射之，不中，築者闔門。[八]有自門間射陽越〔一〕，殺之。陽虎劫公與武叔，[九]以伐孟氏。公斂處父帥成人自上東門入〔二〕，[一〇]

〔一〕有自門間射陽越　“間”，原作“前”，據石經改。

〔二〕公斂處父……東門入　“帥”，原作“師”，據石經改。

與陽氏戰于南門之内，弗勝。又戰于棘下，[一一]陽氏敗。陽虎説甲如公宫，取寶玉、大弓以出，舍于五父之衢，寢而爲食。其徒曰："追其將至。"虎曰："魯人聞余出，喜於徵死，何暇追余？"[一二]從者曰："嘻！速駕，公斂陽在。"[一三]公斂陽請追之，孟孫弗許。[一四]陽欲殺桓子，[一五]孟孫懼而歸之。[一六]子言辯舍爵於季氏之廟而出。[一七]陽虎入于讙、陽關以叛。[一八]

［一］越，陽虎從弟。

［二］咋，暫也。

［三］欲使林楚免己於難，以繼其先人之良。

［四］後，猶晚也。

［五］言必往。

［六］實欲以備難，不欲使人知，故僞築室於門外，因得聚衆。公期，孟氏支子。

［七］騁，馳也。

［八］季孫既得入，乃閉門。

［九］武叔，叔孫不敢之子州仇也。

［一〇］魯東城之北門。

［一一］城内地名。

［一二］徵，召也。陽虎召季氏於蒲圃，將殺之，今得脱，必喜，故言喜於召死。

［一三］嘻，懼聲。

［一四］畏陽虎。

［一五］欲因亂討季氏，以强孟氏。

［一六］不敢殺。

［一七］子言，季寤。辨，猶周徧也。徧告廟，飲酒，示無懼。

［一八］叛不書，略家臣。

〔左氏附〕

（定傳·八·十三）

鄭駟歂嗣子大叔爲政。[一]

［一］歂，駟乞子，子然也。爲明年殺鄧析張本。

定公九年

〔定經 · 九 · 一〕

九年春王正月。

〔左氏附〕

(定傳 · 九 · 一)

九年春，宋公使樂大心盟于晉，且逆樂祁之尸。辭，僞有疾，乃使向巢如晉盟，且逆子梁之尸。[一] 子明謂桐門右師出，[二] 曰：“吾猶衰絰，而子擊鍾，何也？”[三] 右師曰：“喪不在此故也。”既而告人曰：“己衰絰而生子，余何故舍鍾？”[四] 子明聞之，怒，言於公曰：“右師將不利戴氏，[五] 不肯適晉，將作亂也。不然，無疾。”乃逐桐門右師。[六]

[一] 巢，向戌曾孫。

[二] 子明，樂祁之子溷也。右師，樂大心，子明族父也。右師往到子明舍，子明逐使出門去。

[三] 忿其不逆父喪，因責其無同族之恩。

[四] 己，子明也。

[五] 樂氏，戴公族。

[六] 逐之在明年，終叔孫昭子之言。

〔左氏附〕

(定傳 · 九 · 二)

鄭駟歂殺鄧析而用其竹刑。[一] 君子謂：“子然於是不忠。苟有可以加於國家者，棄其邪可也。[二]《静女》之三章，取彤管焉。[三]《竿旄》‘何以告之’，取其忠也，[四]故用其道，不棄其人。《詩》云：‘蔽芾甘棠，勿翦勿伐，召伯所茇。’[五]思其人猶愛其樹，況用其道而不恤其人乎？子然無以勸能矣。”[六]

［一］鄧析，鄭大夫。欲改鄭所鑄舊制，不受君命而私造刑法，書之於竹簡，故言“竹刑”。

［二］加，猶益也。棄，不責其邪惡也。

［三］《詩·邶風》也。言《静女》三章之詩，雖説美女，義在彤管。彤管，赤管筆。女史記事規誨之所執。

［四］《詩·鄘風》也。錄《竿旄》詩者，取其中心願告人以善道也。言此二詩，皆以一善見采，而鄧析不以一善存身。

［五］《詩·召南》也。召伯決訟於蔽芾小棠之下，詩人思之，不伐其樹。茇，草舍也。

［六］《傳》言子然嗣大叔爲政，鄭所以衰弱。

〔定經·九·二〕

夏四月戊申，鄭伯蠆卒。[一]

［一］無《傳》。四年盟臯鼬。

〔定經·九·三〕

得寶玉、大弓。[一]

［一］弓、玉，國之分器。得之足以爲榮，失之足以爲辱，故重而書之。

（定傳·九·三）

夏，陽虎歸寶玉、大弓。[一]書曰"得"，器用也。凡獲器用曰得，[二]得用焉曰獲。[三]六月，伐陽關，[四]陽虎使焚萊門。[五]師驚，犯之而出，奔齊，請師以伐魯，曰："三加必取之。"[六]齊侯將許之，鮑文子諫曰："臣嘗爲隸於施氏矣，[七]魯未可取也。上下猶和，衆庶猶睦，能事大國，[八]而無天菑，若之何取之？陽虎欲勤齊師也，齊師罷，大臣必多死亡，己於是乎奮其詐謀。夫陽虎有寵於季氏，而將殺季孫以不利魯國而求容焉。[九]親富不親仁，君焉用之？君富於季氏而大於魯國，兹陽虎所欲傾覆也。魯免其疾，而君又收之，無乃害乎？"齊侯執陽虎，將東之。陽虎願東，[一〇]乃囚諸西鄙。盡借邑人之車，鍥其軸，麻約而歸之。[一一]載葱靈，寢於其中而逃。[一二]追而得之，囚於齊。又以葱靈逃，奔宋，遂奔晉，適趙氏。仲尼曰："趙氏其世有亂乎！"[一三]

[一]無益近用，而祇爲名[一]，故歸之。

[二]器用者，謂物之成器可爲人用者也。

[三]謂用器物以有獲，若麟爲田獲，俘爲戰獲。

[四]討陽虎也。

[五]陽關邑門。

[六]三加兵於魯。

[七]施氏，魯大夫。文子，鮑國也。成十七年齊人召而立之，至今七十四歲，於是文子蓋九十餘矣。

〔一〕而祇爲名　"祇"，興國軍本作"秖"。按：阮校曰："宋本、纂圖本、監本、毛本'祇'作'祗'；足利本作'秖'，亦非。淳熙本作'祇'，與葉抄《釋文》合。"

［八］大國，晉也。

［九］求自容。

［一〇］陽虎欲西奔晉，知齊必反己，故詐以東爲願。

［一一］鍥，刻也，欲絶追者。

［一二］蔥靈，輜車名。

［一三］受亂人故。

〔定經·九·四〕

六月，葬鄭獻公。[一]

［一］無《傳》。三月而葬，速。

〔定經·九·五〕

秋，齊侯、衛侯次于五氏。[一]

［一］五氏，晉地。不書伐者，諱伐盟主，以次告。

（定傳·九·四）

秋，齊侯伐晉夷儀。[一]敝無存之父將室之，辭，以與其弟，[二]曰："此役也不死，反，必娶於高、國。"[三]先登，求自門出，死於霤下。[四]東郭書讓登，[五]犂彌從之，曰："子讓而左，我讓而右，使登者絶而後下。"[六]書左，彌先下，[七]書與王猛息。[八]猛曰："我先登。"書斂甲曰："曩者之難，今又難焉。"[九]猛笑曰："吾從子如驂之靳。"[一〇]

［一］爲衛討也。

［二］無存，齊人也。室之，爲取婦。

［三］高氏、國氏，齊貴族也。無存欲必有功，還取卿相之女。

［四］既入城，夷儀人不服，故鬪死於門屋霤下也。

［五］登城非人所樂，故讓衆使後，而己先登。

［六］恐書先下，故又譎以讓之。下，入城也。

［七］書從彌言左行，彌遂自先下，亦讓也。

［八］戰訖，共止息。

［九］斂甲起欲擊猛。

［一〇］靳，車中馬也。猛不敢與書爭，言己從書如驂馬之隨靳也。《傳》言齊師和，所以能克。

晉車千乘在中牟，[一]衛侯將如五氏，[二]卜過之，龜焦。[三]衛侯曰："可也。衛車當其半，寡人當其半，敵矣。"[四]乃過中牟。中牟人欲伐之，衛褚師圃亡在中牟，曰："衛雖小，其君在焉，未可勝也。齊師克城而驕，其帥又賤，[五]遇，必敗之，不如從齊。"乃伐齊師，敗之。[六]齊侯致禚、媚、杏於衛。[七]齊侯賞犂彌，犂彌辭曰："有先登者，臣從之，晳幘而衣貍製。"[八]公使視東郭書，曰："乃夫子也，吾貺子。"[九]公賞東郭書，辭曰："彼，賓旅也。"[一〇]乃賞犂彌。齊師之在夷儀也，齊侯謂夷儀人曰："得敝無存者，以五家免。"[一一]乃得其尸。公三襚之，[一二]與之犀軒與直蓋，[一三]而先歸之。坐引者，以師哭之，[一四]親推之三。[一五]

［一］救夷儀也。今滎陽有中牟縣。迴遠〔一〕，疑非也。

［二］齊侯在五氏，將往助之。

［三］衛至五氏，道過中牟，畏晉，故卜。龜焦，兆不成，不可以行事也。

〔一〕迴遠　"迴"，興國軍本作"迥"。

［四］衛侯怒晉甚，不復顧卜，欲以身當五百乘。

［五］城，謂夷儀也。帥，謂東郭書。

［六］獲齊車五百乘，事見哀十五年。

［七］三邑皆齊西界，以答謝衛意。

［八］皙，白也。幘，齒上下相值。製，裘也。

［九］貺，賜也。

［一〇］言彼與我若賓主相讓。旅，俱進退。

［一一］給其五家，令常不共役事。

［一二］襚，衣也。比殯三加襚，深禮厚之。

［一三］犀軒，卿車。直蓋，高蓋。

［一四］停喪車以盡哀也。君方爲位而哭，故挽喪者不敢立。

［一五］齊侯自推喪車輪三轉。

〔定經·九·六〕

秦伯卒。[一]

［一］無《傳》。不書名，未同盟。

〔定經·九·七〕

冬，葬秦哀公。[一]

［一］無《傳》。

定公十年

〔定經·十·一〕

十年春王三月，及齊平。[一]

［一］平前八年再侵齊之怨。

(定傳·十·一)

十年春，及齊平。

〔定經·十·二〕

夏，公會齊侯于夾谷。[一]

［一］平故。

(定傳·十·二)

夏，公會齊侯于祝其，實夾谷。[一]孔丘相。[二]犂彌言於齊侯曰："孔丘知禮而無勇，若使萊人以兵劫魯侯，必得志焉。"[三]齊侯從之。孔丘以公退，曰："士兵之。[四]兩君合好，而裔夷之俘以兵亂之，[五]非齊君所以命諸侯也。裔不謀夏，夷不亂華，俘不干盟，兵不偪好，於神爲不祥，[六]於德爲愆義，於人爲失禮，君必不然。"齊侯聞之，遽辟之。[七]將盟，齊人加於載書曰："齊師出竟，而不以甲車三百乘從我者，有如此盟。"[八]孔丘使兹無還揖對[九]曰："而不反我汶陽之田，吾以共命者，亦如之。"[一〇]

［一］夾谷即祝其也。

［二］相會儀也。

［三］萊人，齊所滅萊夷也。

［四］以兵擊萊人。

［五］裔，遠也。

［六］盟將告神，犯之爲不善。

［七］辟去萊兵也。

［八］如此盟詛之禍。

［九］無還，魯大夫。

［一〇］須齊歸汶陽田，乃當共齊命。於是孔子以公退，賤者終其事。要盟不絜，故略不書。

齊侯將享公，孔丘謂梁丘據曰：“齊、魯之故，吾子何不聞焉？[一] 事既成矣，[二] 而又享之，是勤執事也。且犧象不出門，嘉樂不野合。[三] 饗而既具，是棄禮也。若其不具，用秕稗也。[四] 用秕稗君辱，棄禮名惡，子盍圖之？夫享所以昭德也，不昭不如其已也。”乃不果享。[五]

［一］故，舊典。

［二］會事成。

［三］犧象，酒器，犧尊、象尊也。嘉樂，鍾磬也。

［四］秕，穀不成者。稗，草之似穀者。言享不具禮，穢薄若秕稗。

［五］孔子知齊侯懷詐，故以禮距之。

〔定經·十·三〕

公至自夾谷。[一]

［一］無《傳》。

〔定經·十·四〕

晉趙鞅帥師圍衛。

（定傳·十·四）

晉趙鞅圍衛，報夷儀也。[一]初，衛侯伐邯鄲午於寒氏，[二]城其西北而守之，宵熸。[三]及晉圍衛，午以徒七十人門於衛西門，殺人於門中，曰："請報寒氏之役。"[四]涉佗曰："夫子則勇矣，然我往，必不敢啓門。"亦以徒七十人旦門焉，步左右，皆至而立如植。[五]日中不啓門，乃退。反役，晉人討衛之叛故，曰："由涉佗、成何。"[六]於是執涉佗以求成於衛。衛人不許，晉人遂殺涉佗，成何奔燕。君子曰："此之謂棄禮，必不鈞。[七]《詩》曰：'人而無禮，胡不遄死。'涉佗亦遄矣哉！"[八]

［一］前年齊爲衛伐晉夷儀，故伐衛以爲報。

［二］邯鄲，廣平縣也。午，晉邯鄲大夫。寒氏即五氏也，前年衛人助齊伐五氏。

［三］午衆宵散。

［四］衛開門與午鬬。

［五］至其門下，步行門左右，然後立待，如立木不動，以示整。

［六］捘衛侯手故。

［七］言必見殺，不得與人等。

［八］《詩·鄘風》。遄，速也。

〔定經·十·五〕

齊人來歸鄆、讙、龜陰田。[一]

［一］三邑皆汶陽田也。泰山博縣北有龜山，陰田在其北也。會夾

谷，孔子相，齊人服義而歸魯田。

(定傳·十·三)

齊人來歸鄆、讙、龜陰之田。[一]

[一] 陽虎九年以此奔齊，《經》文倒者，次魯事。

〔定經·十·六〕

叔孫州仇、仲孫何忌帥師圍郈。[一]

[一] 郈，叔孫氏邑。

(定傳·十·五)

初，叔孫成子欲立武叔，公若藐固諫曰："不可。"[一]成子立之而卒。公南使賊射之，不能殺。[二]公南爲馬正，使公若爲郈宰。武叔既定，使郈馬正侯犯殺公若。弗能。其圉人曰：[三]"吾以劍過朝，公若必曰：'誰之劍也？'吾稱子以告，必觀之。吾僞固，而授之末，則可殺也。"[四]使如之。公若曰："爾欲吴王我乎？"[五]遂殺公若。侯犯以郈叛。[六]武叔、懿子圍郈，弗克。

[一] 藐，叔孫氏之族。

[二] 公南，叔孫家臣，武叔之黨。

[三] 武叔之圉人。

[四] 僞爲固陋不知禮者，以劍鋒末授之。

[五] 見劍向己，逆呵之。鱄諸殺吴王，亦用劍刺之。

[六] 犯以不能副武叔之命，故叛。叛而以圍告廟，故書"圍"。

〔定經·十·七〕

秋，叔孫州仇、仲孫何忌帥師圍郈。

(定傳·十·六)

秋，二子及齊師復圍郈，弗克。叔孫謂郈工師駟赤[一]曰:“郈非唯叔孫氏之憂，社稷之患也。將若之何?”對曰:“臣之業，在《揚水》卒章之四言矣。”[二]叔孫稽首。[三]駟赤謂侯犯曰:“居齊、魯之際而無事，必不可矣。[四]子盍求事於齊以臨民? 不然，將叛。”侯犯從之。齊使至，駟赤與郈人爲之宣言於郈中[五]曰:“侯犯將以郈易於齊〔一〕，齊人將遷郈民。”[六]衆兇懼。[七]駟赤謂侯犯曰:“衆言異矣，[八]子不如易於齊，與其死也，猶是郈也。而得紓焉，何必此?[九]齊人欲以此偪魯，必倍與子地。[一〇]且盍多舍甲於子之門，以備不虞?”侯犯曰:“諾。”乃多舍甲焉。侯犯請易於齊，齊有司觀郈，將至。駟赤使周走呼曰:“齊師至矣。”郈人大駭，介侯犯之門甲以圍侯犯。駟赤將射之，[一一]侯犯止之曰:“謀免我。”侯犯請行，許之。[一二]駟赤先如宿，[一三]侯犯殿，每出一門，郈人閉之。[一四]及郭門，止之，曰:“子以叔孫氏之甲出，有司若誅之，[一五]群臣懼死。”駟赤曰:“叔孫氏之甲有物，吾未敢以出。”[一六]犯謂駟赤曰:“子止而與之數。”[一七]駟赤止而納魯人。侯犯奔齊，齊人乃致郈。[一八]

[一] 工師，掌工匠之官。

[二]《揚水》,《詩·唐風》。卒章四言曰“我聞有命”。

[三] 謝其受己命。

[四] 無所服事。

[五] 詐爲齊使言也。

〔一〕 侯犯將以郈易於齊 “於”，原作“于”，據石經改。

［六］謂易其民人。

［七］不欲遷。

［八］不與始同。

［九］言以郈民易取齊人，與郈無異，勝於守郈爲叛人所殺。

［一〇］言非徒得民，又將得齊地。

［一一］僞爲侯犯射郈人。

［一二］郈人許之。

［一三］宿，東平無鹽縣故宿國。

［一四］閉其後門。

［一五］誅，責也。

［一六］物，識也。赤還救侯犯也。

［一七］數甲以相付。

［一八］致其名簿也。爲下武叔如齊《傳》。

〔定經·十·八〕

宋樂大心出奔曹。[一]

［一］《傳》在前年春。書名，罪其稱疾不適晉。

〔定經·十·九〕

宋公子地出奔陳。[一]

［一］貪弄馬以距君命。書名，罪之也。

(定傳·十·七)

宋公子地嬖蘧富獵，[一]十一分其室，而以其五與之。[二]公子地有白馬四。公嬖向魋，魋欲之。[三]公取而朱其尾鬣以與之。[四]地怒，使其徒抶魋而奪之。魋懼，將走，公閉門而泣之，目盡腫。母弟辰曰："子分室以與獵也，而獨卑魋，亦有頗焉。子爲君禮，[五]不過出竟，君必止子。"公子地出奔陳，公弗止。

[一]地，宋景公弟，辰之兄也。

[二]與富獵也。

[三]向魋，司馬桓魋也。

[四]與魋也。

[五]禮，辟君也。

〔定經·十·十〕

冬，齊侯、衛侯、鄭游速會于安甫。[一]

[一]無《傳》。安甫，地闕。

〔定經·十·十一〕

叔孫州仇如齊。

（定傳·十·九）

武叔聘于齊。[一]齊侯享之，曰："子叔孫！若使郈在君之他竟，寡人何知焉？屬與敝邑際，故敢助君憂之。"[二]對曰："非寡君之望也。所以事君，封疆社稷是以，[三]敢以家隸勤君之執事？夫不令之臣，天下之所惡也。君豈以爲寡君賜？"[四]

[一]謝致郈也。《經》書辰奔在聘後者，從告。

[二]以致郈德叔孫。

[三]以，猶爲也。

[四]言義在討惡，非所以賜寡君。

〔定經·十·十二〕

宋公之弟辰暨仲佗、石彄出奔陳。[一]

[一]暨，與也。宋公寵向魋，不聽辰請。辰忿而將大臣出奔，虚請自忿，稱弟，示首惡也。仲佗、石彄皆爲國卿，不能匡君静難，而爲辰所牽帥出奔，稱名，亦罪之也。

(定傳·十·八)

辰爲之請，弗聽。辰曰："是我迋吾兄也。[一]吾以國人出，君誰與處？"冬，母弟辰暨仲佗、石彄出奔陳。[二]

[一]迋，欺也。

[二]佗，仲幾子。彄，褚師段子。皆宋卿。衆之所望，故言"國人"。

定公十一年

〔定經·十一·一〕

十有一年春，宋公之弟辰及仲佗、石彄、公子地自陳入于蕭以叛。[一]

［一］蕭，宋邑。稱弟，例在前年。

(定傳·十一·一)

十一年春，宋公母弟辰暨仲佗、石彄、公子地入于蕭以叛。

〔定經·十一·二〕

夏四月。

〔定經·十一·三〕

秋，宋樂大心自曹入于蕭。[一]

［一］入蕭從叛人，叛可知，故不書叛。

(定傳·十一·二)

秋，樂大心從之，大爲宋患。寵向魋故也。[一]

［一］惡宋公寵不義，以致國患。

〔定經·十一·四〕

冬，及鄭平。[一] **叔還如鄭涖盟。**[二]

［一］平六年侵鄭取匡之怨。

［二］還，叔詣曾孫。

（定傳·十一·三）

冬，及鄭平，始叛晉也。[一]

［一］魯自僖公以來，世服於晉，至今而叛，故曰“始”。

定公十二年

〔定經·十二·一〕

十有二年春，薛伯定卒。[一]

[一] 無《傳》。四年盟皋鼬。

〔定經·十二·二〕

夏，葬薛襄公。[一]

[一] 無《傳》。

〔定經·十二·三〕

叔孫州仇帥師墮郈。[一]

[一] 墮，毀也。患其險固，故毀壞其城。

〔定經·十二·四〕

衛公孟彄帥師伐曹。[一]

[一] 彄，孟縶子。

（定傳·十二·一）

十二年夏，衛公孟彄伐曹，克郊。[一]還，滑羅殿。[二]未出，不退於列。[三]其御曰："殿而在列，其爲無勇乎？"羅曰："與其素厲，寧爲無勇。"[四]

[一] 郊，曹邑。

[二] 羅，衛大夫。

[三] 未出曹竟，羅不退，在行列之後。

［四］素，空也。厲，猛也。言伐小國當如畏者以誘致之。

〔定經·十二·五〕

季孫斯、仲孫何忌帥師墮費。

（定傳·十二·二）

仲由爲季氏宰，[一]將墮三都。[二]於是叔孫氏墮郈，季氏將墮費，公山不狃、叔孫輒帥費人以襲魯。[三]公與三子入于季氏之宫，登武子之臺。費人攻之，弗克。入及公側。[四]仲尼命申句須、樂頎下，伐之，[五]費人北。國人追之，敗諸姑蔑。二子奔齊。[六]遂墮費。

［一］仲由，子路。

［二］三都，費、郈、成也。彊盛將爲國害，故仲由欲毁之。

［三］不狃，費宰也。輒不得志於叔孫氏。

［四］至臺下。

［五］二子，魯大夫。仲尼時爲司寇。

［六］二子，不狃、叔孫輒。

〔定經·十二·六〕

秋，大雩。[一]

［一］無《傳》。書，過。

〔定經·十二·七〕

冬十月癸亥，公會齊侯，盟于黄。[一]

［一］無《傳》。結叛晋。

〔定經 · 十二 · 八〕

十有一月丙寅朔，日有食之。[一]

［一］無《傳》。

〔定經 · 十二 · 九〕

公至自黄。[一]

［一］無《傳》。

〔定經 · 十二 · 十〕

十有二月，公圍成。公至自圍成。[一]

［一］無《傳》。國内而書“至”者，成彊若列國，興動大衆，故出入皆告廟。

（定傳 · 十二 · 三）

將墮成，公斂處父謂孟孫：“墮成，齊人必至于北門。[一]且成，孟氏之保障也。無成，是無孟氏也。子僞不知，[二]我將不墮〔一〕。”冬十二月，公圍成，弗克。

［一］成在魯北竟故。

［二］佯不知。

〔一〕我將不墮　“墮”，石經同。阮刻本作“墜”。阮校曰：“石經、宋本、淳熙本、岳本、閩本、監本、毛本‘墜’作‘墮’。”

定公十三年

〔定經·十三·一〕

十有三年春，齊侯、衛侯次于垂葭。[一]

［一］二君將使師伐晉，次垂葭以爲之援。

(定傳·十三·一)

十三年春，齊侯、衛侯次于垂葭，實郥氏。[一]使師伐晉，將濟河。諸大夫皆曰："不可。"邴意茲曰："可。[二]鋭師伐河内，[三]傳必數日而後及絳。[四]絳不三月，不能出河，則我既濟水矣。"乃伐河内。齊侯皆斂諸大夫之軒，唯邴意茲乘軒。[五]

［一］垂葭改名郥氏。高平鉅野縣西南有郥亭。

［二］意茲，齊大夫。

［三］今河内汲郡。

［四］《傳》告晉。

［五］以其言當。

齊侯欲與衛侯乘，[一]與之宴，而駕乘廣，載甲焉。使告曰："晉師至矣。"齊侯曰："比君之駕也，寡人請攝。"[二]乃介而與之乘，驅之。或告曰："無晉師。"乃止。[三]

［一］共載。

［二］以己車攝代衛車。

［三］《傳》言齊侯輕，所以不能成功〔一〕。

〔一〕所以不能成功　"功"，原脱，據興國軍本補。

〔定經 · 十三 · 二〕

夏，築蛇淵囿。[一]

[一] 無《傳》。書，不時也。

〔定經 · 十三 · 三〕

大蒐于比蒲。[一]

[一] 無《傳》。夏蒐，非時。

〔定經 · 十三 · 四〕

衛公孟彄帥師伐曹。[一]

[一] 無《傳》。

〔定經 · 十三 · 五〕

秋，晉趙鞅入于晉陽以叛。[一]

[一] 書"叛"，惡可知。

(定傳 · 十三 · 二)

晉趙鞅謂邯鄲午曰："歸我衛貢五百家，吾舍諸晉陽。"午許諾。[一]歸，告其父兄。父兄皆曰："不可。衛是以爲邯鄲，[二]而寘諸晉陽，絶衛之道也。不如侵齊而謀之。"[三]乃如之，而歸之于晉陽。[四]趙孟怒，召午而囚諸晉陽。[五]使其從者説劍而入，涉賓不可。[六]乃使告邯鄲人曰："吾私有討於午也，二三子唯所欲立。"[七]遂殺午。趙稷、涉賓以邯鄲叛。[八]夏六月，上軍司馬籍秦圍邯鄲。邯鄲午，荀寅之甥也〔一〕；荀寅，范吉射之姻也。[九]而相與睦，故不

〔一〕 邯鄲午荀寅之甥也 "邯鄲"，原脱，據石經補。

與圍邯鄲，將作亂。[一〇]董安于聞之，[一一]告趙孟曰："先備諸。"趙孟曰："晉國有命，始禍者死，爲後可也。"安于曰："與其害於民，寧我獨死。[一二]請以我説。"趙孟不可。[一三]秋七月，范氏、中行氏伐趙氏之宫，趙鞅奔晉陽，晉人圍之。

［一］十年趙鞅圍衛，衛人懼，貢五百家。鞅置之邯鄲，今欲徙著晉陽〔一〕。晉陽，趙鞅邑。

［二］言衛以五百家在邯鄲，常爲是故，與邯鄲親。

［三］侵齊則齊當來報，欲因懼齊而徙，則衛與邯鄲好不絶。

［四］欲如是謀而後歸衛貢。

［五］趙鞅不察其謀，謂午不用命，故囚之。

［六］涉賓，午家臣。不肯説劒入，欲謀叛。

［七］午，趙鞅同族，别封邯鄲，故使邯鄲人更立午宗親。

［八］稷，趙午子。

［九］壻父曰姻。荀寅子娶吉射女。

［一〇］作亂，攻趙鞅。

［一一］安于，趙氏臣。

［一二］懼見攻，必傷害民。

［一三］晉國若討，可殺我以自解説。

〔定經·十三·六〕

冬，晉荀寅、士吉射入于朝歌以叛。[一]

［一］吉射，士鞅子。

〔一〕今欲徙著晉陽　"著"，按，阮校曰："淳熙本、岳本、纂圖本、監本、毛本'著'作'置'。"

(定傳·十三·三)

范皋夷無寵於范吉射，而欲爲亂於范氏。[一]梁嬰父嬖於知文子，[二]文子欲以爲卿。韓簡子與中行文子相惡，[三]魏襄子亦與范昭子相惡。[四]故五子謀，[五]將逐荀寅而以梁嬰父代之〔一〕，逐范吉射而以范皋夷代之。荀躒言於晉侯曰："君命大臣：'始禍者死。'載書在河。[六]今三臣始禍，而獨逐鞅，刑已不鈞矣。請皆逐之。"冬十一月，荀躒、韓不信、魏曼多奉公以伐范氏、中行氏，弗克。二子將伐公，齊高彊曰："三折肱知爲良醫。[七]唯伐君爲不可，民弗與也。我以伐君在此矣。三家未睦，[八]可盡克也。克之，君將誰與？若先伐君，是使睦也。"弗聽，遂伐公。國人助公，二子敗，從而伐之。丁未，荀寅、士吉射奔朝歌。

[一]皋夷，范氏側室子。

[二]文子，荀躒。

[三]簡子，韓起孫不信也。中行文子，荀寅也。

[四]襄子，魏舒孫曼多也。昭子，士吉射。

[五]五子，范皋夷、梁嬰父、知文子、韓簡子、魏襄子。

[六]爲盟書沈之河。

[七]高彊，齊子尾之子。昭十年奔魯，遂適晉。

[八]三家，知、韓、魏。

〔定經·十三·七〕

晉趙鞅歸于晉。[一]

〔一〕將逐荀寅而以梁嬰父代之　"代"，原作"伐"，據石經改。

［一］韓、魏請而復之，故曰"歸"。言韓、魏之强猶列國。

(定傳·十三·四)

韓、魏以趙氏爲請。[一] 十二月辛未，趙鞅入于絳，盟于公宮。[二]

［一］《經》所以書趙鞅歸。

［二］《傳》錄晉衰亂。

〔定經·十三·八〕

薛弑其君比。[一]

［一］無《傳》。稱君，君無道。

〔左氏附〕

(定傳·十三·五)

初，衛公叔文子朝而請享靈公，[一] 退，見史鰌而告之。[二] 史鰌曰："子必禍矣。子富而君貪，罪其及子乎〔一〕！"文子曰："然！吾不先告子，是吾罪也。君既許我矣，其若之何？"史鰌曰："無害。子臣，可以免。[三] 富而能臣，必免於難，上下同之。[四] 戍也驕〔二〕，其亡乎！[五] 富而不驕者鮮，吾唯子之見。驕而不亡者，未之有也。戍必與焉。"[六] 及文子卒，衛侯始惡於公叔戍，以其富也。公叔戍又將去

〔一〕 罪其及子乎　阮刻本脱"罪"字。

〔二〕 戍也驕　阮校曰："岳本、纂圖本、監本、毛本'戍'作'戌'，誤。下及注並同。按，凡人名多用'戌亥'字，惟此用'戍守'字。"按：馬王堆帛書《周易·繆和》："使沈尹樹觀之。"于豪亮據此認爲"沈尹戌"之"戌"亦當"爲戍守之戍，杜注誤讀爲戌"。參氏著《帛書〈周易〉》，載《文物》1984年第3期，第23頁。

夫人之黨，[七] 夫人愬之曰："戍將爲亂。"[八]

［一］欲令公臨其家。

［二］史鰌，史魚。

［三］言能執臣禮。

［四］言尊卑皆然。

［五］戍，文子之子。

［六］與禍難。

［七］靈公夫人南子黨，宋朝之徒。

［八］爲明年戍來奔《傳》。

定公十四年

〔定經·十四·一〕

十有四年春，衛公叔戍來奔。衛趙陽出奔宋。[一]

[一] 陽，趙黶孫。書名者，親富不親仁。

(定傳·十四·一)

十四年春，衛侯逐公叔戍與其黨，故趙陽奔宋，戍來奔。[一]

[一] 終史魚之言。

〔左氏附〕

(定傳·十四·二)

梁嬰父惡董安于，謂知文子曰："不殺安于，使終爲政於趙氏，趙氏必得晉國。盍以其先發難也，討於趙氏？"文子使告於趙孟曰："范、中行氏雖信爲亂，安于則發之，是安于與謀亂也。晉國有命，始禍者死。二子既伏其罪矣，敢以告。"[一]趙孟患之。安于曰："我死而晉國寧，趙氏定，將焉用生？人誰不死，吾死莫矣。"乃縊而死。趙孟尸諸市，而告於知氏曰："主命戮罪人，安于既伏其罪矣，敢以告。"知伯從趙孟盟，[二]而後趙氏定，祀安于於廟。[三]

[一] 告使討安于。

[二] 知伯，荀躒。

[三] 趙氏廟。

〔定經·十四·二〕

二月辛巳，楚公子結、陳公孫佗人帥師滅頓，以頓子牂歸。

（定傳·十四·三）

頓子牂欲事晉背楚，而絶陳好。二月，楚滅頓。[一]

［一］《傳》言小不事大，所以亡。

〔定經·十四·三〕

夏，衛北宮結來奔。[一]

［一］亦黨公叔戍，皆惡之。

（定傳·十四·四）

夏，衛北宮結來奔，公叔戍之故也。

〔定經·十四·四〕

五月，於越敗吳于檇李。[一]**吳子光卒。**[二]

［一］於越，越國也。使罪人詐吳亂陳，故從未陳之例書敗也。檇李，吳郡嘉興縣南醉李城。

［二］未同盟而赴以名。

（定傳·十四·五）

吳伐越。[一]越子勾踐禦之，陳于檇李。[二]勾踐患吳之整也，使死士再，禽焉，不動。[三]使罪人三行，屬劍於頸，[四]而辭曰："二君有治，[五]臣奸旗鼓，[六]不敏於君之行前，不敢逃刑，敢歸死。"遂自剄也。師屬之目，越子因而伐之，大敗之。靈姑浮以戈擊闔廬，[七]闔廬傷將指，取其一屨。[八]還，卒於陘，去檇李七里。[九]夫差使人立於庭，[一〇]苟出入，必謂己曰："夫差！而忘越王之殺而父

乎！”則對曰：“唯，不敢忘。”三年乃報越。[一一]

［一］報五年越入吳。

［二］勾踐，越王允常子。

［三］使敢死之士，往輒爲吳所禽。欲使吳師亂取之，而吳不動。

［四］以劒注頸。

［五］治軍旅。

［六］犯軍令。

［七］姑浮，越大夫。

［八］其足大指見斬，遂失屨，姑浮取之。

［九］釋《經》所以不書滅。

［一〇］夫差，闔廬嗣子。

［一一］後三年，哀元年。

〔定經·十四·五〕

公會齊侯、衛侯于牽。[一]

［一］魏郡黎陽縣東北有牽城。

（定傳·十四·六）

晉人圍朝歌，公會齊侯、衛侯于脾、上梁之間，[一]謀救范、中行氏也〔一〕。[二]析成鮒、小王桃甲率狄師以襲晉，[三]戰于絳中，不克而還。士鮒奔周，小王桃甲入于朝歌。

［一］脾、上梁間，即牽。

［二］齊、魯叛晉，故助范、中行也。

［三］二子，晉大夫，范、中行氏之黨。

〔一〕 謀救范中行氏也 “也”，原脱，據石經補。

〔定經·十四·六〕

公至自會。[一]

［一］無《傳》。

〔定經·十四·七〕

秋，齊侯、宋公會于洮。[一]

［一］洮，曹地〔一〕。

(定傳·十四·七)

秋，齊侯、宋公會于洮，范氏故也。[一]

［一］謀殺范氏。

〔定經·十四·八〕

天王使石尚來歸脤。[一]

［一］無《傳》。石尚，天子之士。石，氏。尚，名。脤，祭社之肉，盛以脤器。以賜同姓諸侯，親兄弟之國，與之共福。

〔定經·十四·九〕

衛世子蒯聵出奔宋。

(定傳·十四·八)

衛侯爲夫人南子召宋朝，[一]會于洮。大子蒯聵獻盂于齊，過宋野。[二]野人歌之曰："既定爾婁豬，盍歸吾艾豭？"[三]大子羞之，謂戲陽速曰："從我而朝少君，[四]少君見我，我顧，乃殺之。"速曰："諾。"乃朝夫人。夫人

〔一〕曹地　"地"，阮刻本作"也"。

見大子，大子三顧，速不進。夫人見其色，啼而走，[五]曰：“蒯聵將殺余。”公執其手以登臺。大子奔宋，盡逐其黨。故公孟彄出奔鄭，自鄭奔齊。大子告人曰：“戲陽速禍余。”戲陽速告人曰：“大子則禍余。大子無道，使余殺其母。余不許，將戕於余。[六]若殺夫人，將以余説，余是故許而弗爲，以紓余死。諺曰：‘民保於信。’吾以信義也。”[七]

［一］南子，宋女也。朝，宋公子，舊通于南子。在宋，呼之。

［二］蒯聵，衛靈公大子。盂，邑名也。就會獻之，故自衛行而過宋野。

［三］婁豬，求子豬，以喻南子。艾豭，喻宋朝。艾，老也。

［四］速，大子家臣。

［五］見大子色變，知其欲殺己。

［六］戕，殘殺也。

［七］使義可信，不必信言。

〔定經·十四·十〕

衛公孟彄出奔鄭。[一]

［一］彄書名，與蒯聵黨罪之。

〔定經·十四·十一〕

宋公之弟辰自蕭來奔。[一]

［一］無《傳》。稱宋公之弟，例在十年。

〔定經·十四·十二〕

大蒐于比蒲。

〔定經·十四·十三〕

郳子來會公。[一]

[一] 無《傳》。會公于比蒲，來而不用朝禮，故曰“會”。

〔定經·十四·十四〕

城莒父及霄。[一]

[一] 無《傳》。公叛晉，助范氏，故懼而城二邑也。此年無冬，史闕文。

〔左氏附〕

（定傳·十四·九）

冬十二月，晉人敗范、中行氏之師於潞，獲籍秦、高彊。[一] 又敗鄭師及范氏之師于百泉。[二]

[一] 二子，黨范氏者。終景王言籍父無後。

[二] 鄭助范氏，故并敗。

定公十五年

〔定經・十五・一〕

十有五年春王正月，邾子來朝。

(定傳・十五・一)

十五年春，邾隱公來朝。[一] 子貢觀焉。邾子執玉高，其容仰。公受玉卑，其容俯。[二] 子貢曰："以禮觀之，二君者，皆有死亡焉。夫禮，死生存亡之體也。將左右周旋，進退俯仰，於是乎取之。朝祀喪戎，於是乎觀之。今正月相朝，而皆不度，[三] 心已亡矣。嘉事不體，何以能久？[四] 高仰，驕也。卑俯，替也。驕近亂，替近疾。君爲主，其先亡乎？"[五]

[一] 邾子益。

[二] 玉，朝者之贄。

[三] 不合法度。

[四] 嘉事，朝禮。

[五] 爲此年公薨，哀七年以邾子益歸《傳》。

〔定經・十五・二〕

鼷鼠食郊牛，牛死，改卜牛。[一]

[一] 無《傳》。不言所食處，舉死，重也。改卜，禮也。

〔定經・十五・三〕

二月辛丑，楚子滅胡，以胡子豹歸。

(定傳·十五·二)

吳之入楚也,[一]胡子盡俘楚邑之近胡者。[二]楚既定,胡子豹又不事楚,曰:“存亡有命,事楚何爲?多取費焉。”二月,楚滅胡。[三]

[一]在四年。

[二]俘,取也。

[三]《傳》言小不事大,所以亡。

〔定經·十五·四〕

夏五月辛亥,郊。[一]

[一]無《傳》。書,過。

〔定經·十五·五〕

壬申,公薨于高寢。[一]

[一]高寢,宮名。不於路寢,失其所。

(定傳·十五·三)

夏五月壬申,公薨。仲尼曰:“賜不幸言而中,是使賜多言者也。”[一]

[一]以微知著,知之難者。子貢言語之士,今言而中,仲尼懼其易言,故抑之。

〔定經·十五·六〕

鄭罕達帥師伐宋。

(定傳·十五·四)

鄭罕達敗宋師于老丘。[一]

［一］罕達，子蓋之子。老丘，宋地〔一〕。宋公子地奔鄭，鄭人爲之伐宋，欲取地以處之，事見哀十二年。

〔定經·十五·七〕

齊侯、衛侯次于渠蒢。[一]

［一］不果救，故書"次"。

（定傳·十五·五）

齊侯、衛侯次于蘧挐，謀救宋也。

〔定經·十五·八〕

邾子來奔喪。[一]

［一］無《傳》。諸侯奔喪，非禮。

〔定經·十五·九〕

秋七月壬申，姒氏卒。[一]

［一］定公夫人。

（定傳·十五·六）

秋七月壬申，姒氏卒。不稱夫人，不赴，且不祔也。[一]

［一］赴同、祔姑，夫人之禮。二者皆闕，故不曰"夫人"。

〔定經·十五·十〕

八月庚辰朔，日有食之。[一]

〔一〕宋地　"地"，阮刻本作"也"。

［一］無《傳》。

〔定經·十五·十一〕

九月，滕子來會葬。[一]

［一］無《傳》。諸侯會葬，非禮也。

〔定經·十五·十二〕

丁巳，葬我君定公。雨，不克葬。戊午，日下昃，乃克葬。

（定傳·十五·七）

葬定公，雨，不克襄事，禮也。[一]

［一］襄，成也。雨而成事，若汲汲於欲葬。

〔定經·十五·十三〕

辛巳，葬定姒。[一]

［一］辛巳，十月三日，有日無月。

（定傳·十五·八）

葬定姒。不稱小君，不成喪也。[一]

［一］公未葬而夫人薨，煩於喪禮，不赴不祔，故不稱小君，臣子怠慢也。反哭於寢，故書"葬"。

〔定經·十五·十四〕

冬，城漆。[一]

［一］邾庶其邑。

（定傳 · 十五 · 九）

冬，城漆。書，不時告也。[一]

［一］實以秋城，冬乃告廟。魯知其不時，故緩告，從而書之，以示譏。

春秋左氏經傳集解哀公上第二十九

春秋左氏經傳集解哀公上第二十九〔一〕

杜　氏

哀公元年

〔哀經·元·一〕

元年春王正月，公即位。[一]

［一］無《傳》。

〔哀經·元·二〕

楚子、陳侯、隨侯、許男圍蔡。[一]

［一］隨世服於楚，不通中國。吳之入楚，昭王奔隨，隨人免之，卒復楚國。楚人德之，使列於諸侯，故得見《經》。定六年鄭滅許，此復見者，蓋楚封之。

(哀傳·元·一)

元年春，楚子圍蔡，報柏舉也。[一]里而栽，[二]廣丈高倍。[三]夫屯晝夜九日，[四]如子西之素。[五]蔡人男女以辨，[六]使疆于江、汝之間而還。[七]蔡於是乎請遷于吳。[八]

［一］在定四年。

［二］栽，設板築爲圍壘，周匝去蔡城一里。

［三］壘厚一丈，高二丈。

〔一〕 原卷標題“哀”字後闕“公”字，據本書體例補。

［四］夫，猶兵也。壘未成，故令人在壘裏屯守蔡。

［五］子西本計爲壘，當用九日而成。

［六］辨，別也。男女各別，係纍而出降。

［七］楚欲使蔡徙國，在江水之北、汝水之南，求田以自安也。蔡權聽命，故楚師還。

［八］楚既還，蔡人更叛楚就吳。爲明年蔡遷州來《傳》。

〔左氏附〕

（哀傳·元·二）

吳王夫差敗越于夫椒，報檇李也。[一]遂入越。越子以甲楯五千，保于會稽，[二]使大夫種因吳大宰嚭以行成。吳子將許之，伍員曰："不可。臣聞之，樹德莫如滋，去疾莫如盡。昔有過澆殺斟灌以伐斟鄩，[三]滅夏后相。[四]后緡方娠，逃出自竇，[五]歸于有仍，[六]生少康焉，爲仍牧正。[七]惎澆能戒之，[八]澆使椒求之，[九]逃奔有虞，爲之庖正，以除其害。[一〇]虞思於是妻之以二姚，[一一]而邑諸綸，[一二]有田一成，有衆一旅，[一三]能布其德，而兆其謀，[一四]以收夏衆，撫其官職。[一五]使女艾諜澆，[一六]使季杼誘豷，[一七]遂滅過、戈，復禹之績。[一八]祀夏配天，不失舊物。[一九]今吳不如過，而越大於少康，或將豐之，不亦難乎？[二〇]勾踐能親而務施，施不失人，[二一]親不棄勞，[二二]與我同壤而世爲仇讎，於是乎克而弗取，將又存之，違天而長寇讎，[二三]後雖悔之，不可食已。[二四]姬之衰也，日可俟也。[二五]介在蠻夷而長寇讎，以是求伯，必不行矣。"弗聽。退而告人曰："越十年生聚，而十年教訓，[二六]二十年之外，吳其爲沼乎！"[二七]三月，越及吳平。吳入越，不書，吳

不告慶，越不告敗也。[二八]

［一］檇李在定十四年。夫椒，吴郡吴縣西南大湖中椒山。

［二］上會稽山也。會稽在山陰縣南[一]。

［三］澆，寒浞子，封於過者。二斟，夏同姓諸侯。襄四年《傳》曰："澆用師滅斟灌。"

［四］夏后相，啓孫也。后相失國，依於二斟，復爲澆所滅。

［五］后緡，相妻。娠，懷身也。

［六］后緡，有仍氏女。

［七］牧官之長。

［八］惎，毒也。戒，備也。

［九］椒，澆臣。

［一〇］虞、舜後諸侯也。梁國有虞縣。庖正，掌膳羞之官。賴此以得除己害。

［一一］思，有虞君也。虞思自以二女妻少康。姚，虞姓。

［一二］綸，虞邑。

［一三］方十里爲成，五百人爲旅。

［一四］兆，始。

［一五］襄四年《傳》曰："靡自有鬲氏收二國之燼，以滅浞而立少康。"

［一六］女艾，少康臣。諜，候也。

［一七］豷，澆弟也。季杼，少康子后杼也。

［一八］過，澆國。戈，豷國。

［一九］物，事也。

［二〇］言與越成，是使越豐大，必爲吴難。

〔一〕 會稽在山陰縣南　興國軍本作"在會稽山陰縣南"。

［二一］所加惠賜皆得其人。

［二二］推親愛之誠，則不遺小勞。

［二三］猶言天與不取。

［二四］食，消也。已，止也。

［二五］姬，吳姓。言可計日而待。

［二六］生民聚財，富而後教之。

［二七］謂吳宮室廢壞，當爲污池。爲二十二年越入吳起本。

［二八］嫌夷狄不與華同，故復發《傳》。

〔哀經·元·三〕

鼷鼠食郊牛，改卜牛。夏四月辛巳，郊。［一］

［一］無《傳》。書，過也。不言所食，所食非一處。

〔左氏附〕

（哀傳·元·三）

夏四月，齊侯、衛侯救邯鄲，圍五鹿。［一］

［一］趙稷以邯鄲叛。范、中行氏之黨也。五鹿，晉邑。

（哀傳·元·四）

吳之入楚也，［一］使召陳懷公。懷公朝國人而問焉，曰：“欲與楚者右，欲與吳者左。陳人從田，無田從黨。”［二］逢滑當公而進，［三］曰：“臣聞，國之興也以福，其亡也以禍。今吳未有福，楚未有禍。楚未可棄，吳未可從。而晉，盟主也，若以晉辭吳，若何？”公曰：“國勝君亡，非禍而何？”［四］對曰：“國之有是多矣，何必不復？小國猶復，況大國乎？臣聞，國之興也，視民如傷，是其福也。［五］其亡也，以民爲土芥，是其禍也。［六］楚雖無德，亦不艾殺其民。

吳日敝於兵，暴骨如莽，[七]而未見德焉。天其或者正訓楚也，[八]禍之適吳，其何日之有？”[九]陳侯從之。及夫差克越，乃脩先君之怨。秋八月，吳侵陳，脩舊怨也。[一〇]

［一］在定四年。

［二］都邑之人無田者隨黨而立，不知所與，故直從所居。田在西者居右，在東者居左。

［三］當公，不左不右。

［四］楚爲吳所勝。

［五］如傷，恐驚動。

［六］芥，草也。

［七］草之生於廣野莽莽然，故曰“草莽”。

［八］使懼而改過。

［九］言今至。

［一〇］《傳》言吳不脩德而脩怨，所以亡。

〔哀經·元·四〕

秋，齊侯、衛侯伐晉。

（哀傳·元·五）

齊侯、衛侯會于乾侯，救范氏也。師及齊師、衛孔圉、鮮虞人伐晉，取棘蒲。[一]

［一］魯師不書，非公命也。孔圉，孔烝鉏曾孫。鮮虞，狄師賤，故不書。

〔左氏附〕

（哀傳·元·六）

吳師在陳，楚大夫皆懼，曰：“闔廬惟能用其民，以敗我於柏舉。今聞其嗣又甚焉，將若之何？”子西曰：“二三子恤不相睦，無患吴矣。昔闔廬食不二味，居不重席，室不崇壇，[一]器不彤鏤，[二]宫室不觀，[三]舟車不飾，衣服財用，擇不取費。[四]在國，天有菑癘，[五]親巡孤寡，而共其乏困。在軍，熟食者分，而後敢食。[六]其所嘗者，卒乘與焉。[七]勤恤其民，而與之勞逸，是以民不罷勞，死知不曠。[八]吾先大夫子常易之，所以敗我也。[九]今聞夫差次有臺榭陂池焉，[一〇]宿有妃嬙嬪御焉。[一一]一日之行，所欲必成，玩好必從。珍異是聚，觀樂是務，視民如讎，而用之日新。夫先自敗也已，安能敗我？”[一二]

[一]平地作室，不起壇也。

[二]彤，丹也。鏤，刻也。

[三]觀，臺榭。

[四]選取堅厚，不尚細靡。

[五]癘，疾疫也。

[六]必須軍士皆分熟食，不敢先食。分，猶徧也。

[七]所嘗甘珍，非常食。

[八]知身死不見曠棄。

[九]易，猶反也。

[一〇]積土爲高曰臺，有木曰榭。過再宿曰次。

[一一]妃嬙，貴者。嬪御，賤者。皆内官。

[一二]爲二十二年越滅吴起本[一]。

〔一〕爲二十二年越滅吴起本　“本”，原脱，興國軍本同。據阮刻本補。阮校曰：“宋本、淳熙本、足利本脱‘本’字。”

〔哀經·元·五〕

冬，仲孫何忌帥師伐邾。[一]

［一］無《傳》。

〔左氏附〕

（哀傳·元·七）

冬十一月〔一〕，晉趙鞅伐朝歌。[一]

［一］討范、中行氏。

〔一〕 冬十一月 "十一"，石經作"十"。

哀公二年

〔哀經·二·一〕

二年春王二月，季孫斯、叔孫州仇、仲孫何忌帥師伐邾，取漷東田及沂西田。[一] **癸巳，叔孫州仇、仲孫何忌及邾子盟于句繹。**[二]

［一］邾人以賂，取之易也。

［二］句繹，邾地，取邑盟以要之。

(哀傳·二·一)

二年春，伐邾。將伐絞。[一] 邾人愛其土，故賂以漷、沂之田而受盟。

［一］絞，邾邑。

〔哀經·二·二〕

夏四月丙子，衛侯元卒。[一]

［一］定四年盟皋鼬。

(哀傳·二·二)

初，衛侯遊于郊，子南僕。[一] 公曰："余無子，將立女。"[二] 不對。他日，又謂之。對曰："郢不足以辱社稷，君其改圖。""君夫人在堂，三揖在下。"[三]"君命衹辱。"[四] 夏，衛靈公卒。夫人曰："命公子郢爲大子，君命也。"對曰："郢異於他子，[五] 且君没於吾手，若有之，郢必聞之。[六] 且亡人之子輒在。"[七] 乃立輒。

［一］子南，靈公子郢也。僕，御也。

[二] 蒯聵奔，無大子。

[三] 三揖，卿、大夫、士。

[四] 言立適當以禮，與外内同之。今君私命，事必不從，適爲辱。

[五] 言用意不同。

[六] 言當以臨没爲正。

[七] 輒，蒯聵之子出公也，靈公適孫。

〔哀經·二·三〕

滕子來朝。[一]

[一] 無《傳》。

〔哀經·二·四〕

晉趙鞅帥師納衛世子蒯聵于戚。

〔哀傳·二·三〕

六月乙酉，晉趙鞅納衛大子于戚。宵迷，陽虎曰："右河而南，必至焉。"[一]使大子絻，[二]八人衰絰，僞自衛逆者。[三]告於門，哭而入，遂居之。

[一] 是時，河北流過元城界，戚在河外，晉軍已渡河，故欲出河右而南。

[二] 絻者，始發喪之服。

[三] 欲爲衛人逆，故衰絰成服。

〔哀經·二·五〕

秋八月甲戌，晉趙鞅帥師及鄭罕達帥師戰于鐵，鄭師

敗績。[一]

［一］皆陳曰戰，大崩曰敗績。鐵在戚城南。罕達，子皮孫。

(哀傳·二·四)

秋八月，齊人輸范氏粟，鄭子姚、子般送之。[一]士吉射逆之，趙鞅禦之，遇於戚。陽虎曰："吾車少，以兵車之旆，與罕、駟兵車先陳。[二]罕、駟自後隨而從之，彼見吾貌，必有懼心。[三]於是乎會之，[四]必大敗之。"從之。卜戰，龜焦。[五]樂丁曰："《詩》曰：'爰始爰謀，爰契我龜。'[六]謀協以故兆，詢可也。"[七]簡子誓曰："范氏、中行氏反易天明，[八]斬艾百姓，欲擅晉國而滅其君，寡君恃鄭而保焉。今鄭爲不道，棄君助臣，二三子順天明，從君命，經德義，除詬耻，在此行也。克敵者，上大夫受縣，下大夫受郡，[九]士田十萬，[一〇]庶人、工、商遂，[一一]人臣、隸、圉免。[一二]志父無罪，君實圖之。[一三]若其有罪，絞縊以戮，[一四]桐棺三寸，不設屬辟，[一五]素車樸馬，[一六]無入于兆，[一七]下卿之罰也。"[一八]

［一］子姚，罕達。子般，駟弘。

［二］旆，先驅車也。以先驅車益以兵車以示衆。

［三］晉人先陳，鄭人隨之，不知其虛實，見車多必懼。

［四］會，合戰。

［五］兆不成。

［六］樂丁，晉大夫。《詩·大雅》。言先人事，後卜筮。

［七］詢，諮詢也。故兆，始納衛大子，卜得吉兆。言今既謀同，可不須更卜。

［八］不事君也。

［九］《周書·作雒》篇："千里百縣，縣有四郡。"

［一〇］十萬畝也。

［一一］得遂進仕。

［一二］去廝役。

［一三］志父，趙簡子之一名也。言己事濟君，當圖其賞。

［一四］絞，所以縊人物。

［一五］屬辟，棺之重數。王棺四重，君再重，大夫一重。

［一六］以載柩。

［一七］兆，葬域。

［一八］爲衆設賞，自設罰，所以能克敵。

甲戌，將戰，郵無恤御簡子，衛大子爲右。[一]登鐵上，[二]望見鄭師衆，大子懼，自投于車下。子良授大子綏而乘之，曰："婦人也。"[三]簡子巡列曰："畢萬，匹夫也。七戰皆獲，有馬百乘，死於牖下。[四]群子勉之，死不在寇。"[五]繁羽御趙羅，宋勇爲右。[六]羅無勇，麇之。[七]吏詰之，御對曰："痁作而伏。"[八]衛大子禱曰："曾孫蒯聵，敢昭告皇祖文王、[九]烈祖康叔、[一〇]文祖襄公：[一一]鄭勝亂從，[一二]晉午在難，[一三]不能治亂，使鞅討之。[一四]蒯聵不敢自佚，備持矛焉。[一五]敢告無絶筋，無折骨，無面傷，以集大事，無作三祖羞。[一六]大命不敢請，佩玉不敢愛。"[一七]鄭人擊簡子，中肩，斃于車中，[一八]獲其蠭旗。[一九]大子救之以戈，鄭師北，獲溫大夫趙羅。[二〇]大子復伐之，鄭師大敗，獲齊粟千車。趙孟喜曰："可矣。"[二一]傅傁曰："雖克鄭，猶有知在，憂未艾也。"[二二]

［一］郵無恤，王良也。

［二］鐵，丘名。

［三］言其怯。

［四］畢萬，晉獻公卿也，皆獲，有功。死於牖下，言得壽終。

［五］言有命。

［六］三子，晉大夫。

［七］麇，束縛也。

［八］痁，瘧疾也。

［九］周文王。皇，大也。

［一〇］烈，顯也。

［一一］繼業守文，故曰“文祖”。蒯聵，襄公之孫。

［一二］勝，鄭聲公名。釋君助臣，爲從於亂。

［一三］午，晉定公名。

［一四］鞅，簡子名。

［一五］戎右持矛。

［一六］集，成也。

［一七］不敢愛，故以祈禱。

［一八］斃，踣也。

［一九］蠭旗，旗名。

［二〇］羅無勇，故鄭師雖北，猶獲羅。

［二一］趙孟，簡子也。喜大子前怯，今更勇。

［二二］傅傁，簡子屬也。言知氏將爲難，後竟有晉陽之患。

初，周人與范氏田，公孫尨税焉。[一]趙氏得而獻之，[二]吏請殺之。趙孟曰：“爲其主也，何罪？”止而與之田。[三]及鐵之戰，以徒五百人宵攻鄭師，取蠭旗於子姚之幕下，獻曰："請報主德。"追鄭師。姚、般、公孫林殿而射，前列多死。[四] 趙孟曰："國無小。"[五] 既戰，簡子曰："吾伏弢嘔血，[六] 鼓音不衰，今日我上也。"[七] 大子曰："吾救主於車，退敵於下，我右之上也。"郵良曰："我兩靷將絶，吾能止之，[八] 我御之上也。"駕而乘材，兩靷皆絶。[九]

［一］尨，范氏臣。爲范氏收周人所與田之税。

［二］得尨以獻簡子。

［三］還其所税。

［四］晉前列。

［五］言雖小國，猶有善射者。

［六］弢，弓衣。嘔，吐也。

［七］功爲上。

［八］止，使不絶。

［九］材，横木，明細小也。《傳》言簡子不讓下自伐。

〔哀經·二·六〕

冬十月，葬衛靈公。[一]

［一］無《傳》。七月而葬，緩。

〔哀經·二·七〕

十有一月，蔡遷于州來。[一] **蔡殺其大夫公子駟。**[二]

［一］畏楚而請遷，故以自遷爲文。

［二］懷土而欺大國，故罪而書名。

（哀傳·二·五）

吴洩庸如蔡納聘，而稍納師。師畢入，衆知之。[一] 蔡侯告大夫，殺公子駟以説。[二] 哭而遷墓。[三] 冬，蔡遷于州來。

[一] 元年蔡請遷于吴，中悔，故因聘襲之。

[二] 殺駟以説吴，言不時遷，駟之爲。

[三] 將遷，與先君辭，故哭。

哀公三年

〔哀經·三·一〕

三年春，齊國夏、衛石曼姑帥師圍戚。[一]

［一］曼姑爲子圍父，知其不義，故推齊使爲兵首。戚不稱衛，非叛人。

（哀傳·三·一）

三年春，齊、衛圍戚，求援于中山。[一]

［一］中山，鮮虞。

〔哀經·三·二〕

夏四月甲午，地震。[一]

［一］無《傳》。

〔哀經·三·三〕

五月辛卯，桓宮、僖宮災。[一]

［一］天火曰災。

（哀傳·三·二）

夏五月辛卯，司鐸火。[一]火踰公宮，桓、僖災。[二]救火者皆曰："顧府。"[三]南宮敬叔至，命周人出御書，俟於宮，[四]曰："庀女而不在，死。"[五]子服景伯至，命宰人出禮書，[六]以待命，命不共，有常刑。[七]校人乘馬，巾車脂轄。[八]百官官備，府庫慎守，官人肅給。[九]濟濡帷幕，鬱攸從之，[一〇]蒙葺公屋。[一一]自大廟始，外内以悛，[一二]助所不給，有不用命則有常刑，無赦。公父文伯至，命校人駕乘車。[一三]季桓子至，御公立于象魏之外。[一四]命救火者傷人則止，財可爲也。命藏《象魏》[一五]曰:“舊章不可亡也。”富父槐至，曰:“無備而官辦者，猶拾瀋也。”[一六]於是乎去表之稾，[一七]道還公宮。[一八]孔子在陳，聞火，曰:“其桓、僖乎！”[一九]

［一］司鐸，宮名。

［二］桓公、僖公廟。

［三］言常人愛財。

［四］敬叔，孔子弟子南宮閱。周人，司周書典籍之官。御書，進於君者也。使待命於宮。

［五］庀，具也。

［六］景伯，子服何也。宰人，冢宰之屬。

［七］待求之命。

［八］校人，掌馬。巾車，掌車。乘馬，使四匹相從，爲駕之易。

［九］國有火災，恐有變難，故慎爲備。

［一〇］鬱攸，火氣也。濡物於水，出用爲濟。

［一一］以濡物冒覆公屋。

［一二］悛，次也。先尊後卑，以次救之。

［一三］乘車，公車。

［一四］象魏，門闕。

［一五］周禮，正月縣教令之法于象魏，使萬民觀之，故謂其書爲《象魏》。

［一六］槐，富父終生之後。瀋，汁也。言不備而責辦，不可得。

［一七］表，表火道。風所向者，去其稾積。

［一八］開除道，周匝公宮，使火無相連。

［一九］言桓、僖親盡而廟不毁，宜爲天所災。

〔哀經·三·四〕

季孫斯、叔孫州仇帥師城啓陽。[一]

［一］無《傳》。魯黨范氏，故懼晉，比年四城。啓陽，今琅邪開陽縣。

〔哀經·三·五〕

宋樂髡帥師伐曹。[一]

［一］無《傳》。

〔左氏附〕

（哀傳·三·三）

劉氏、范氏世爲婚姻，[一]萇弘事劉文公，[二]故周與范氏。趙鞅以爲討。[三]六月癸卯，周人殺萇弘。[四]

［一］劉氏，周卿士。范氏，晉大夫。

［二］爲之屬大夫。

［三］責周與范氏。

［四］終違天之禍。

〔哀經·三·六〕

秋七月丙子，季孫斯卒。

（哀傳·三·四）

秋，季孫有疾，命正常曰："無死。[一]南孺子之子，男也，則以告而立之。[二]女也，則肥也可。"[三]季孫卒，康子即位。既葬，康子在朝。[四]南氏生男，正常載以如朝，告曰："夫子有遺言，命其圉臣曰：'南氏生男，則以告於君與大夫而立之。'今生矣，男也，敢告。"遂奔衛。康子請退。[五]公使共劉視之，[六]則或殺之矣，乃討之。[七]召正常，正常不反。[八]

［一］正常，桓子之寵臣。欲付以後事。故勑令勿從己死。

［二］南孺子，季桓子之妻。言若生男，告公而立之。

［三］肥，康子也。

［四］在公朝也。

［五］退，辟位也。

［六］共劉，魯大夫。

［七］討殺者。

［八］畏康子也。《傳》備言季氏家事。

〔哀經·三·七〕

蔡人放其大夫公孫獵于吳。[一]

［一］無《傳》。公子駟之黨。

〔哀經·三·八〕

冬十月癸卯，秦伯卒。[一]

［一］無《傳》。不書名，未同盟。

〔哀經·三·九〕

叔孫州仇、仲孫何忌帥師圍邾。[一]

［一］無《傳》。

〔左氏附〕

（哀傳·三·五）

冬十月，晉趙鞅圍朝歌，師于其南。[一]荀寅伐其郛，[二]使其徒自北門入，已犯師而出。[三]癸丑，奔邯鄲。

［一］范、中行所在。

［二］伐其北郭圍。

［三］荀寅使在外救己之徒擊趙氏，圍之北門，因外内攻得出。

十一月，趙鞅殺士皋夷，惡范氏也。[一]

［一］惡范氏而殺其族，言遷怒。

哀公四年

〔哀經·四·一〕

四年春王二月庚戌，盜殺蔡侯申。[一]

［一］賤者，故稱盜。不言弒其君〔一〕，賤盜也。

（哀傳·四·一）

四年春，蔡昭侯將如吳，諸大夫恐其又遷也，承。[一]公孫翩逐而射之，入於家人而卒。[二]以兩矢門之，衆莫敢進。[三]文之鍇後至，[四]曰："如牆而進，多而殺二人。"[五]鍇執弓而先，翩射之，中肘。鍇遂殺之。

［一］承音懲，蓋楚言。

［二］翩，蔡大夫。

［三］翩以矢自守其門。

［四］鍇，蔡大夫。

［五］併行如牆俱進。

〔哀經·四·二〕

蔡公孫辰出奔吳。[一]

［一］弒君賊之黨，故書名。

（哀傳·四·二）

故逐公孫辰。

〔一〕不言弒其君　"弒"，原作"殺"，據興國軍本、阮刻本改。

〔哀經·四·三〕

葬秦惠公。[一]

［一］無《傳》。

〔哀經·四·四〕

宋人執小邾子。[一]

［一］無《傳》。邾子無道於其民，故稱人以執。

〔哀經·四·五〕

夏，蔡殺其大夫公孫姓、公孫霍。[一]

［一］皆弑君黨。

（哀傳·四·三）

而殺公孫姓、公孫盱。[一]

［一］盱即霍也。

〔哀經·四·六〕

晉人執戎蠻子赤，歸于楚。[一]

［一］晉恥爲楚執諸侯，故稱人以告。若蠻子，不道於其民也。赤本屬楚，故言“歸”。

（哀傳·四·四）

夏，楚人既克夷虎，[一]乃謀北方。左司馬眅、申公壽餘、葉公諸梁致蔡於負函，[二]致方城之外於繒關，[三]曰：“吳將泝江入郢，[四]將奔命焉。”爲一昔之期，襲梁及霍。[五]單浮餘圍蠻氏，蠻氏潰。[六]蠻子赤奔晉陰地。[七]司馬起豐、析與狄戎，[八]以臨上雒。左師軍于菟和，[九]右師軍于倉野，[一〇]使謂陰地之命大夫士蔑[一一]曰："晉、楚有盟，好惡同之。若將不廢，寡君之願也。不然，將通於少習以聽命。"[一二]士蔑請諸趙孟。趙孟曰："晉國未寧，安能惡於楚？必速與之。"[一三]士蔑乃致九州之戎，[一四]將裂田以與蠻子而城之，[一五]且將爲之卜。[一六]蠻子聽卜，遂執之，與其五大夫，以畀楚師于三户。[一七]司馬致邑，立宗焉以誘其遺民，[一八]而盡俘以歸。

［一］夷虎，蠻夷叛楚者。

［二］三子，楚大夫也。此蔡之故地人民，楚因以爲邑。致之者，會其衆也。

［三］負函、繒關，皆楚也。

［四］逆流曰泝。

［五］僞辭當備吳，夜結期，明日便襲梁、霍，使不知之。梁，河南梁縣西南故城也。梁南有霍陽山。皆蠻子之邑也。

［六］浮餘，楚大夫。

［七］陰地，河南山北自上雒以東至陸渾。

［八］楚司馬眅也。析縣屬南鄉郡。析南有豐鄉。皆楚邑。發此二邑人及戎狄。

［九］菟和山在上雒東也。

［一〇］倉野在上雒縣。

［一一］命大夫别縣監尹。

［一二］少習，商縣武關也。將大開武關道以伐晉。

［一三］未寧，時有范、中行之難。

［一四］九州戎在晉陰地、陸渾者。

［一五］以詐蠻子。

［一六］卜城。

［一七］今丹水縣比三户亭〔一〕。

［一八］楚復詐爲蠻子作邑，立其宗主。

〔哀經·四·七〕

城西郛。[一]

［一］無《傳》。魯西郭，備晉也。

〔哀經·四·八〕

六月辛丑，亳社災。[一]

［一］無《傳》。天火也。亳社，殷社，諸侯有之，所以戒亡國。

〔哀經·四·九〕

秋八月甲寅，滕子結卒。[一]

［一］無《傳》。同盟於皋鼬。

〔哀經·四·十〕

冬十有二月，葬蔡昭公。[一]

［一］無《傳》。亂故，是以緩。

〔哀經·四·十一〕

葬滕頃公。[一]

［一］無《傳》。

〔一〕今丹水縣比三户亭　“比”，興國軍本作“北”。

〔左氏附〕

(哀傳·四·五)

秋七月，齊陳乞、弦施、衛甯跪救范氏。[一]庚午，圍五鹿。[二]九月，趙鞅圍邯鄲。冬十一月，邯鄲降。荀寅奔鮮虞，趙稷奔臨。[三]十二月，弦施逆之，遂墮臨。國夏伐晉，取邢、任、欒、鄗、逆時、陰人、盂、壺口〔一〕，[四]會鮮虞納荀寅于柏人。[五]

[一] 陳乞，僖子。弦施，弦多。

[二] 五鹿，晉地〔二〕。

[三] 臨，晉邑。

[四] 八邑，晉地。欒在趙國平棘縣西北。鄗即高邑縣也。路縣東有壺口關。

[五] 晉邑也。今趙國柏人縣也。弦施與鮮虞會也。

〔一〕 盂壺口 "盂"，阮刻本作"于"。

〔二〕 晉地 "地"，興國軍本作"邑"。

哀公五年

〔哀經·五·一〕

五年春，城毗。[一]

［一］無《傳》。備晉也。

〔哀經·五·二〕

夏，齊侯伐宋。[一]

［一］無《傳》。

〔左氏附〕

（哀傳·五·一）

五年春，晉圍柏人。荀寅、士吉射奔齊。

初，范氏之臣王生惡張柳朔，言諸昭子，使爲柏人。[一]昭子曰："夫非而讎乎？"對曰："私讎不及公，[二]好不廢過，惡不去善，義之經也。臣敢違之！"及范氏出，[三]張柳朔謂其子："爾從主，勉之。我將止死，王生授我矣。[四]吾不可以僭之。"遂死於柏人。[五]

［一］爲柏人宰也。昭子，范吉射也。

［二］公家之事也。

［三］出柏人奔齊。

［四］授我死節。

［五］爲吉射距晉，戰死。

〔哀經・五・三〕

晉趙鞅帥師伐衛。

（哀傳・五・二）

夏，趙鞅伐衛，范氏之故也，遂圍中牟。[一]

［一］衛助范氏故也。

〔哀經・五・四〕

秋九月癸酉，齊侯杵臼卒。[一]

［一］再同盟也。

（哀傳・五・三）

齊燕姬生子，不成而死。[一]諸子，鬻姒之子荼，嬖，[二]諸大夫恐其爲大子也，言於公曰："君之齒長矣，未有大子，若之何？"公曰："二三子間於憂虞，則有疾疢。亦姑謀樂，何憂於無君？"[三]公疾，使國惠子、高昭子立荼，[四]寘群公子於萊。[五]秋，齊景公卒。冬十月，公子嘉、公子駒、公子黔奔衛，公子鉏、公子陽生來奔。[六]萊人歌之曰："景公死乎不與埋，三軍之事乎不與謀。師乎師乎，何黨之乎？"[七]

［一］燕姬，景公夫人。不成，未冠也。

［二］諸子，庶公子也。鬻姒，景公妾。荼，安孺子。

［三］景公意欲立荼而未發，故以此言塞大夫請。

［四］惠子，國夏。昭子，高張。

［五］萊，齊東鄙邑。

［六］皆景公子在萊者。

［七］師，衆也。黨，所也。之，往也。稱謚，蓋葬後而爲此歌。

哀群公子失所。

〔哀經・五・五〕

冬，叔還如齊。

〔左氏附〕

（哀傳・五・四）

鄭駟秦富而侈，嬖大夫也，而常陳卿之車服於其庭。鄭人惡而殺之。子思曰："《詩》曰：'不解于位，民之攸塈。'[一]不守其位，而能久者，鮮矣。《商頌》曰：'不僭不濫，不敢怠皇，命以多福。'"[二]

［一］子思，子產子國參也。《詩・大雅》。攸，所也。塈，息也。

［二］僭，差也。濫，溢也。皇，暇也。言駟秦違《詩・商頌》，故受禍。

〔哀經・五・六〕

閏月，葬齊景公。[一]

［一］無《傳》。

哀公六年

〔哀經·六·一〕

六年春，城邾瑕。[一]

[一] 無《傳》。備晉也。任城亢父縣北有邾婁城。

〔哀經·六·二〕

晉趙鞅帥師伐鮮虞。

（哀傳·六·一）

六年春，晉伐鮮虞，治范氏之亂也。[一]

[一] 四年鮮虞納荀寅于柏人。

〔哀經·六·三〕

吳伐陳。

（哀傳·六·二）

吳伐陳，復脩舊怨也。[一] 楚子曰："吾先君與陳有盟，不可以不救。"乃救陳，師于城父。[二]

[一] 元年未得志故也。

[二] 陳盟在昭十三年。

〔哀經·六·四〕

夏，齊國夏及高張來奔。[一]

[一] 二子阿君，廢長立少，既受命，又不能全。書名，罪之也。

（哀傳·六·三）

齊陳乞僞事高、國者，[一]每朝必驂乘焉。所從必言諸大夫，[二]曰：“彼皆偃蹇，將棄子之命。[三]皆曰：‘高、國得君，[四]必偪我，盍去諸？’固將謀子，子早圖之，圖之莫如盡滅之。需，事之下也。”[五]及朝，則曰：“彼，虎狼也，見我在子之側，殺我無日矣。請就之位。”[六]又謂諸大夫曰：“二子者禍矣！恃得君而欲謀二三子，曰：‘國之多難，貴寵之由，盡去之而後君定。’既成謀矣，盍及其未作也，先諸？作而後悔，亦無及也。”大夫從之。夏六月戊辰，陳乞、鮑牧[七]及諸大夫以甲入于公宮。昭子聞之，與惠子乘如公，戰于莊，敗。[八]國人追之，國夏奔莒，遂及高張、晏圉、弦施來奔。[九]

［一］高張、國夏受命立荼，陳乞欲害之，故先僞事焉。

［二］言其罪過〔一〕。

［三］偃蹇，驕敖。

［四］得君寵也。

［五］需，疑也。

［六］欲與諸大夫謀高、國，故求就之。

［七］牧，鮑國孫。

［八］高、國敗也。莊，六軌之道。

［九］晏圉，嬰之子〔二〕。圉、施不書，非卿。

〔一〕言其罪過　“過”，原作“也”，據興國軍本改。

〔二〕晏圉嬰之子　興國軍本作“圉，晏嬰之子”。按：阮校曰：“宋本、淳熙本、岳本、足利本‘晏圉’作‘圉晏’，是也。”

〔哀經·六·五〕

叔還會吳于柤。[一]

[一] 無《傳》。

〔哀經·六·六〕

秋七月庚寅，楚子軫卒。[一]

[一] 未同盟而赴以名。

(哀傳·六·四)

秋七月，楚子在城父，將救陳。卜戰，不吉；卜退，不吉。王曰："然則死也。再敗楚師，不如死。[一] 棄盟逃讎，亦不如死。死，一也。其死讎乎！"命公子申爲王，不可；則命公子結，亦不可；則命公子啓，[二] 五辭而後許。將戰，王有疾。庚寅，昭王攻大冥，卒于城父。[三] 子閭退，曰："君王舍其子而讓群臣，敢忘君乎？從君之命，順也。[四] 立君之子，亦順也。二順不可失也。"與子西、子期謀，潛師閉塗，逆越女之子章，立之而後還。[五]

[一] 前已敗於柏舉，今若退還，亦是敗。

[二] 申，子西。結，子期。啓，子閭。皆昭王兄。

[三] 大冥，陳地，吳師所在。

[四] 從命可立〔一〕。

[五] 潛師，密發也。閉塗，不通外使也。越女，昭王妾。章，惠王。

是歲也，有雲如衆赤鳥，夾日以飛。三日，楚子使問

〔一〕從命可立 "可"，興國軍本作"許"。

諸周大史。周大史曰:“其當王身乎?[一]若禜之,可移於令尹、司馬。”[二]王曰:“除腹心之疾,而寘諸股肱,何益?不穀不有大過,天其夭諸?有罪受罰,又焉移之?”遂弗禜。

［一］日爲人君,妖氣守之,故以爲當王身。雲在楚上,唯楚見之,故禍不及他國。

［二］禜,禳祭。

初,昭王有疾,卜曰:“河爲祟。”王弗祭。大夫請祭諸郊。王曰:“三代命祀,祭不越望。[一]江、漢、雎、章,楚之望也,[二]禍福之至,不是過也。不穀雖不德,河非所獲罪也。”遂弗祭。孔子曰:“楚昭王知大道矣。其不失國也,宜哉!《夏書》曰:‘惟彼陶唐,帥彼天常,[三]有此冀方。今失其行,亂其紀綱,乃滅而亡。’[四]又曰:‘允出茲在茲。’由己率常可矣。”[五]

［一］諸侯望祀竟内山川星辰。

［二］四水在楚界。

［三］逸《書》。言堯循天之常道。

［四］滅亡,謂夏桀也。唐虞及夏同都冀州,不易地而亡,由於不知大道故。

［五］又逸《書》。言信出己,則福亦在己。

〔左氏附〕

(哀傳·六·五)

八月,齊邴意茲來奔。[一]

［一］高、國黨。

〔哀經・六・七〕

齊陽生入于齊。[一]

［一］爲陳乞所逆，故書“入”。

〔哀經・六・八〕

齊陳乞弑其君荼。[一]

［一］弑荼者，朱毛與陽生也。而書“陳乞”，所以明乞立陽生而荼見弑，則禍由乞始也。楚比劫立，陳乞流涕，子家憚老，皆疑於免罪，故《春秋》明而書之，以爲弑主。

（哀傳・六・六）

陳僖子使召公子陽生。[一]陽生駕而見南郭且于，[二]曰：“嘗獻馬於季孫，不入於上乘，故又獻此，請與子乘之。”[三]出萊門而告之故。[四]闞止知之，先待諸外。[五]公子曰：“事未可知，反與壬也處。”[六]戒之，遂行。[七]逮夜，至於齊，國人知之。[八]僖子使子士之母養之，[九]與饋者皆入。[一〇]

［一］召在七月，今在八月下，記事之次。

［二］且于，齊公子鉏。在魯南郭。

［三］畏在家人聞其言，故欲二人共載以試馬爲辭。

［四］魯郭門也。

［五］闞止，陽生家臣子我也。待外欲俱去。

［六］壬，陽生子簡公。

［七］戒使無洩言。

［八］故以昏至，不欲令人知也。國人知而不言，言陳氏得衆。

［九］隱於僖子家内。子士母，僖子妾。

［一〇］陳僖子又令陽生隨餽食之人入處公宫。

冬十月丁卯，立之。將盟，[一]鮑子醉而往。其臣差車鮑點[二]曰："此誰之命也？"陳子曰："受命于鮑子。"遂誣鮑子曰："子之命也。"[三]鮑子曰："女忘君之爲孺子牛而折其齒乎？而背之也！"[四]悼公稽首[五]曰："吾子奉義而行者也。若我可，不必亡一大夫。[六]若我不可，不必亡一公子。[七]義則進，否則退，敢不唯子是從。廢興無以亂，則所願也。"鮑子曰："誰非君之子？"乃受盟。[八]使胡姬以安孺子如賴，[九]去鬻姒，[一〇]殺王甲，拘江説，囚王豹于句竇之丘。[一一]

［一］盟諸大夫。

［二］點，鮑牧臣也。差車，主車之官。

［三］見其醉，故誣之。

［四］孺子，荼也。景公嘗銜繩爲牛，使荼牽之，荼頓地，故折其齒。

［五］悼公，陽生。

［六］言己可爲君，必不怨鮑子。

［七］公子，自謂也。恐鮑子殺己，故要之。

［八］言陽生亦君之子，固可立。

［九］胡姬，景公妾也。賴，齊邑。安，號也。

［一〇］荼之母。

［一一］三子，景公嬖臣，荼之黨也。

公使朱毛告於陳子[一]曰："微子，則不及此。然君異於器，不可以二。器二不匱，君二多難。敢布諸大夫。”僖子不對而泣，曰：“君舉不信群臣乎？[二] 以齊國之困，困又有憂。[三] 少君不可以訪，是以求長君，庶亦能容群臣乎〔一〕？不然，夫孺子何罪？”毛復命，公悔之。[四] 毛曰：“君大訪於陳子，而圖其小可也。”[五] 使毛遷孺子於駘，不至，殺諸野幕之下，葬諸殳冒淳。[六]

［一］朱毛，齊大夫。

［二］舉，皆也。

［三］内有飢荒之困，又有兵革之憂。

［四］悔失言。

［五］大謂國政，小謂殺荼。

［六］恐駘人不從，故毛駐於野，張帳而殺之。駘，齊邑。殳冒淳，地名。實以冬殺，《經》書“秋”者，史書秋記始事，遂連其死，通以冬告魯。

〔哀經 · 六 · 九〕

冬，仲孫何忌帥師伐邾。[一]

［一］無《傳》。

〔哀經 · 六 · 十〕

宋向巢帥師伐曹。[一]

［一］無《傳》。

〔一〕 庶亦能容群臣乎 “亦”，阮刻本作“有”。

哀公七年

〔哀經·七·一〕

七年春，宋皇瑗帥師侵鄭。

（哀傳·七·一）

七年春，宋師侵鄭，鄭叛晉故也。[一]

［一］定八年鄭始叛。

〔哀經·七·二〕

晉魏曼多帥師侵衛。

（哀傳·七·二）

晉師侵衛，衛不服也。[一]

［一］五年晉伐衛，至今未服。

〔哀經·七·三〕

夏，公會吳于鄫。[一]

［一］鄫，今琅邪鄫縣。

（哀傳·七·三）

夏，公會吳于鄫。[一]吳來徵百牢，子服景伯對曰："先王未之有也。"吳人曰："宋百牢我，[二]魯不可以後宋。且魯牢晉大夫過十，[三]吳王百牢，不亦可乎？"景伯曰："晉范鞅貪而棄禮，以大國懼敝邑，故敝邑十一牢之。君若以禮命於諸侯，則有數矣。[四]若亦棄禮，則有淫者矣。[五]周之王也，制禮，上物不過十二，[六]以爲天之大數也。[七]

今棄周禮而曰必百牢，亦唯執事。”吳人弗聽。景伯曰：“吳將亡矣，棄天而背本。[八]不與，必棄疾於我。”[九]乃與之。

［一］吳欲霸中國。

［二］是時吳過宋得百牢。

［三］晉大夫，范鞅也。在昭二十一年。

［四］有常數。

［五］淫，過也。

［六］上物，天子之牢。

［七］天有十二次，故制禮象之。

［八］違周爲背本。

［九］放棄凶疾，來伐擊我。

大宰嚭召季康子，[一]康子使子貢辭。大宰嚭曰：“國君道長，[二]而大夫不出門，此何禮也？”對曰：“豈以爲禮？畏大國也。[三]大國不以禮命於諸侯，苟不以禮，豈可量也？寡君既共命焉，其老豈敢棄其國？大伯端委以治周禮，仲雍嗣之，斷髮文身，臝以爲飾，豈禮也哉？有由然也。”[四]反自鄫，以吳爲無能爲也。[五]

［一］嚭，吳大夫。

［二］蓋言君長大於道路。

［三］畏大國不敢虛國盡行。

［四］大伯，周大王之長子。仲雍，大伯弟也。大伯、仲雍讓其弟季歷，俱適荆蠻，遂有民衆。大伯卒無子，仲雍嗣立，不能行禮致化，故效吳俗。言其權時制宜，以辟災害，非以爲禮

也。端委，禮衣也。

［五］棄禮，知其不能霸也。

〔哀經·七·四〕

秋，公伐邾。八月己酉，入邾，以邾子益來。[一]

［一］他國言“歸”，於魯言“來”，内外之辭〔一〕。

(哀傳·七·四)

季康子欲伐邾，乃饗大夫以謀之。子服景伯曰：“小所以事大，信也。大所以保小，仁也。背大國，不信。[一]伐小國，不仁。民保於城，城保於德，失二德者危，將焉保？”[二]孟孫曰：“二三子以爲何如？[三]惡賢而逆之？”[四]對曰：“禹合諸侯於塗山，執玉帛者萬國。[五]今其存者，無數十焉。唯大不字小，小不事大也。[六]知必危，何故不言？[七]魯德如邾，而以衆加之，可乎？”[八]不樂而出。[九]

［一］大國，吴也。

［二］二德，信與仁也。

［三］怪諸大夫不言，故指問之。

［四］孟孫賢景伯，欲使大夫不逆其言。惡，猶安也。

［五］諸大夫對也。諸侯執玉，附庸執帛。塗山在壽春東北。

［六］言諸侯相伐，古來以然。

［七］知伐邾必危，自當言。今不言者，不危故也。大夫以答孟孫所怪，且阿附季孫。

［八］孟孫忿答大夫，今魯德無以勝邾，但欲恃衆可乎？言不可。

〔一〕内外之辭　“内外”，興國軍本作“外内”。按：阮校曰：“岳本、纂圖本、監本、毛本‘内外’作‘外内’。”

［九］季、孟意異，佞直不同，故罷饗。

秋，伐邾，及范門，［一］猶聞鍾聲。［二］大夫諫，不聽。茅成子請告於吳，［三］不許，曰："魯擊柝聞於邾，［四］吳二千里，不三月不至，何及於我？且國內豈不足？"［五］成子以茅叛。［六］師遂入邾，處其公宮，衆師晝掠。［七］邾衆保于繹。［八］師宵掠，以邾子益來，［九］獻于亳社，［一〇］因諸負瑕，負瑕故有繹。［一一］邾茅夷鴻以束帛乘韋，自請救於吳，［一二］曰："魯弱晉而遠吳，馮恃其衆［一三］而背君之盟，辟君之執事［一四］以陵我小國。邾非敢自愛也，懼君威之不立。君威之不立，小國之憂也。若夏盟於鄫衍，［一五］秋而背之，成求而不違，［一六］四方諸侯，其何以事君？且魯賦八百乘，君之貳也。［一七］邾賦六百乘，君之私也。［一八］以私奉貳，唯君圖之。"吳子從之。［一九］

［一］邾郭門也。

［二］邾不禦寇。

［三］成子，邾大夫茅夷鴻。

［四］言以近。

［五］言足以距魯。

［六］高平西南有茅鄉亭。

［七］虜掠，取財物也。

［八］繹，邾山也。在鄒縣北。

［九］益，邾隱公也。晝夜掠，《傳》言康子無法。

［一〇］以其亡國與殷同。

［一一］負瑕，魯邑，高平南平陽縣西北有瑕丘城。前者魯得邾之

繹民，使在負瑕，故使相就以辱之。

［一二］無君命，故言“自”。

［一三］馮，依。

［一四］辟，陋。

［一五］鄫衍即鄫也。鄫盟不書，吴行夷禮，禮儀不典，非所以結信義，故不錄。

［一六］言魯成其所求，無違逆也。

［一七］貳，敵也。魯以八百乘之賦貢於吴，言其國大。

［一八］爲私屬。

［一九］爲明年吴伐我《傳》。

〔哀經·七·五〕

宋人圍曹。

(哀傳·七·五)

宋人圍曹。鄭桓子思曰：“宋人有曹，鄭之患也，不可以不救。”[一]

［一］桓，謚。

〔哀經·七·六〕

冬，鄭駟弘帥師救曹。

(哀傳·七·六)

冬，鄭師救曹侵宋。初，曹人或夢衆君子立于社宫，[一]而謀亡曹，曹叔振鐸請待公孫彊，許之。[二]旦而求之，曹無之。戒其子曰：“我死，爾聞公孫彊爲政，必去之。”及曹伯陽即位，好田弋。曹鄙人公孫彊好弋，獲白鴈，獻之，且言田弋之説。説之。因訪政事，大説之。有寵，使爲司城以聽政。夢者之子乃行。彊言霸説於曹伯，曹伯從之，乃背晉而奸宋。宋人伐之，晉人不救，築五邑於其郊，曰黍丘、揖丘、大城、鍾、邘。[三]

[一] 社宫，社也。

[二] 振鐸，曹始祖。

[三] 爲明年入曹《傳》也。梁國下邑縣西南有黍丘亭。

哀公八年

〔哀經·八·一〕

八年春王正月，宋公入曹，以曹伯陽歸。[一]

[一]曹人背晉而奸宋，是以致討。宋公既還，而不忍褚師之詬，怒而反兵，一舉滅曹。滅非本志，故以入告。

（哀傳·八·一）

八年春，宋公伐曹，將還，褚師子肥殿。[一]曹人詬之，不行。[二]師待之。公聞之，怒，命反之，遂滅曹。執曹伯陽及司城彊以歸〔一〕，殺之。[三]

[一]子肥，宋大夫。

[二]詬，辱詈也〔二〕。不行，殿兵止也。

[三]終曹人之夢。

〔哀經·八·二〕

吳伐我。

（哀傳·八·二）

吳爲邾故，將伐魯，問於叔孫輒。[一]叔孫輒對曰："魯有名而無情，[二]伐之必得志焉。"退而告公山不狃。[三]公山不狃曰："非禮也。君子違，不適讎國。[四]未臣而有伐之，奔命焉，死之可也。[五]所託也則隱。[六]且夫人之行也，

〔一〕執曹伯陽及司城彊以歸　"陽"，原脱，興國軍本同。據石經補。按：阮校曰："石經'伯'下有'陽'字，與李善注《運命論》同。"

〔二〕辱詈也　"辱詈"，興國軍本、阮刻本作"詈辱"。

不以所惡廢鄉。[七] 今子以小惡而欲覆宗國，不亦難乎？[八] 若使子率，子必辭，王將使我。”子張病之。[九] 王問於子洩，[一〇] 對曰：“魯雖無與立〔一〕，[一一] 必有與斃。[一二] 諸侯將救之，未可以得志焉。晉與齊、楚輔之，是四讎也。[一三] 夫魯，齊、晉之脣，脣亡齒寒，君所知也。不救何爲？”

[一] 問可伐不。輒，故魯人。

[二] 有大國名，無情實。

[三] 不狃，亦故魯人。

[四] 違，奔亡也。

[五] 未臣所適之國，若有伐本國者〔二〕，則可還奔命，死其難。

[六] 曾所因託，則爲之隱惡。

[七] 不以其私怨惡，廢棄其鄉黨之好。

[八] 輒，魯公族，故謂之“宗國”。

[九] 子張，輒也。

[一〇] 子洩，不狃。

[一一] 緩時若無能自立。

[一二] 急則人人知懼，皆將同死戰。

[一三] 與魯而四。

三月，吳伐我。子洩率，故道險，從武城。[一] 初，武城人或有因於吳竟田焉，[二] 拘鄫人之漚菅者，曰：“何故使吾水滋？”[三] 及吳師至，拘者道之，以伐武城，克之。[四] 王犯嘗爲之宰，澹臺子羽之父好焉。國人懼。[五] 懿子謂景

〔一〕 魯雖無與立 “與”，阮刻本作“以”。

〔二〕 若有伐本國者 “若”，原作“告”，據興國軍本改。按：阮校曰：“宋本、岳本、纂圖本、閩本、監本、毛本‘告’作‘若’，是也。今依改。”

伯:“若之何?”對曰:“吴師來,斯與之戰,何患焉?且召之而至,又何求焉?”[六]吴師克東陽而進,舍於五梧,明日舍於蠶室。[七]公賓庚、公甲叔子與戰于夷,獲叔子與析朱鉏。[八]獻於王。王曰:“此同車,必使能,國未可望也。”[九]明日,舍于庚宗〔一〕,遂次於泗上。微虎欲宵攻王舍,[一〇]私屬徒七百人,三踊於幕庭。[一一]卒三百人,有若與焉。[一二]及稷門之内,[一三]或謂季孫曰:“不足以害吴,而多殺國士,不如已也。”乃止之。吴子聞之,一夕三遷。[一四]

[一]故由險道,欲使魯成備。

[二]僑田吴界。

[三]鄫人亦僑田吴。滋,濁也。

[四]鄫人教吴必可克。

[五]王犯,吴大夫,故嘗奔魯爲武城宰。澹臺子羽,武城人,孔子弟子也。其父與王犯相善,國人懼其爲内應。

[六]言犯盟伐邾,所以召吴。

[七]三邑,魯地。

[八]公賓庚、公甲叔子并析朱鉏爲三人,皆同車,《傳》互言之。

[九]同車能俱死,是國能使人,故不可望得。

[一〇]微虎,魯大夫。

[一一]於帳前設格,令士試躍之。

[一二]卒,終也。終得三百人任行。有若,孔子弟子,與在三百人中。

[一三]三百人行至稷門。

[一四]畏微虎。

〔一〕舍于庚宗 “于”,原作“於”,據石經、興國軍本改。

吳人行成，[一]將盟。景伯曰："楚人圍宋，易子而食，析骸而爨，[二]猶無城下之盟。我未及虧而有城下之盟，是棄國也。吳輕而遠，不能久，將歸矣，請少待之。"弗從。景伯負載造於萊門，[三]乃請釋子服何於吳，吳人許之。以王子姑曹當之而後止。[四]吳人盟而還。[五]

[一] 求與魯成。

[二] 在宣十五年。

[三] 以言不見從，故負載書將欲出盟。

[四] 釋，舍也。魯人不以盟爲了，欲因留景伯爲質於吳。既得吳之許，復求吳王之子以交質。吳人不欲留王子，故遂兩止。

[五] 不書盟，耻吳夷。

〔哀經·八·三〕

夏，齊人取讙及闡。[一]

[一] 不書伐，兵未加而魯與之邑。闡在東平剛縣北。

(哀傳·八·三)

齊悼公之來也，[一]季康子以其妹妻之，即位而逆之。季魴侯通焉，[二]女言其情，弗敢與也。齊侯怒。夏五月，齊鮑牧帥師伐我，取讙及闡。

[一] 在五年。

[二] 魴侯，康子叔父。

〔左氏附〕

(哀傳·八·四)

或譖胡姬於齊侯，[一]曰："安孺子之黨也。"六月，齊侯殺胡姬。[二]

［一］胡姬，景公妾。

［二］《傳》言齊侯無道，所以不終。

〔哀經·八·四〕

歸邾子益于邾。

（哀傳·八·五）

齊侯使如吳請師，將以伐我，乃歸邾子。[一] 邾子又無道，吳子使大宰子餘討之，[二] 囚諸樓臺，栫之以棘。[三] 使諸大夫奉大子革以爲政。[四]

［一］齊未得季姬，故請師也。吳前爲邾討魯，懼二國同心，故歸邾子。

［二］子餘，大宰嚭。

［三］栫，雍也。

［四］革，邾大子桓公也。爲十年邾子來奔《傳》。

〔哀經·八·五〕

秋七月。

〔左氏附〕

（哀傳·八·六）

秋，及齊平。九月，臧賓如如齊涖盟。[一] 齊閭丘明來涖盟，[二] 且逆季姬以歸，嬖。[三]

［一］賓如，臧會子。

［二］明，閭丘嬰之子也。盟不書，諱略之。

［三］季姬，魴侯所通者。

〔左氏附〕

(哀傳·八·七)

鮑牧又謂群公子曰:“使女有馬千乘乎?”[一]公子愬之。公謂鮑子:“或譖子,子姑居於潞以察之。[二]若有之,則分室以行。若無之,則反子之所。”出門,使以三分之一行。半道,使以二乘。及潞,麇之以入,遂殺之。[三]

[一]有馬千乘,使爲君也。鮑牧本不欲立陽生,故諷動群公子。

[二]潞,齊邑。

[三]麇,亦束縛。

〔哀經·八·六〕

冬十有二月癸亥,杞伯過卒。[一]

[一]無《傳》。未同盟而赴以名。

〔哀經·八·七〕

齊人歸讙及闡。[一]

[一]不言來,命歸之,無旨使也。

(哀傳·八·八)

冬十二月,齊人歸讙及闡,季姬嬖故也。

哀公九年

〔哀經·九·一〕

九年春王二月，葬杞僖公。[一]

［一］無《傳》。三月而葬，速。

〔左氏附〕

（哀傳·九·一）

九年春，齊侯使公孟綽辭師于吳。[一] 吳子曰："昔歲寡人聞命，今又革之，不知所從，將進受命於君。"[二]

［一］齊與魯平，故辭吳師。

［二］爲十年吳伐齊《傳》。

〔哀經·九·二〕

宋皇瑗帥師取鄭師于雍丘。[一]

［一］書"取"，覆而敗之。雍丘縣屬陳留。

（哀傳·九·二）

鄭武子賸之嬖許瑕求邑，無以與之。[一] 請外取，許之。[二] 故圍宋雍丘。宋皇瑗圍鄭師，[三] 每日遷舍，[四] 壘合，鄭師哭。子姚救之，大敗。[五] 二月甲戌，宋取鄭師于雍丘，使有能者無死。[六] 以郟張與鄭羅歸。[七]

［一］賸，罕達也。瑕，武子之屬。

［二］瑕請取於他國。

［三］許瑕師。

［四］作壘塹成，輒徙舍合其圍。

［五］子姚，武子賸也。

［六］惜其能也。

［七］鄭之有能者。

〔哀經·九·三〕

夏，楚人伐陳。

（哀傳·九·三）

夏，楚人伐陳，陳即吴故也。

〔哀經·九·四〕

秋，宋公伐鄭。

（哀傳·九·四）

宋公伐鄭。[一]

［一］報雍丘。

〔左氏附〕

（哀傳·九·五）

秋，吴城邗溝通江、淮。[一]

［一］於邗江築城穿溝，東北通射陽湖，西北至末口入淮，通糧道也。今廣陵韓江是。

〔左氏附〕

（哀傳·九·六）

晉趙鞅卜救鄭，遇水適火，[一]占諸史趙、史墨、史龜。[二] 史龜曰："是謂沈陽，[三] 可以興兵。[四] 利以伐姜，不利子商。[五] 伐齊則可，敵宋不吉。"史墨曰："盈，水名也。子，水位也。[六] 名位敵，不可干也。[七] 炎帝爲火師，[八] 姜姓，其後也。水勝火，伐姜則可。"史趙曰："是謂如川之滿，不可游也。[九] 鄭方有罪，不可救也。[一〇] 救鄭則不吉，不知其他。"[一一] 陽虎以《周易》筮之，遇《泰》䷊[一二] 之《需》䷄，[一三] 曰："宋方吉，不可與也。[一四] 微子啓，帝乙之元子也。宋、鄭，甥舅也。[一五] 祉，祿也。若帝乙之元子歸妹，而有吉祿，我安得吉焉？"乃止。[一六]

［一］水火之兆。

［二］皆晉史。

［三］火陽得水，故沈。

［四］兵，陰類也，故可以興兵。

［五］姜，齊姓。子商，謂宋。

［六］趙鞅姓盈，宋姓子，水盈坎乃行。子姓又得北方水位。

［七］二水俱盛，故言"不可干"。

［八］神農有火瑞，以火名官。

［九］既盈而得水位，故爲如川之滿，不可馮游。言其波流盛。

［一〇］鄭以嬖寵伐人，故以爲有罪。

［一一］救鄭則當伐宋，故不吉也。

［一二］《乾》下《坤》上，《泰》。

［一三］《乾》下《坎》上，《需》。《泰》六五變。

［一四］不可與戰。《泰》六五曰："帝乙歸妹，以祉元吉。"帝乙，紂父。五爲天子，故稱帝乙。陰而得中，有似王者嫁妹，得如其願，受福祿而大吉。

［一五］宋、鄭爲昏姻甥舅之國。宋爲微子之後。今卜得帝乙之卦，故以爲宋吉。

［一六］吉在彼，則我伐之爲不吉。

〔哀經·九·五〕

冬十月。

〔左氏附〕

（哀傳·九·七）

冬，吳子使來儆師伐齊。[一]

［一］前年齊與吳謀伐魯，齊既與魯成而止，故吳恨之，反與魯伐齊。

哀公十年

〔哀經·十·一〕

十年春王二月，邾子益來奔。

（哀傳·十·一）

十年春，邾隱公來奔。齊甥也，故遂奔齊。[一]

［一］終子貢之言。

〔哀經·十·二〕

公會吳伐齊。[一]

［一］書"會"，從不與謀。

（哀傳·十·二）

公會吳子、邾子、郯子伐齊南鄙，師于鄎。[一]

［一］鄎，齊地。邾、郯不書，兵并屬吳，不列於諸侯。

〔哀經·十·三〕

三月戊戌，齊侯陽生卒。[一]

［一］以疾赴，故不書"弒"。

（哀傳·十·三）

齊人弒悼公，赴于師。[一] 吳子三日哭于軍門之外。徐承帥舟師，將自海入齊，齊人敗之，吳師乃還。[二]

［一］以説吳。

［二］承，吳大夫。

〔哀經·十·四〕

夏，宋人伐鄭。[一]

[一] 無《傳》。

〔哀經·十·五〕

晉趙鞅帥師侵齊。

（哀傳·十·四）

夏，趙鞅帥師伐齊。[一] 大夫請卜之。趙孟曰："吾卜，於此起兵。[二] 事不再令，[三] 卜不襲吉，[四] 行也。"於是乎取犂及轅，[五] 毀高唐之郭，侵及賴而還。

[一]《經》書"侵"，以侵告。

[二] 謂往歲卜伐宋不吉，利以伐姜，故今興兵。

[三] 再令，瀆也。

[四] 襲，重也。

[五] 犂，一名隰，濟南有隰陰縣。祝阿縣西有轅城。

〔哀經·十·六〕

五月，公至自伐齊。[一]

[一] 無《傳》。

〔哀經·十·七〕

葬齊悼公。[一]

[一] 無《傳》。

〔哀經·十·八〕

衛公孟彄自齊歸于衛。[一]

［一］無《傳》。書“歸”，齊納之。

〔哀經·十·九〕

薛伯夷卒。[一]

［一］無《傳》。赴以名，故書。

〔哀經·十·十〕

秋，葬薛惠公。[一]

［一］無《傳》。

〔左氏附〕

（哀傳·十·五）

秋，吳子使來復儆師。[一]

［一］伐齊未得志，故爲明年吳伐齊《傳》。

〔哀經·十·十一〕

冬，楚公子結帥師伐陳。吳救陳。[一]

［一］季子不書，陳人來告不以名。

（哀傳·十·六）

冬，楚子期伐陳〔一〕。[一]吳延州來季子救陳，謂子期曰：“二君不務德，[二]而力爭諸侯，民何罪焉？我請退，以爲子名，務德而安民。”乃還。[三]

［一］陳即吳故。

〔一〕楚子期伐陳　“楚子期”，原作“公子期”，據石經改。

[二] 二君，吳、楚。

[三] 季子，吳王壽夢少子也。壽夢以襄十二年卒，至今七十七歲。壽夢卒，季子已能讓國，年當十五六，至今蓋九十餘。

哀公十一年

〔哀經·十一·一〕

十有一年春，齊國書帥師伐我。

(哀傳·十一·一)

十一年春，齊爲鄎故，[一]國書、高無丕帥師伐我，及清。[二]季孫謂其宰冉求[三]曰："齊師在清，必魯故也。若之何？"求曰："一子守，二子從公禦諸竟。"季孫曰："不能。"[四]求曰："居封疆之間。"[五]季孫告二子，[六]二子不可。求曰："若不可，則君無出。一子帥師，背城而戰。不屬者，非魯人也。[七]魯之群室，衆於齊之兵車。[八]一室敵車，優矣。子何患焉？二子之不欲戰也宜，政在季氏。[九]當子之身，齊人伐魯而不能戰，子之耻也大，不列於諸侯矣。"季孫使從於朝，[一〇]俟於黨氏之溝。[一一]武叔呼而問戰焉。[一二]對曰："君子有遠慮，小人何知？"懿子强問之，對曰："小人慮材而言，量力而共者也。"[一三]武叔曰："是謂我不成丈夫也。"[一四]退而蒐乘，[一五]孟孺子洩帥右師，[一六]顏羽御，邴洩爲右。[一七]冉求帥左師，管周父御〔一〕，樊遲爲右。[一八]季孫曰："須也弱。"有子曰："就用命焉。"[一九]季氏之甲七千，冉有以武城人三百爲己徒卒，[二〇]老幼守宫，次于雩門之外。[二一]五日，右師從之。[二二]公叔務人[二三]見保者而泣[二四]曰："事充[二五]政重，[二六]上不能謀，士不能死，何以治民？吾既言之矣，

〔一〕管周父御　原作"管周人御"，據石經改。

敢不勉乎！”[二七]

［一］郞在前年。

［二］清，齊地，濟北盧縣東有清亭。

［三］冉求，魯人，孔子弟子。

［四］自度力不能使二子禦諸竟。

［五］封疆，竟内近郊之地。

［六］二子，叔孫、孟孫也。

［七］屬，臣屬也。言不戰爲不臣。

［八］群室，都邑居家。

［九］言二子恨季氏專政，故不盡力。

［一〇］使冉求隨己之公朝。

［一一］黨氏溝，朝中地名。

［一二］問冉求。

［一三］言子所問，非己材力所及，故不能言。

［一四］知冉求非己不欲戰，故不對。

［一五］蒐，閱。

［一六］孺子，孟懿子之子武伯彘。

［一七］二子，孟氏臣。

［一八］樊遲，魯人，孔子弟子樊須。

［一九］雖年少，能用命。有子，冉求也。

［二〇］步卒，精兵。

［二一］南城門也。

［二二］五日乃從，言不欲戰。

［二三］務人，公爲，昭公子。

［二四］保，守城者。

［二五］繇役煩。

［二六］賦税多〔一〕。

［二七］既言人不能死，己不敢不死。

師及齊師戰于郊，齊師自稷曲。[一] 師不踰溝，樊遲曰："非不能也，不信子也。請三刻而踰之。"[二] 如之，衆從之。[三] 師入齊軍。[四] 右師奔，齊人從之。[五] 陳瓘、陳莊涉泗。[六] 孟之側後入以爲殿，[七] 抽矢策其馬曰："馬不進也。"[八] 林不狃之伍曰："走乎？"[九] 不狃曰："誰不如？"[一〇] 曰："然則止乎？"不狃曰："惡賢？"[一一] 徐步而死。[一二] 師獲甲首八十，[一三] 齊人不能師。[一四] 宵，諜曰："齊人遁。"[一五] 冉有請從之三，季孫弗許。孟孺子語人曰："我不如顔羽，而賢於邴洩。[一六] 子羽鋭敏，[一七] 我不欲戰而能默。[一八] 洩曰：'驅之。'"[一九] 公爲與其嬖僮汪錡乘，皆死，皆殯。[二〇] 孔子曰："能執干戈以衛社稷，可無殤也。"[二一] 冉有用矛於齊師，故能入其軍。孔子曰："義也。"[二二]

［一］稷曲，郊地名。

［二］與衆三刻約信。

［三］如樊遲言，乃踰溝。

［四］冉求之師。

［五］逐右師。

［六］二陳，齊大夫。

〔一〕賦税多　"税"，原作"務"，據興國軍本改。

［七］之側，孟氏族也，字反〔一〕。

［八］不欲伐善。

［九］不狃，魯士。五人爲伍，敗而欲走。

［一〇］我不如誰而欲走。

［一一］言止戰惡足爲賢，皆無戰志。

［一二］徐行而死，言魯非無壯士，但季孫不能使。

［一三］冉求所得。

［一四］不能整其師。

［一五］諜，間也。

［一六］二子與孟孺子同車。

［一七］子羽，顏羽。鋭，精也。敏，疾也。言欲戰。

［一八］心雖不欲，口不言奔。

［一九］言驅馬欲奔。

［二〇］皆，俱也。

［二一］時人疑童子當殤。

［二二］言能以義勇。不書戰，不皆陳也。不書敗，勝負不殊。

〔哀經·十一·二〕

夏，陳轅頗出奔鄭。［一］

［一］書名，貪也。

(哀傳·十一·二)

夏，陳轅頗出奔鄭。初，轅頗爲司徒，賦封田以嫁公女，［一］有餘以爲己大器。［二］國人逐之，故出。道渴，其族轅咺進稻醴、粱糗、腶脯焉。［三］喜曰："何其給也？"對曰：

〔一〕字反　"字"，原作"子"，據興國軍本改。

“器成而具。”[四] 曰：“何不吾諫？”對曰：“懼先行。”[五]

［一］封內之田悉賦稅之。

［二］大器，鍾鼎之屬。

［三］糗，乾飯也。

［四］具此醴糗。

［五］恐言不從，先見逐。

〔哀經·十一·三〕

五月，公會吳伐齊。甲戌，齊國書帥師及吳戰于艾陵。齊師敗績，獲齊國書。[一]

［一］公與伐而不與戰。艾陵，齊地。

（哀傳·十一·三）

爲郊戰故，公會吳子伐齊。[一] 五月，克博。壬申，至于嬴。[二] 中軍從王。[三] 胥門巢將上軍，王子姑曹將下軍，展如將右軍。[四] 齊國書將中軍，高無丕將上軍，宗樓將下軍。陳僖子謂其弟書：“爾死，我必得志。”[五] 宗子陽與閭丘明相厲也。[六] 桑掩胥御國子。[七] 公孫夏曰：“二子必死。”[八] 將戰，公孫夏命其徒歌《虞殯》。[九] 陳子行命其徒具含玉。[一〇] 公孫揮命其徒曰：“人尋約，吳髮短。”[一一] 東郭書曰：“三戰必死，於此三矣。”[一二] 使問弦多以琴，[一三] 曰：“吾不復見子矣。”[一四] 陳書曰：“此行也，吾聞鼓而已，不聞金矣。”[一五]

［一］欲以報也。

［二］博、嬴，齊邑也。二縣皆屬泰山。

［三］吳中軍。

［四］三將，吳大夫。

［五］書，子占也。欲獲死事之功。

［六］相勸厲致死。子陽，宗樓也。

［七］國子，國書。

［八］亦勸勉之。

［九］《虞殯》，送葬歌曲，示必死。

［一〇］子行，陳逆也。具含玉，亦示必死。

［一一］約，繩也。八尺爲尋。吳髮短，欲以繩貫其首。

［一二］三戰，夷儀、五氏與今。

［一三］弦多，齊人也。六年奔魯。問，遺也。

［一四］言將死戰。

［一五］鼓以進軍，金以退軍。不聞金，言將死也。《傳》言吳師彊，齊人皆自知將敗。

甲戌，戰于艾陵。展如敗高子，［一］國子敗胥門巢。［二］王卒助之，大敗齊師，獲國書、公孫夏、閭丘明、陳書、東郭書，革車八百乘，甲首三千，以獻于公。［三］將戰，吳子呼叔孫［四］曰："而事何也？"［五］對曰："從司馬。"［六］王賜之甲劍鈹，曰："奉爾君事，敬無廢命。"叔孫未能對，衛賜進［七］曰："州仇奉甲從君而拜。"［八］公使大史固歸國子之元，［九］寘之新篋，褽之以玄纁，［一〇］加組帶焉。寘書于其上，曰："天若不識不衷，何以使下國？"［一一］

［一］齊上軍敗。

［二］吳上軍亦敗。

［三］公以兵從，故以勞公。

［四］叔孫，武叔州仇。

［五］問何職。

［六］從吳司馬所命。

［七］賜，子貢，孔子弟子。

［八］拜受之。

［九］歸於齊也。元，首也。吳以獻魯。

［一〇］褽，薦也。

［一一］言天識不善，故殺國子。

〔左氏附〕

（哀傳·十一·四）

吳將伐齊，越子率其衆以朝焉。王及列士皆有饋賂。吳人皆喜，唯子胥懼，曰："是豢吳也夫！"[一] 諫曰："越在我，心腹之疾也。壤地同而有欲於我。[二] 夫其柔服，求濟其欲也。不如早從事焉。[三] 得志於齊，猶獲石田也，無所用之。[四] 越不爲沼，吳其泯矣。使醫除疾，而曰'必遺類焉'者，未之有也。《盤庚》之誥曰：'其有顛越不共，則劓殄無遺育，無俾易種于兹邑。'[五] 是商所以興也。今君易之，將以求大，不亦難乎？"弗聽。使於齊，屬其子於鮑氏，爲王孫氏。[六] 反役，王聞之，使賜之屬鏤以死。[七] 將死，曰："樹吾墓檟，檟可材也，吳其亡乎！三年，其始弱矣。盈必毁，天之道也。"[八]

［一］豢，養也。若人養犧牲，非愛之，將殺之。

［二］欲得吳。

［三］從事，擊之。

［四］石田，不可耕。

［五］《盤庚》，《商書》也。顛越不共，從横不承命者也。劓，割也。殄，絶也。育，長也。俾，使也。易種，轉生種類。

［六］私使人至齊，屬其子，改姓爲王孫，欲以辟吴禍。

［七］艾陵役也。屬鏤，劒名。

［八］越人朝之，伐齊勝之，盈之極也。爲十三年越伐吴起。

〔哀經·十一·四〕

秋七月辛酉，滕子虞母卒。[一]

［一］無《傳》。赴以名，故書之。

〔左氏附〕

〔哀傳·十一·五〕

秋，季孫命脩守備，曰："小勝大，禍也，齊至無日矣。"[一]

［一］善有備。

〔哀經·十一·五〕

冬十有一月，葬滕隱公。[一]

［一］無《傳》。

〔哀經·十一·六〕

衛世叔齊出奔宋。[一]

［一］書名，淫也。

〔哀傳·十一·六〕

冬，衛大叔疾出奔宋。[一]初，疾娶于宋子朝，[二]其娣嬖。[三]子朝出，[四]孔文子使疾出其妻而妻之。疾使侍人誘其初妻之娣，寘於犂，[五]而爲之一宫，如二妻。文子怒，欲攻之。仲尼止之，遂奪其妻。或淫于外州，外州人奪之軒以獻。[六]耻是二者，故出。衛人立遺，使室孔姞。[七]疾臣向魋[八]納美珠焉，與之城鉏。[九]宋公求珠，魋不與，由是得罪。及桓氏出，[一〇]城鉏人攻大叔疾。衛莊公復之。[一一]使處巢，死焉。殯於鄖，葬於少禘。[一二]

[一]疾即齊也。

[二]子朝，宋人，仕衛爲大夫。

[三]娣，所娶女之娣。

[四]出奔。

[五]犂，衛邑。

[六]外州，衛邑。軒，車也。以獻於君。

[七]遺，疾之弟。孔姞，孔文子之女，疾之妻。

[八]爲宋向魋臣。

[九]城鉏，宋邑。

[一〇]出在十四年。

[一一]聽使還。

[一二]終言疾之失所也。巢、鄖、少禘，皆衛地。

初，晉悼公子憖亡在衛，使其女僕而田。[一]大叔懿子止而飲之酒，[二]遂聘之，生悼子。[三]悼子即位，故夏戊爲大夫。[四]悼子亡，衛人翦夏戊。[五]孔文子之將攻大叔也，訪於仲尼。仲尼曰：“胡簋之事，則嘗學之矣。[六]甲兵之事，未之聞也。”退，命駕而行，曰：“鳥則擇木，木豈能

擇鳥?”[七] 文子遽止之，曰:“圉豈敢度其私，訪衛國之難也。”[八] 將止，[九] 魯人以幣召之，乃歸。[一〇]

［一］僕，御。田，獵。

［二］懿子，大叔儀之孫。

［三］悼子，大叔疾。

［四］夏戊，悼子之甥。

［五］翦削其爵邑。

［六］胡簋，禮器名。夏曰胡，周曰簋。

［七］以鳥自喻。

［八］圉，文子名。度，謀也。

［九］仲尼止。

［一〇］於是自衛反魯，樂正，《雅》《頌》各得其所。

〔左氏附〕

(哀傳 · 十一 · 七)

季孫欲以田賦，[一] 使冉有訪諸仲尼。仲尼曰:“丘不識也。”三發。[二] 卒曰:[三]“子爲國老，待子而行，若之何子之不言也?”仲尼不對。[四] 而私於冉有曰:“君子之行也，[五] 度於禮，施取其厚，事舉其中，斂從其薄，如是則以丘亦足矣。[六] 若不度於禮，而貪冒無厭，則雖以田賦，將又不足。且子季孫若欲行而法，則周公之典在；若欲苟而行，又何訪焉?”弗聽。[七]

［一］丘賦之法，因其田財，通出馬一疋，牛三頭。今欲別其田及家財，各爲一賦，故言“田賦”。

［二］三發問。

[三] 卒，終也。

[四] 不公答。

[五] 行政事。

[六] 丘，十六井，出戎馬一疋、牛三頭，是賦之常法。

[七] 爲明年用田賦《傳》。

哀公十二年

〔哀經・十二・一〕

十有二年春，用田賦。[一]

［一］直書之者，以示改法重賦。

（哀傳・十二・一）

十二年春王正月，用田賦。[一]

［一］終前年事。

〔哀經・十二・二〕

夏五月甲辰，孟子卒。[一]

［一］魯人諱娶同姓，謂之孟子，《春秋》不改，所以順時。

（哀傳・十二・二）

夏五月，昭夫人孟子卒。昭公娶于吳，故不書姓。[一]死不赴，故不稱夫人。[二]不反哭，故不言葬小君。[三]孔子與弔，適季氏。季氏不絻，放絰而拜。[四]

［一］諱娶同姓，故謂之孟子，若宋女。

［二］不稱夫人，故不言薨。

［三］反哭者，夫人禮也。以同姓故，不成其夫人喪。

［四］孔子始老，故與弔也。絻，喪冠也。孔子以小君禮往弔，季孫不服喪，故去絰，從主節制。

〔哀經・十二・三〕

公會吳于橐皋。[一]

［一］橐皋在淮南逡遒縣東南。

(哀傳·十二·三)

公會吳于橐皋。吳子使大宰嚭請尋盟。[一] 公不欲，使子貢對曰：“盟所以周信也，[二] 故心以制之，[三] 玉帛以奉之，[四] 言以結之，[五] 明神以要之。[六] 寡君以爲苟有盟焉，弗可改也已。若猶可改，日盟何益？今吾子曰：‘必尋盟。’若可尋也，亦可寒也。”[七] 乃不尋盟。

［一］尋鄫盟。

［二］周，固。

［三］制其義。

［四］奉贄明神。

［五］結其信。

［六］要以禍福。

［七］尋，重也。寒，歇也。

〔哀經·十二·四〕

秋，公會衛侯、宋皇瑗于鄖。[一]

［一］鄖，發陽也。廣陵海陵縣東南有發繇口。

(哀傳·十二·四)

吳徵會于衛。初，衛人殺吳行人且姚而懼，謀於行人子羽。[一] 子羽曰：“吳方無道，無乃辱吾君，不如止也。”子木曰：“吳方無道，[二] 國無道，必棄疾於人。吳雖無道，猶足以患衛。[三] 往也！長木之斃，無不摽也。[四] 國狗之瘈，無不噬也。[五] 而況大國乎？”

［一］子羽，衛大夫。

［二］子木，衛大夫。

［三］爲衛患也。

［四］摽，擊。

［五］瘈，狂也。噬，齧也。

秋，衛侯會吳于鄖。公及衛侯、宋皇瑗盟，[一]而卒辭吳盟，吳人藩衛侯之舍。[二]子服景伯謂子貢曰："夫諸侯之會，事既畢矣，侯伯致禮，地主歸餼，[三]以相辭也。[四]今吳不行禮於衛，而藩其君舍以難之，[五]子盍見大宰嚭〔一〕？"乃請束錦以行。[六]語及衛故，[七]大宰嚭曰："寡君願事衛君，衛君之來也緩，寡君懼，故將止之。"[八]子貢曰："衛君之來，必謀於其衆，其衆或欲或否，是以緩來。其欲來者，子之黨也。其不欲來者，子之讎也。若執衛君，是墮黨而崇讎也。[九]夫墮子者得其志矣。且合諸侯而執衛君，誰敢不懼？墮黨崇讎，而懼諸侯，或者難以霸乎？"大宰嚭説，乃舍衛侯。衛侯歸，效夷言。子之尚幼，[一〇]曰："君必不免其死於夷乎！執焉，而又説其言，從之固矣。"[一一]

［一］盟不書，畏吳竊盟。

［二］藩，籬。

［三］侯伯致禮，以禮賓也。地主，所會主人也。餼，生物。

［四］各以禮相辭讓。

［五］難，苦困也。

［六］以賂吳。

〔一〕子盍見大宰嚭　"大宰嚭"，原作"大宰"，據石經補。

［七］若本不爲衛請者。

［八］止，執。

［九］墮，毁也。

［一〇］子之，公孫彌牟。

［一一］出公輒後卒死於越。

〔哀經·十二·五〕

宋向巢帥師伐鄭。

（哀傳·十二·六）

宋、鄭之間有隙地焉，[一] 曰彌作、頃丘、玉暢、嵒、戈、錫〔一〕。[二] 子産與宋人爲成，曰："勿有是。"[三] 及宋平、元之族自蕭奔鄭，[四] 鄭人爲之城嵒、戈、錫。[五] 九月，宋向巢伐鄭，取錫，殺元公之孫，遂圍嵒。十二月，鄭罕達救嵒。丙申，圍宋師。[六]

［一］隙地，閒田。

［二］凡六邑。

［三］俱棄之。

［四］在定十五年。

［五］城以處平、元之族。

［六］此事《經》在"十二月螽"上，今倒在下，更具列其月以爲別者，丘明本不以爲義例，故不皆齊同。

〔一〕 曰彌作頃丘玉暢嵒戈錫　"錫"，原作"鍚"，興國軍本、阮刻本同，據石經改。按：阮校曰："石經、宋本、岳本、纂圖本、閩本、監本、毛本'鍚'作'錫'，是也。下同。監本'鄭取錫'誤'鄭聚錫'。"

〔哀經·十二·六〕

冬十有二月，螽。[一]

［一］周十二月，今十月。是歲置閏而失不置，雖書“十二月”，實今之九月。司歷誤一月。九月之初尚溫，故得有螽。

(哀傳·十二·五)

冬十二月，螽。季孫問諸仲尼。仲尼曰：“丘聞之，火伏而後蟄者畢。[一]今火猶西流，司歷過也。”[二]

［一］火，心星也。火伏在今十月。

［二］猶西流，言未盡沒，知是九月，歷官失一閏。《釋例》論之備。

哀公十三年

〔哀經·十三·一〕

十有三年春，鄭罕達帥師取宋師于嵒。[一]

［一］書“取”，覆而敗之。

（哀傳·十三·一）

十三年春，宋向魋救其師。[一]鄭子賸使徇曰：“得桓魋者有賞。”魋也逃歸，遂取宋師于嵒，獲成讙、郜延，[二]以六邑爲虚。[三]

［一］救前年圍嵒師。

［二］二子，宋大夫。

［三］空虚之，名不有。

〔哀經·十三·二〕

夏，許男成卒。[一]

［一］無《傳》。

〔哀經·十三·三〕

公會晉侯及吴子于黄池。[一]

［一］陳留封丘縣南有黄亭，近濟水。夫差欲霸中國，尊天子，自去其僭號而稱子以告令諸侯，故史承而書之。

（哀傳·十三·二）

夏，公會單平公、晉定公、吴夫差于黄池。[一]

［一］平公，周卿士也。不書，尊之不與會。

〔哀經 · 十三 · 四〕

楚公子申帥師伐陳。[一]

[一] 無《傳》。

〔哀經 · 十三 · 五〕

於越入吳。

(哀傳 · 十三 · 三)

六月丙子，越子伐吳，爲二隧。[一] 疇無餘、謳陽自南方，[二] 先及郊。吳大子友、王子地、王孫彌庸、壽於姚自泓上觀之。[三] 彌庸見姑蔑之旗，[四] 曰："吾父之旗也。[五] 不可以見讎而弗殺也。"大子曰："戰而不克，將亡國，請待之。"彌庸不可，屬徒五千，[六] 王子地助之。乙酉，戰，彌庸獲疇無餘，地獲謳陽。越子至，王子地守。丙戌，復戰，大敗吳師，獲大子友、王孫彌庸、壽於姚。[七] 丁亥，入吳。吳人告敗于王，王惡其聞也，[八] 自剄七人於幕下。[九]

[一] 隧，道也。

[二] 二子，越大夫。

[三] 觀越師。泓，水名。

[四] 姑蔑，越地，今東陽大末縣。

[五] 彌庸父爲越所獲，故姑蔑人得其旌旗。

[六] 屬，會也。

[七] 地守，故不獲。

[八] 惡諸侯聞之。

[九] 以絶口。

〔左氏附〕

（哀傳·十三·四）

秋七月辛丑，盟，吴、晉爭先。[一]吴人曰：“於周室，我爲長。”[二]晉人曰：“於姬姓，我爲伯。”[三]趙鞅呼司馬寅，[四]曰：“日旰矣，[五]大事未成，二臣之罪也。[六]建鼓整列，二臣死之，長幼必可知也。”對曰：“請姑視之。”反曰：“肉食者無墨。[七]今吴王有墨，國勝乎？[八]大子死乎？且夷德輕，不忍久，請少待之。”[九]乃先晉人。[一〇]

［一］爭歃血先後。

［二］吴爲大伯後，故爲長。

［三］爲侯伯。

［四］寅，晉大夫。

［五］旰，晚也〔一〕。

［六］大事，盟也。二臣，鞅與寅。

［七］墨，氣色下。

［八］國爲敵所勝。

［九］少待，無與爭。

［一〇］盟不書，諸侯耻之，故不錄。

吴人將以公見晉侯，子服景伯對使者曰：“王合諸侯，則伯帥侯牧以見於王。[一]伯合諸侯，則侯帥子男以見於伯。[二]自王以下，朝聘玉帛不同。故敝邑之職貢於吴，有豐於晉，無不及焉，以爲伯也。今諸侯會，而君將以寡君

〔一〕晚也　“也”，原作“矣”，據興國軍本改。

見晉君，則晉成爲伯矣，敝邑將改職貢。魯賦於吳八百乘，若爲子男，則將半邾以屬於吳，[三]而如邾以事晉。[四]且執事以伯召諸侯，而以侯終之，何利之有焉？”吳人乃止。既而悔之，[五]將囚景伯。景伯曰：“何也立後於魯矣。[六]將以二乘與六人從，遲速唯命。”遂囚以還。及户牖〔一〕，[七]謂大宰曰：“魯將以十月上辛，有事於上帝先王，季辛而畢。何世有職焉，[八]自襄以來，未之改也。[九]若不會，祝宗將曰：‘吳實然。’[一〇]且謂魯不共，而執其賤者七人，何損焉？”大宰嚭言於王曰：“無損於魯，而衹爲名，[一一]不如歸之。”乃歸景伯。

[一] 伯，王官伯。侯牧，方伯。

[二] 伯，諸侯長。

[三] 半邾，三百乘。

[四] 如邾，六百乘。

[五] 謂景伯欺之。

[六] 何，景伯名。

[七] 户牖，陳留外黄縣西北東昏城是。

[八] 有職於祭事。

[九] 魯襄公。

[一〇] 言魯祝宗將告神云：景伯不會，坐爲吳所囚。吳人信鬼，故以是恐之。

[一一] 適爲惡名。

吳申叔儀乞糧於公孫有山氏，[一]曰：“佩玉橤兮，余

〔一〕 及户牖 “牖”，原脱，石經同。據興國軍本補。

無所繫之。[二]旨酒一盛兮，余與褐之父睨之。”[三]對曰：“粱則無矣，麤則有之。若登首山以呼曰，庚癸乎！則諾。”[四]王欲伐宋，殺其丈夫而囚其婦人。[五]大宰嚭曰：“可勝也，而弗能居也。”乃歸。

［一］申叔儀，吳大夫。公孫有山，魯大夫。舊相識。

［二］縈然，服飾備也。己獨無以繫佩，言吳王不恤下[一]。

［三］一盛，一器也。睨，視也。褐，寒賤之人。言但得視，不得飲。

［四］軍中不得出糧，故爲私隱。庚，西方，主穀。癸，北方，主水。《傳》言吳子不與士共飢渴，所以亡。

［五］以宋不會黃池故。言吳子悖惑。

〔哀經·十三·六〕

秋，公至自會。[一]

［一］無《傳》。

〔哀經·十三·七〕

晉魏曼多帥師侵衛。[一]

［一］無《傳》。

〔哀經·十三·八〕

葬許元公。[一]

［一］無《傳》。

〔一〕言吳王不恤下　“王”，阮刻本作“主”。

〔哀經・十三・九〕

九月，螽。[一]

［一］無《傳》。書，災。

〔哀經・十三・十〕

冬十有一月，有星孛于東方。[一]

［一］無《傳》。平旦衆星皆没，而孛乃見，故不言所在之次。

〔哀經・十三・十一〕

盜殺陳夏區夫。[一]

［一］無《傳》。稱盜，非大夫。

〔哀經・十三・十二〕

十有二月，螽。[一]

［一］無《傳》。前年季孫雖聞仲尼之言，而不正歷失閏，至此年故復十二月螽，實十一月。

〔左氏附〕

（哀傳・十三・五）

冬，吳及越平。[一]

［一］終伍員之言。

春秋左氏經傳集解哀公下第三十

春秋左氏經傳集解哀公下第三十[一]

杜　氏

哀公十四年

〔哀經 · 十四 · 一〕

十有四年春，西狩獲麟。[一]

［一］麟者，仁獸，聖王之嘉瑞也。時無明王，出而遇獲，仲尼傷周道之不興，感嘉瑞之無應，故因《魯春秋》而脩中興之教，絶筆於"獲麟"之一句，所感而作，固所以爲終也。冬獵曰狩。蓋虞人脩常職，故不書狩者；大野在魯西，故言"西狩"。得用曰獲。

(哀傳 · 十四 · 一)

十四年春，西狩於大野。叔孫氏之車子鉏商獲麟，[一]以爲不祥，以賜虞人。[二]仲尼觀之，曰："麟也。"然後取之。[三]

［一］大野，在高平鉅野縣東北大澤是也。車子，微者。鉏商，名。

［二］時所未嘗見，故怪之。虞人，掌山澤之官。

［三］言魯史所以得書"獲麟"。

〔一〕 原卷標題"哀"字後闕"公"字，據本書體例補。

〔哀經·十四·二〕

小邾射以句繹來奔。[一]

［一］射，小邾大夫。句繹，地名。《春秋》止於獲麟，故射不在三叛人之數。自此以下至十六年，皆魯史記之文。弟子雖存孔子卒〔一〕，故并錄以續孔子所脩之《經》。

(哀傳·十四·二)

小邾射以句繹來奔，曰："使季路要我，吾無盟矣。"[一]使子路，子路辭。季康子使冉有謂之曰："千乘之國，不信其盟，而信子之言，子何辱焉？"對曰："魯有事于小邾，不敢問故，死其城下可也。彼不臣而濟其言，是義之也。由弗能。"[二]

［一］子路信誠，故欲得與相要誓，而不須盟。孔子弟子既續書《魯策》以繫於《經》，丘明亦隨而傳之，終於哀公以卒前事。其異事則皆略而不傳，故此《經》無《傳》者多。

［二］濟，成也。

〔哀經·十四·三〕

夏四月，齊陳恒執其君，寘于舒州。

(哀傳·十四·三)

齊簡公之在魯也，闞止有寵焉。[一]及即位，使爲政。陳成子憚之，驟顧諸朝。[二]諸御鞅言於公[三]曰："陳、闞不可並也，君其擇焉。"[四]弗聽。子我夕，[五]陳逆殺人，逢之，[六]遂執以入。[七]陳氏方睦，[八]使疾而遺之潘沐，

〔一〕弟子雖存孔子卒　"雖"，興國軍本作"欲"。

備酒肉焉，[九]饗守囚者，醉而殺之而逃。子我盟諸陳於陳宗。[一〇]

［一］簡公，悼公陽生子壬也。闞止，子我也。事在六年。

［二］成子，陳常。心不安，故數顧之。

［三］鞅，齊大夫。

［四］擇用一人。

［五］夕視事。

［六］陳逆，子行，陳氏宗也。子我逢之。

［七］執逆至朝。

［八］欲謀齊國，故宗族和。

［九］使詐病，因内潘沐，并得内酒肉。潘，米汁，可以沐頭。

［一〇］失陳逆，懼其反爲患，故盟之。

初，陳豹欲爲子我臣，[一]使公孫言己，[二]己有喪而止。既而言之，[三]曰："有陳豹者長而上僂，[四]望視，[五]事君子必得志。[六]欲爲子臣，吾憚其爲人也，[七]故緩以告。"子我曰："何害？是其在我也。"使爲臣。他日，與之言政，説，遂有寵，謂之曰："我盡逐陳氏而立女，若何？"對曰："我遠於陳氏矣。[八]且其違者，不過數人，[九]何盡逐焉？"遂告陳氏。子行曰："彼得君，弗先，必禍子。"子行舍於公宫。[一〇]

［一］豹亦陳氏族。

［二］言己，介達之。

［三］既，終喪也。

［四］肩背僂。

［五］目望陽。

［六］得君子意。

［七］恐多詐。

［八］言己疏遠。

［九］違，不從也。

［一〇］子行逃而隱於陳氏，今又隱於公宮。

夏五月壬申，成子兄弟四乘如公。[一]子我在幄，[二]出，逆之，遂入閉門。[三]侍人禦之，[四]子行殺侍人。[五]公與婦人飲酒于檀臺，成子遷諸寢，[六]公執戈將擊之。[七]大史子餘曰："非不利也，將除害也。"[八]成子出舍于庫，[九]聞公猶怒，將出，曰："何所無君？"子行抽劍曰："需，事之賊也。[一〇]誰非陳宗？[一一]所不殺子者，有如陳宗！"[一二]乃止。

［一］成子之兄弟，昭子莊、簡子齒、宣子夷、穆子安、廩丘子意茲、芒子盈、惠子得〔一〕，凡八人，二人共一乘。

［二］幄，帳也，聽政之處。

［三］成子入，反閉門，不納子我。

［四］子我侍人。

［五］素在內，故得殺之。

［六］徙公，使居正寢。

［七］疑其欲作亂。

［八］言將爲公除害。

［九］以公怒故。

［一〇］言需疑則害事。

〔一〕芒子盈惠子得　"芒子盈"本作"子芒盈"，據阮刻本改。按：阮校曰："'子芒盈'，宋本、岳本、纂圖本、毛本作'芒子盈'。山井鼎云：'或作"子芒盈"，非。'"

［一一］言陳氏宗族衆多。

［一二］言子若欲出，我必殺子，明如陳宗。

子我歸，屬徒攻闈與大門〔一〕，[一] 皆不勝，乃出。陳氏追之，失道於弇中，適豐丘。[二] 豐丘人執之以告，殺諸郭關。[三] 成子將殺大陸子方，[四] 陳逆請而免之，以公命取車於道。[五] 及耏，衆知而東之。[六] 出雍門，[七] 陳豹與之車，弗受，曰："逆爲余請，豹與余車，余有私焉。事子我而有私於其讎，何以見魯、衛之士？"[八] 東郭賈奔衛。[九] 庚辰，陳恒執公于舒州。公曰："吾早從鞅之言，不及此。"[一〇]

［一］闈，宫中小門。大門，公門也。

［二］弇中，狹路。豐丘，陳氏邑。

［三］齊關名。

［四］子方，子我臣。

［五］子方取道中行人車。

［六］知其矯命，奪車逐使東。

［七］齊城門也。

［八］《傳》言陳氏務施。

［九］賈即子方。

［一〇］悔不誅陳氏。

〔哀經·十四·四〕

庚戌，叔還卒。[一]

〔一〕屬徒攻闈與大門　石經"屬"字前有"帥"字。底本、興國軍本無。按：阮校曰："石經'歸'下有'帥'字，衍文也。屬，之欲反屬，則不必更言帥矣。"

［一］無《傳》。

〔哀經·十四·五〕

五月庚申朔，日有食之。[一]

［一］無《傳》。

〔哀經·十四·六〕

陳宗豎出奔楚。[一]

［一］無《傳》。

〔哀經·十四·七〕

宋向魋入于曹以叛。[一]

［一］曹，宋邑。

（哀傳·十四·四）

宋桓魋之寵害於公，[一]公使夫人驟請享焉，而將討之。[二]未及，魋先謀公，請以鞌易薄。[三]公曰："不可。薄，宗邑也。"[四]乃益鞌七邑而請享公焉。[五]以日中爲期，家備盡往。[六]公知之，告皇野曰："余長魋也，[七]今將禍余，請即救。"司馬子仲曰："有臣不順，神之所惡也，而況人乎？敢不承命。不得左師不可。[八]請以君命召之。"左師每食擊鍾。聞鍾聲，公曰："夫子將食。"既食，又奏。[九]公曰："可矣。"以乘車往，曰："迹人來告[一〇]曰：'逢澤有介麇焉。'[一一]公曰：'雖魋未來，得左師，吾與之田，若何？'[一二]君憚告子。[一三]野曰：'嘗私焉。'[一四]君欲速，故以乘車逆子。"與之乘，至，公告之故，拜不能起。司馬曰："君與之言。"[一五]公曰："所難子者，上有天，下有先君。”[一六]對曰：“魋之不共，宋之禍也。敢不唯命是聽。”司馬請瑞焉，[一七]以命其徒攻桓氏。[一八]其父兄故臣曰：“不可。”[一九]其新臣曰：“從吾君之命。”遂攻之。子頎騁而告桓司馬。[二〇]司馬欲入，[二一]子車止之，[二二]曰：“不能事君，而又伐國，民不與也。祇取死焉。”向魋遂入于曹以叛。[二三]

［一］恃寵驕盈。

［二］夫人，景公母也。數請享飲，欲因請討之。

［三］鞌，向魋邑。薄，公邑。欲因易邑，爲公享宴而作亂。

［四］宗廟所在。

［五］僞喜於受賜。

［六］甲兵之備。

［七］少長育之。皇野，司馬子仲。

［八］左師，向魋兄向巢也。

［九］奏樂。

［一〇］主迹禽獸者。

［一一］《地理志》言逢澤在熒陽開封縣東北，遠，疑非。介，大也。

［一二］皇野稱公命。

［一三］難以遊戲煩大臣。

［一四］嘗，試也。

［一五］使公與要誓。

［一六］言雖誅魋，要不負言，使禍難及子。

［一七］瑞，符節，以發兵。

［一八］桓氏，向魋。

［一九］司馬故臣，與桓魋無怨者。

［二〇］子頎，桓魋弟。桓司馬即魋也。

［二一］入攻君。

［二二］車，亦魋弟。

［二三］哀八年宋滅曹以爲邑〔一〕。

〔哀經 · 十四 · 八〕

莒子狂卒。[一]

［一］無《傳》。

〔哀經 · 十四 · 九〕

六月，宋向魋自曹出奔衛。宋向巢來奔。

（哀傳 · 十四 · 五）

六月，使左師巢伐之，欲質大夫以入焉。[一]不能。亦入于曹取質。[二]魋曰："不可。既不能事君，又得罪于民，將若之何？"乃舍之。[三]民遂叛之。向魋奔衛。向巢來奔。宋公使止之，曰："寡人與子有言矣，不可以絶向氏之祀。"辭曰："臣之罪大，盡滅桓氏可也。若以先臣之故，而使有後，君之惠也。若臣，則不可以入矣。"司馬牛致其邑與珪焉，而適齊。[四]向魋出於衛地，公文氏攻之，[五]求夏后氏之璜焉。與之他玉，而奔齊。陳成子使爲次卿，司馬牛又致其邑焉，而適吳。[六]吳人惡之，而反。趙簡子召之，陳成子亦召之，卒於魯郭門之外，阬氏葬諸丘輿。[七]

［一］巢不能克魋，恐公怒，欲得國内大夫爲質，還入國。

［二］不能得大夫，故入曹劫曹人子弟而質之，欲以自固。

［三］舍曹子弟。

［四］牛，桓魋弟也。珪，守邑符信。

〔一〕哀八年宋滅曹以爲邑　"哀"，原脱，據興國軍本補。

［五］公文氏，衛大夫。

［六］示不與魋同。

［七］阮氏，魯人也。泰山南城縣西北有輿城。錄其卒葬所在，愍賢者失所。

〔哀經·十四·十〕

齊人弑其君壬于舒州。

（哀傳·十四·六）

甲午，齊陳恒弑其君壬于舒州。[一] 孔丘三日齊，而請伐齊，三。公曰："魯爲齊弱久矣，子之伐之，將若之何？"對曰："陳恒弑其君，民之不與者半，以魯之衆加齊之半，可克也。"公曰："子告季孫。"孔子辭。[二] 退而告人曰："吾以從大夫之後也，故不敢不言。"[三]

［一］壬，簡公也。

［二］辭不告。

［三］嘗爲大夫而去，故言後。

〔哀經·十四·十一〕

秋，晉趙鞅帥師伐衛。[一]

［一］無《傳》。

〔哀經·十四·十二〕

八月辛丑，仲孫何忌卒。

（哀傳·十四·七）

初，孟孺子洩將圉馬於成。[一] 成宰公孫宿不受，曰：

"孟孫爲成之病，不圉馬焉。"[二] 孺子怒，襲成，從者不得入，乃反。成有司使，孺子鞭之。[三] 秋八月辛丑，孟懿子卒，成人奔喪，弗内。袒，免，哭于衢，聽共，弗許。[四] 懼，不歸。[五]

[一] 洩，孟懿子之子孟武伯也。圉，畜養也。成，孟氏邑。

[二] 病，謂民貧困。

[三] 恨恚，故鞭成有司之使人。

[四] 請聽命共使。

[五] 不敢歸成，爲明年成叛《傳》。

〔哀經 · 十四 · 十三〕

冬，陳宗豎自楚復入于陳，陳人殺之。[一]

[一] 無《傳》。

〔哀經 · 十四 · 十四〕

陳轅買出奔楚。[一]

[一] 無《傳》。

〔哀經 · 十四 · 十五〕

有星孛。[一]

[一] 無《傳》。不言所在，史失之。

〔哀經 · 十四 · 十六〕

饑。[一]

[一] 無《傳》。

哀公十五年

〔哀經 · 十五 · 一〕

十有五年春王正月，成叛。

(哀傳 · 十五 · 一)

十五年春，成叛于齊。武伯伐成，不克，遂城輸。[一]

［一］以偪成。

〔左氏附〕

(哀傳 · 十五 · 二)

夏，楚子西、子期伐吳，及桐汭。[一] 陳侯使公孫貞子弔焉。[二] 及良而卒，[三] 將以尸入。[四] 吳子使大宰嚭勞，且辭曰："以水潦之不時，無乃廩然隕大夫之尸，[五] 以重寡君之憂？寡君敢辭上介〔一〕。"芋尹蓋對[六] 曰："寡君聞楚爲不道，荐伐吳國，[七] 滅厥民人，寡君使蓋備使，弔君之下吏。[八] 無祿，使人逢天之慼，大命隕隊，絶世于良。[九] 廢日共積，[一〇] 一日遷次。[一一] 今君命逆使人曰：'無以尸造于門。'是我寡君之命委于草莽也。且臣聞之曰'事死如

〔一〕 寡君敢辭上介　按：洪亮吉曰："岳本以'上介'絶句。秦本以'辭'字爲句，'上介'屬下。【詁】按：注云：'蓋，陳大夫，貞子上介。'蓋謂貞子上介耳。觀下注'備使'云：'備，猶副也。'意義自明。蓋本副介，宰嚭尊稱之曰上介耳。《釋文》云：'"寡君敢辭上介"絶句。'是也。"見氏著《春秋左傳詁》，第 879 頁（誠按："蓋，陳大夫，貞子上介"原讀作"蓋，陳大夫。貞子，上介"）。

生〔一〕'，禮也。於是乎有朝聘而終，以尸將事之禮，[一二]又有朝聘而遭喪之禮，[一三]若不以尸將命，是遭喪而還也，無乃不可乎？以禮防民，猶或踰之，今大夫曰死而棄之，是棄禮也。其何以爲諸侯主？[一四]先民有言曰：'無穢虐士。'[一五]備使奉尸將命，苟我寡君之命達于君所，雖隕于深淵，則天命也，非君與涉人之過也。"吳人内之。[一六]

［一］宣城廣德縣西南有桐水，出白石山，西北入丹陽湖。

［二］弔爲楚所伐。

［三］良，吳地。

［四］聘禮，若賓死，未將命則既斂于棺，造於朝，介將命。

［五］廩然，傾動貌。

［六］蓋，陳大夫，貞子上介。

［七］荐，重也。

［八］備，猶副也。

［九］絶世，猶言棄世。

［一〇］廢行道之日，以共具殯斂所積聚之用。

［一一］一日便遷次，不敢留君命。

［一二］朝聘道死，以尸行事。

［一三］遭所聘之喪。

［一四］謂主盟也。

［一五］虐士，死者。

［一六］《傳》言芋尹蓋知禮。

〔一〕事死如生　興國軍本、阮刻本"生"前有"事"字。按：阮校曰："宋本、岳本無下'事'字。石經初刻有，後刊去。"

〔左氏附〕

(哀傳·十五·三)

秋，齊陳瓘如楚，[一]過衛，仲由見之，[二]曰："天或者以陳氏爲斧斤，既斲喪公室，而他人有之，不可知也。其使終饗之，亦不可知也。[三]若善魯以待時，不亦可乎？何必惡焉？"[四]子玉曰："然，吾受命矣。子使告我弟。"[五]

［一］瓘，陳恒之兄子玉也。

［二］仲由，子路。

［三］饗，受也。

［四］仲由事孔子，故爲魯言。

［五］弟，成子也。

〔哀經·十五·二〕

夏五月，齊高無丕出奔北燕。[一]

［一］無《傳》。

〔哀經·十五·三〕

鄭伯伐宋。[一]

［一］無《傳》。

〔哀經·十五·四〕

秋八月，大雩。[一]

［一］無《傳》。

〔哀經·十五·五〕

晉趙鞅帥師伐衛。

〔哀經·十五·六〕

冬，晉侯伐鄭。[一]

[一] 無《傳》。

〔哀經·十五·七〕

及齊平。[一]

[一] 魯與齊平。

（哀傳·十五·四）

冬，及齊平，子服景伯如齊，子贛爲介，見公孫成，[一]曰：“人皆臣人，而有背人之心，況齊人雖爲子役，其有不貳乎？[二]子，周公之孫也，多饗大利，猶思不義。利不可得，而喪宗國，將焉用之？”[三]成曰：“善哉！吾不早聞命。”[四]陳成子館客，[五]曰：“寡君使恒告曰：‘寡人願事君如事衛君。’”[六]景伯揖子贛而進之。對曰：“寡君之願也。昔晉人伐衛，[七]齊爲衛故，伐晉冠氏，喪車五百。[八]因與衛地，自濟以西，禚、媚、杏以南，書社五百。[九]吳人加敝邑以亂，[一〇]齊因其病取讙與闡，[一一]寡君是以寒心。若得視衛君之事君也，則固所願也。”成子病之，乃歸成。[一二]公孫宿以其兵甲入于嬴。[一三]

[一] 公孫成，成宰公孫宿也。

[二] 言子叛魯，齊人亦將叛子。

[三] 喪宗國，謂以邑入齊，使魯有危亡之禍。

[四]《傳》言仲尼之徒，皆忠於魯國。

[五] 使景伯、子贛就館。

[六] 言衛與齊同好，而魯未肯。

［七］在定八年。

［八］在定九年。冠氏，陽平館陶縣。

［九］二十五家爲一社，籍書而致之。

［一〇］在八年。

［一一］亦在八年。

［一二］病其言也。

［一三］嬴，齊邑。

〔左氏附〕

（哀傳·十五·五）

衛孔圉取大子蒯聵之姊，生悝。[一] 孔氏之豎渾良夫長而美，孔文子卒，通於内。[二] 大子在戚，孔姬使之焉。[三] 大子與之言曰："苟使我入獲國，服冕、乘軒，三死無與。"[四] 與之盟，爲請於伯姬。[五] 閏月，良夫與大子入，舍於孔氏之外圃。[六] 昏，二人蒙衣而乘，[七] 寺人羅御，如孔氏。孔氏之老欒寧問之，稱姻妾以告，[八] 遂入，適伯姬氏。既食，孔伯姬杖戈而先，大子與五人介，輿豭從之。[九] 迫孔悝於厠，强盟之，[一〇] 遂劫以登臺。欒寧將飲酒，炙未熟，聞亂，使告季子。[一一] 召獲駕乘車，[一二] 行爵食炙，奉衛侯輒來奔。

［一］孔圉，孔文子也。蒯聵姊，孔伯姬。

［二］通伯姬。

［三］使良夫詣大子所。

［四］冕，大夫服。軒，大夫車。三死，死罪三。

［五］良夫爲大子請。

［六］圃，園。

［七］二人，大子與良夫。蒙衣，爲婦人服也。

［八］自稱昏姻家妾。

［九］介，被甲。輿猳，豚。欲以盟。

［一〇］孔氏專政，故劫孔悝，欲令逐輒。

［一一］季子，子路也，爲孔氏邑宰。

［一二］召獲，衛大夫。駕乘車，言不欲戰。

季子將入，遇子羔將出，[一]曰："門已閉矣。"季子曰："吾姑至焉。"[二]子羔曰："弗及，不踐其難。"[三]季子曰："食焉，不辟其難。"[四]子羔遂出。子路入，及門，公孫敢門焉，[五]曰："無入爲也。"[六]季子曰："是公孫也，求利焉，而逃其難。由不然，利其祿，必救其患！"有使者出〔一〕，乃入，[七]曰："大子焉用孔悝？雖殺之，必或繼之。"[八]且曰："大子無勇，若燔臺半，必舍孔叔。"大子聞之，懼，下。石乞、盂黶敵子路，[九]以戈擊之，斷纓。子路曰："君子死，冠不免。"[一〇]結纓而死。孔子聞衛亂，曰："柴也其來，由也死矣。"孔悝立莊公。[一一]莊公害故政，欲盡去之。[一二]先謂司徒瞞成曰："寡人離病於外久矣，子請亦嘗之。"歸，告褚師比，欲與之伐公，不果。[一三]

［一］子羔，衛大夫高柴，孔子弟子。將出奔。

［二］且欲至門。

［三］言政不及己，可不須踐其難。

［四］謂食孔氏祿。

〔一〕有使者出 "使"，阮刻本訛作"死"。

［五］守門。

［六］言輒已出，無爲復入。

［七］因門開而入。

［八］言己必繼孔悝爲難攻大子。

［九］二子，蒯聵黨。敵，當也。

［一〇］不使冠在地。

［一一］莊公，蒯聵也。

［一二］故政，輒之臣。

［一三］比，褚師聲子。爲明年瞞成奔起。

〔哀經·十五·八〕

衛公孟彄出奔齊。［一］

［一］無《傳》。

哀公十六年

〔哀經 · 十六 · 一〕

十有六年春王正月己卯，衛世子蒯聵自戚入于衛。衛侯輒來奔。[一]

［一］書此春，皆從告。

〔哀經 · 十六 · 二〕

二月，衛子還成出奔宋。[一]

［一］即瞞成。

(哀傳 · 十六 · 一)

十六年春，瞞成、褚師比出奔宋。[一]

［一］欲伐莊公，不果而奔。

〔左氏附〕

(哀傳 · 十六 · 二)

衛侯使鄢武子告于周，[一]曰："蒯聵得罪于君父、君母，逋竄于晉。晉以王室之故，不棄兄弟，寘諸河上。[二]天誘其衷，獲嗣守封焉，使下臣肸敢告執事。"王使單平公對曰："肸以嘉命來告余一人，往謂叔父，余嘉乃成世，復爾祿次，敬之哉！[三]方天之休，[四]弗敬弗休，悔其可追？"[五]

［一］武子，衛大夫肸也。

［二］河上，戚也。

［三］繼父之世，還居君之祿次。

［四］言天方授爾以休〔一〕。

［五］《傳》終蒯聵之事。

〔哀經 · 十六 · 三〕

夏四月己丑，孔丘卒。[一]

［一］仲尼既告老去位，猶書“卒”者，魯之君臣宗其聖德，殊而異之。魯襄二十二年生，至今七十三也。四月十八日乙丑，無己丑，己丑，五月十二日，日月必有誤。

（哀傳 · 十六 · 三）

夏四月己丑，孔丘卒，公誄之曰：“旻天不弔，不憖遺一老，俾屏余一人以在位，[一] 煢煢余在疚。嗚呼哀哉！尼父！無自律。”[二] 子贛曰：“君其不沒於魯乎！夫子之言曰：‘禮失則昏，名失則愆。’失志爲昏，失所爲愆。生不能用，死而誄之，非禮也。稱一人，非名也。[三] 君兩失之。”

［一］仁覆閔下，故稱旻天。弔，至也。憖，且也。俾，使也。屏，蔽也。

［二］疚，病也。律，法也。言喪尼父無以自爲法。

［三］天子稱一人，非諸侯之名。

〔左氏附〕

（哀傳 · 十六 · 四）

六月，衛侯飲孔悝酒於平陽，[一] 重酬之，大夫皆有納焉。[二] 醉而送之，夜半而遣之。[三] 載伯姬於平陽而行。[四] 及西門，[五] 使貳車反祏於西圃。[六] 子伯季子初爲孔氏臣，

〔一〕 言天方授爾以休 “授”，阮刻本作“受”。

新登于公。[七]請追之，遇載祏者，殺而乘其車[一]。[八]許公爲反祏，[九]遇之，曰：“與不仁人爭，明無不勝。”[一〇]必使先射，射三發，皆遠許爲。許爲射之，殪。[一一]或以其車從，[一二]得祏於橐中。孔悝出奔宋。

［一］東郡燕縣東北有平陽亭。

［二］納財賄也。

［三］夜遣者，慙負孔悝，不欲令人見。

［四］載其母俱去。

［五］平陽門。

［六］使副車還取廟主。西圃，孔氏廟所在。祏，藏主石函。

［七］升爲大夫。

［八］子伯殺載祏者。

［九］孔悝怪載祏者久不來，使公爲反逆之。

［一〇］不仁人，謂子伯季子也。明無不勝，言必勝。

［一一］《傳》言子伯不仁，所以死也。

［一二］從公爲。

〔左氏附〕

（哀傳·十六·五）

楚大子建之遇讒也，自城父奔宋。[一]又辟華氏之亂於鄭。[二]鄭人甚善之。又適晉，與晉人謀襲鄭，乃求復焉。鄭人復之如初。晉人使諜於子木，請行而期焉。[三]子木暴虐於其私邑，邑人訴之。鄭人省之，得晉諜焉，遂殺子木。

〔一〕殺而乘其車　“其”，原作“楚”，石經漫漶，據興國軍本、阮刻本改。

［一］在昭十九年。

［二］在昭二十年。

［三］請行襲鄭之期。子木即建也。

其子曰勝，在吳。子西欲召之，葉公曰："吾聞勝也詐而亂，無乃害乎？"[一] 子西曰："吾聞勝也信而勇，不爲不利。舍諸邊竟，使衛藩焉。"[二] 葉公曰："周仁之謂信，[三] 率義之謂勇。[四] 吾聞勝也好復言，[五] 而求死士，殆有私乎？[六] 復言，非信也。期死，非勇也。[七] 子必悔之。"弗從。召之，使處吳竟，爲白公。[八] 請伐鄭，子西曰："楚未節也。[九] 不然，吾不忘也。"他日，又請，許之。未起師，晉人伐鄭，楚救之，與之盟。勝怒曰："鄭人在此，讎不遠矣。"[一〇]

［一］葉公，子高沈諸梁也。

［二］使爲藩屏之衛。

［三］周，親也。

［四］率，行也。

［五］言之所許，必欲復行之，不顧道理。

［六］私謀復讎。

［七］期，必也。

［八］白，楚邑也。汝陰褒信縣西南有白亭。

［九］言楚國新復政令，猶未得節制。

［一〇］比子西於鄭人。

勝自厲劍，子期之子平見之，曰："王孫何自厲也？"

曰："勝以直聞，不告女，庸爲直乎？將以殺爾父。"平以告子西。子西曰："勝如卵，余翼而長之。[一] 楚國第〔一〕，[二] 我死，令尹、司馬非勝而誰？"勝聞之，曰："令尹之狂也得死，乃非我。"[三] 子西不悛，勝謂石乞[四] 曰："王與二卿士，[五] 皆五百人當之，則可矣。"乞曰："不可得也。"[六] 曰："市南有熊宜僚者，若得之，可以當五百人矣。"乃從白公而見之。與之言，説。告之故，辭。[七] 承之以劍，不動。[八] 勝曰："不爲利諂，不爲威惕，不洩人言以求媚者，去之。"

[一] 以鳥爲喻。

[二] 用士之次第。

[三] 言我必殺之，若得自死，我乃不復成人。

[四] 石乞，勝之徒。

[五] 二卿士，子西、子期。

[六] 五百人不可得。

[七] 告欲作亂，宜僚辭距之。

[八] 拔劍指其喉。

吳人伐慎，白公敗之。[一] 請以戰備獻，[二] 許之，遂作亂。秋七月，殺子西、子期于朝而劫惠王。子西以袂掩面而死。[三] 子期曰："昔者吾以力事君，不可以弗終。"抉豫章以殺人而後死。[四] 石乞曰："焚庫弑王，不然不濟。"

〔一〕 楊樹達《古書句讀釋例》："杜預于'第'字下注云'言用士之次第'，是在'第'字處斷句。武億云：'考此"第"作"但"字訓，宜讀"余翼而長之楚國"爲句，"第我死"爲句。'樹達按：武以'第'下屬，釋爲但，是也。惟楚國當另爲一讀，不當屬上。楚國猶言在楚國也。"

白公曰："不可。殺王不祥，焚庫無聚，將何以守矣？"乞曰："有楚國而治其民，以敬事神，可以得祥，且有聚矣，何患？"弗從。

［一］汝陰慎縣也。

［二］與吴戰之所得鎧杖兵器，皆備而獻之，欲因以爲亂。

［三］慙於葉公。

［四］以效其多力。豫章，大木。

葉公在蔡，［一］方城之外皆曰："可以入矣。"子高曰："吾聞之，以險徼幸者，其求無饜，偏重必離。"［二］聞其殺齊管脩也，而後入。［三］白公欲以子閭爲王，［四］子閭不可，遂劫以兵。子閭曰："王孫若安靖楚國，匡正王室而後庇焉，啓之願也，敢不聽從？若將專利以傾王室，不顧楚國，有死不能。"［五］遂殺之，而以王如高府，［六］石乞尹門。［七］圉公陽穴宫，負王以如昭夫人之宫。［八］

［一］蔡遷州來，楚并其地。

［二］險，猶惡也。所求無饜則不安，譬如物偏重則離敗，欲須其斃而討之。

［三］管脩，楚賢大夫，故齊管仲之後。聞其殺賢，知其可討。

［四］子閭，平王子啓，五辭王者。

［五］不能從。

［六］高府，楚别府。

［七］爲門尹。

［八］公陽，楚大夫。昭夫人，王母，越女。

葉公亦至。及北門，或遇之，曰：“君胡不冑？國人望君如望慈父母焉。盜賊之矢若傷君，是絶民望也。若之何不冑？”乃冑而進。又遇一人曰：“君胡冑？國人望君如望歲焉，[一]日日以幾。[二]若見君面，是得艾也。[三]民知不死，其亦夫有奮心，猶將旌君以徇於國，[四]而又掩面以絶民望，不亦甚乎？”乃免冑而進。[五]遇箴尹固，帥其屬將與白公。[六]子高曰：“微二子者，楚不國矣。[七]棄德從賊，其可保乎？”乃從葉公。使與國人以攻白公。白公奔山而縊，其徒微之。[八]生拘石乞而問白公之死焉，對曰：“余知其死所，而長者使余勿言。”[九]曰：“不言，將亨〔一〕。”乞曰：“此事也，克則爲卿〔二〕，不克則亨，固其所也。何害？”乃烹石乞。王孫燕奔頯黄氏。[一〇]沈諸梁兼二事，[一一]國寧，[一二]乃使寧爲令尹，[一三]使寬爲司馬，[一四]而老於葉。[一五]

［一］歲，年穀也。

［二］冀君來。

［三］艾，安也。

［四］旌，表也。

［五］言葉公得民心。

［六］欲與白公并。

［七］二子，子西、子期也。柏舉之敗，二子功多。

［八］微，匿也。

〔一〕將亨　“亨”，原作“烹”，興國軍本同。據石經改。按：阮校曰：“宋本‘烹’作‘亨’，石經初刊同。後人妄增四點，非是。下同。”

〔二〕此事也克則爲卿　“也”，原脱，興國軍本同。據石經補。按：阮校曰：“岳本‘事’下有‘也’字，與石經合。錢大昕云：‘諸本多無“也”字。蜀大字本、興國、建大字本有，今從之。’”

［九］長者，謂白公也。

［一〇］燕，勝弟。頯黄，吴地。

［一一］二事，令尹、司馬。

［一二］寧，安也。

［一三］子西之子子國也。

［一四］子期之子。

［一五］《傳》終言之。

〔左氏附〕

（哀傳·十六·六）

衛侯占夢嬖人，[一] 求酒於大叔僖子，[二] 不得〔一〕，與卜人比，而告公曰："君有大臣在西南隅，弗去，懼害。"[三] 乃逐大叔遺。遺奔晉。

［一］以能占夢見愛。

［二］僖子，大叔遺。

［三］託占卜夢而言。

〔左氏附〕

（哀傳·十六·七）

衛侯謂渾良夫曰："吾繼先君而不得其器，若之何？"[一] 良夫代執火者而言 [二] 曰："疾與亡君，皆君之子也。召之而擇材焉，可也。[三] 若不材，器可得也。"[四] 豎告大子。[五]

〔一〕 楊樹達《古書句讀釋例》："杜注云：'以能占夢見愛，以"占夢嬖人"連文。'武億云：'"衛侯占夢"直絶句。"嬖人"下屬"求酒於大叔僖子"爲一句，"不得"爲一句，"與卜人比而告公"云云，情事自見。杜曲解，不可從。'樹達按，武説是也。"

大子使五人輿豭從己，劫公而强盟之，[六]且請殺良夫。公曰："其盟免三死。"[七]曰："請三之後，有罪殺之。"公曰："諾哉！"

［一］國之寶器，輒皆將去。

［二］將密謀，屏左右。

［三］召輒。

［四］輒若不材，可廢其身。因得其器。

［五］大子，疾。

［六］盟求必立己。

［七］盟在十五年。

哀公十七年

〔左氏附〕

（哀傳 · 十七 · 一）

十七年春，衛侯爲虎幄於藉圃〔一〕，〔一〕成，求令名者，而與之始食焉。大子請使良夫。〔二〕良夫乘衷甸兩牡，〔三〕紫衣狐裘。〔四〕至，袒裘，不釋劍而食。〔五〕大子使牽以退，數之以三罪而殺之。〔六〕

［一］於田藉之圃新造幄幕，皆以虎獸爲飾。

［二］以良夫應爲令名。

［三］衷甸，一轅，卿車。

［四］紫衣，君服。

［五］食而熱，故偏袒，亦不敬。

［六］三罪，紫衣、袒裘、帶劍。

〔左氏附〕

（哀傳 · 十七 · 二）

三月，越子伐吴。吴子禦之笠澤，夾水而陳。越子爲左右句卒，〔一〕使夜或左或右，鼓譟而進。吴師分以御之。越子以三軍潛涉，當吴中軍而鼓之，吴師大亂，遂敗之。〔二〕

［一］句卒，鈎伍相著，别爲左右屯。

〔一〕衛侯爲虎幄於藉圃　“藉圃”，原作“籍圃”，據石經改，杜注同。按：阮校曰：“石經‘藉’字改刊，初刻誤‘籍’。”

［二］左右句卒爲聲勢以分吳軍，而三軍精卒并力擊其中軍，故得勝也。

〔左氏附〕

（哀傳·十七·三）

晉趙鞅使告于衛曰：“君之在晉也，志父爲主。請君若大子來，以免志父。不然，寡君其曰志父之爲也。”[一]衛侯辭以難，大子又使椓之。[二]夏六月，趙鞅圍衛，齊國觀、陳瓘救衛，[三]得晉人之致師者。子玉使服而見之，[四]曰：“國子實執齊柄，而命瓘曰：‘無辟晉師。’豈敢廢命，[五]子又何辱？”[六]簡子曰：“我卜伐衛，未卜與齊戰。”乃還。[七]

［一］恐晉君爲志父教使不來。

［二］椓，訴父欲速得其處。

［三］國觀，國書之子。

［四］釋囚服，服其本服。

［五］欲必敵晉。

［六］言不須來致師，自將往戰。

［七］畏子玉。

〔左氏附〕

（哀傳·十七·四）

楚白公之亂，陳人恃其聚而侵楚。[一]楚既寧，將取陳麥。楚子問帥於大師子穀與葉公諸梁。子穀曰：“右領差車與左史老，皆相令尹、司馬以伐陳，其可使也。”[二]子高曰：“率賤，民慢之，懼不用命焉。”[三]子穀曰：“觀丁父，鄀俘也，武王以爲軍率，[四]是以克州、蓼，服隨、唐，大啓群蠻。彭仲爽，申俘也，文王以爲令尹，實縣申、息，[五]朝陳、蔡，封畛於汝。[六]唯其任也，何賤之有？”子高曰：“天命不諂，[七]令尹有憾於陳，[八]天若亡之，其必令尹之子是與？君蓋舍焉〔一〕？[九]臣懼右領與左史有二俘之賤，而無其令德也。”王卜之，武城尹吉，[一〇]使帥師取陳麥。陳人御之，敗，遂圍陳。秋七月己卯，楚公孫朝帥師滅陳。[一一]王與葉公枚卜子良以爲令尹。[一二]沈尹朱曰：“吉，過於其志。”[一三]葉公曰：“王子而相國，過將何爲？”[一四]他日，改卜子國而使爲令尹。[一五]

[一]聚，積聚也。

[二]言此二人皆嘗輔相子西、子期伐陳，今復可使。

[三]右領、左史，皆楚賤官。

[四]楚武王。

[五]楚文王滅申、息以爲縣。

[六]開封畛，北至汝水。

[七]諂，疑也。

[八]十五年子西伐吴，陳使貞子弔吴，以此爲恨。

[九]舍右領與左史。

[一〇]武城尹，子西子公孫朝。

[一一]終鄭裨竈言。五及鶉火，陳卒亡。

[一二]枚卜，不斥言所卜以令龜。子良，惠王弟。

[一三]志，望也。

[一四]過相將爲王也。

〔一〕君蓋舍焉 “蓋”，石經漫漶，興國軍本、阮刻本作“盍”。

［一五］子國，寧也。

〔左氏附〕

（哀傳·十七·五）

衛侯夢于北宮見人登昆吾之觀，[一] 被髮北面而譟曰：“登此昆吾之虛，緜緜生之瓜。[二] 余爲渾良夫，叫天無辜。”[三] 公親筮之，胥彌赦占之，[四] 曰：“不害。”與之邑，寘之而逃，奔宋。[五] 衛侯貞卜，[六] 其繇曰：“如魚竀尾，[七] 衡流而方羊裔焉，[八] 大國滅之，將亡。闔門塞竇，乃自後踰〔一〕。”[九]

［一］衛有觀在古昆吾氏之虛，今濮陽城中。

［二］緜緜，瓜初生也。良夫言己有以小成大之功，若瓜之初生，謂使衛侯得國。

［三］本盟當免三死，而并數一時之事，爲三罪殺之，故自謂“無辜”。

［四］赦，衛筮史。

［五］言衛侯無道，卜人不敢以實對，懼難而逃。

［六］正卜夢之吉凶。

［七］竀，赤色。魚勞則尾赤。

［八］橫流方羊，不能自安。裔，水邊。言衛侯將若此魚。

［九］此皆繇辭。

冬十月，晉復伐衛，[一] 入其郛。將入城，簡子曰：

〔一〕如魚竀尾……乃自後踰　此依杜預、孔穎達讀。按：劉炫、顧炎武、錢大昕、武億、王引之、沈欽韓、楊樹達讀爲：“如魚竀尾，衡流而方羊。裔焉大國，滅之將亡。闔門塞竇，乃自後踰。”

“止。叔向有言曰：‘怙亂滅國者無後。’”[二] 衛人出莊公而與晉平，晉立襄公之孫般師而還。

［一］春伐未得志故。

［二］不欲乘人之衰。

十一月，衛侯自鄄入，般師出。[一] 初，公登城以望見戎州，[二] 問之，以告。公曰：“我，姬姓也，何戎之有焉？”[三] 翦之。[四] 公使匠久。[五] 公欲逐石圃，[六] 未及而難作。辛巳，石圃因匠氏攻公。公闔門而請〔一〕，弗許。踰于北方而隊，折股。[七] 戎州人攻之，大子疾、公子青踰從公。[八] 戎州人殺之。公入于戎州己氏。[九] 初，公自城上見己氏之妻髮美，使髡之以爲呂姜髢。[一〇] 既入焉，而示之璧，曰：“活我，吾與女璧。”己氏曰：“殺女，璧其焉往？”遂殺之，而取其璧。衛人復公孫般師而立之。

［一］辟蒯聵也。

［二］戎州，戎邑。

［三］言姬姓國何故有戎邑。

［四］削壞其邑聚。

［五］久不休息。

［六］石圃，衛卿，石惡從子。

［七］終如卜言，乃自後踰。

［八］青，疾弟。

〔一〕 公闔門而請　按：阮校曰：“纂圖本、閩本、監本、毛本亦作‘闔’，石經此處殘缺。宋本、淳熙本、岳本作‘閉’。”洪亮吉謂，諸本“閉”作“闔”。當从石經、宋本訂正作“閉”。錄此待考。見氏著《春秋左傳詁》，第 890 頁。

［九］己氏，戎人姓。

［一〇］呂姜，莊公夫人。髢，髮也。

十二月，齊人伐衛，衛人請平。立公子起。[一]執般師以歸，舍諸潞。[二]

［一］起，靈公子。

［二］潞，齊邑。

〔左氏附〕

（哀傳·十七·六）

公會齊侯盟于蒙，[一]孟武伯相，齊侯稽首，公拜。齊人怒，武伯曰："非天子，寡君無所稽首。"武伯問於高柴曰："諸侯盟，誰執牛耳？"[二]季羔曰："鄫衍之役，吳公子姑曹。[三]發陽之役，衛石魋。"[四]武伯曰："然則彘也。"[五]

［一］齊侯，簡公弟平公敬也。蒙在東莞蒙陰縣西，故蒙陰城也。

［二］執牛耳，尸盟者。

［三］季羔，高柴也。鄫衍在七年。

［四］發陽，鄖也。在十二年。石魋，石曼姑之子。

［五］彘，武伯名也。鄫衍則大國執，發陽則小國執。據時執者無常，故武伯自以爲可執。

〔左氏附〕

（哀傳·十七·七）

宋皇瑗之子麇[一]有友曰田丙，而奪其兄劖般邑以與之。劖般慍而行，告桓司馬之臣子儀克。[二]子儀克適宋，告夫人曰："麇將納桓氏。"公問諸子仲。[三] 初，子仲將以杞姒之子非我爲子，[四] 麇曰："必立伯也。[五] 是良材。"子仲怒，弗從。故對曰："右師則老矣，不識麇也。"[六] 公執之。[七] 皇瑗奔晉，召之。[八]

[一] 瑗，宋右師。

[二] 克在下邑，不與魋亂，故在。

[三] 子仲，皇野。

[四] 爲適子。杞姒，子仲妻。

[五] 伯，非我兄。

[六] 言右師老，不能爲亂，麇則不可知。

[七] 執麇。

[八] 召令還。

哀公十八年

〔左氏附〕

（哀傳·十八·一）

十八年春，宋殺皇瑗。公聞其情，復皇氏之族，使皇緩爲右師。[一]

［一］言宋景公無常也。緩，瑗從子。

〔左氏附〕

（哀傳·十八·二）

巴人伐楚，圍鄾。[一]初，右司馬子國之卜也，觀瞻曰："如志。"[二]故命之。[三]及巴師至，將卜帥，王曰："寧如志，何卜焉？"[四]使帥師而行。請承。[五]王曰："寢尹、工尹，勤先君者也。"[六]

［一］鄾，楚邑。

［二］子國未爲令尹時，卜爲右司馬，得吉兆如其志。觀瞻，楚開卜大夫，觀從之後。

［三］命以爲右司馬。

［四］寧，子國也。

［五］承，佐。

［六］柏舉之役，寢尹吳由于以背受戈，工尹固執燧象奔吳師，皆爲先君勤勞。

三月，楚公孫寧、吳由于、薳固敗巴師于鄾，故封子國於析。君子曰："惠王知志。[一]《夏書》曰：'官占，唯能蔽志，昆命于元龜。'[二]其是之謂乎?《志》曰：'聖人不煩卜筮。'惠王其有焉。"[三]

[一]知用其意[一]。

[二]逸《書》也。官占，卜筮之官。蔽，斷也。昆，後也。言當先斷意，後用龜也。

[三]不疑，故不卜也。

〔左氏附〕

(哀傳·十八·三)

夏，衛石圃逐其君起，起奔齊。[一]衛侯輒自齊復歸，逐石圃而復石魋與大叔遺。[二]

[一]齊所立故。

[二]皆蒯聵所逐。

〔一〕知用其意 "其"，興國軍本作"兵"。

哀公十九年

〔左氏附〕

（哀傳·十九·一）

十九年春，越人侵楚，以誤吳也。[一]

［一］誤吳使不爲備。

〔左氏附〕

（哀傳·十九·二）

夏，楚公子慶、公孫寬追越師，至冥，不及，乃還。[一]

［一］冥，越地。

〔左氏附〕

（哀傳·十九·三）

秋，楚沈諸梁伐東夷，[一]三夷男女及楚師盟于敖。[二]

［一］報越。

［二］從越之夷三種。敖，東夷地。

〔左氏附〕

（哀傳·十九·四）

冬，叔青如京師，敬王崩故也。[一]

［一］言敬王能終其世，終萇弘言，東王必大克。叔青，叔還子。

哀公二十年

〔左氏附〕

（哀傳 · 二十 · 一）

二十年春，齊人來徵會。

〔左氏附〕

（哀傳 · 二十 · 二）

夏，會于廩丘。爲鄭故，謀伐晉。[一]

［一］十五年晉伐鄭。鄭人辭諸侯。

〔左氏附〕

（哀傳 · 二十 · 三）

秋，師還。[一]

［一］終叔向言晉公室卑。

〔左氏附〕

（哀傳 · 二十 · 四）

吳公子慶忌驟諫吳子曰：“不改，必亡。”弗聽。[一]出居于艾。[二]遂適楚。聞越將伐吳，冬，請歸平越，遂歸。欲除不忠者以説于越，吳人殺之。[三]

［一］吳子弗聽。

［二］艾，吳邑。豫章有艾縣。

［三］言其不量力。

〔左氏附〕

（哀傳·二十·五）

十一月，越圍吳，趙孟降於喪食。[一]楚隆曰：“三年之喪，親暱之極也。主又降之，無乃有故乎？”[二]趙孟曰：“黃池之役，先主與吳王有質，[三]曰：‘好惡同之。’今越圍吳，嗣子不廢舊業而敵之，[四]非晉之所能及也，吾是以爲降。”楚隆曰：“若使吳王知之，若何？”趙孟曰：“可乎？”隆曰：“請嘗之。”[五]乃往，先造于越軍，曰：“吳犯間上國多矣，聞君親討焉，諸夏之人莫不欣喜，唯恐君志之不從，請入視之。”許之。告于吳王曰：“寡君之老無恤使陪臣隆敢展謝其不共。[六]黃池之役，君之先臣志父得承齊盟，曰：‘好惡同之。’今君在難，無恤不敢憚勞，非晉國之所能及也，使陪臣敢展布之。”王拜稽首曰：“寡人不佞，不能事越，以爲大夫憂，拜命之辱。”與之一簞珠，[七]使問趙孟[八]曰：“勾踐將生憂寡人，寡人死之不得矣。”王曰：“溺人必笑，吾將有問也。[九]史黯何以得爲君子？”[一〇]對曰：“黯也，進不見惡，[一一]退無謗言。”[一二]王曰：“宜哉！”

[一] 趙孟，襄子無恤，時有父簡子之喪。

[二] 楚隆，襄子家臣。

[三] 黃池在十三年。先主，簡子。質，盟信也。

[四] 嗣子，襄子自謂。欲敵越救吳。

[五] 嘗，試也。

[六] 展，陳也。

[七] 簞，小笥。

［八］問，遺也。

［九］以自喻所問不急，猶溺人不知所爲而反笑。

［一〇］晉史黯云，不及四十年，吴當亡。吴王感問此也。

［一一］時行則行。

［一二］時止則止。

哀公二十一年

〔左氏附〕

(哀傳·二十一·一)

二十一年夏五月，越人始來。[一]

［一］越既勝吴，欲霸中國，始遣使適魯。

〔左氏附〕

(哀傳·二十一·二)

秋八月，公及齊侯、邾子盟于顧。齊人責稽首，[一]因歌之曰："魯人之皋，數年不覺，使我高蹈。[二]唯其儒書，以爲二國憂。"[三]是行也，公先至于陽穀。[四]齊閭丘息曰："君辱舉玉趾，以在寡君之軍，[五]群臣將傳遽以告寡君。比其復也，君無乃勤。爲僕人之未次，[六]請除館於舟道。"[七]辭曰："敢勤僕人？"[八]

［一］責十七年齊侯爲公稽首不見答。顧，齊地。

［二］皋，緩也。高蹈，猶遠行也。言魯人皋緩，數年不知答齊稽首，故使我高蹈來爲此會。

［三］二國，齊、邾也。言魯據周禮不肯答稽首，令齊、邾遠至。

［四］先期至也。

［五］息，閭丘明之後。

［六］次，舍也。

［七］舟道，齊地。

［八］不敢勤齊僕爲魯除館。

哀公二十二年

〔左氏附〕

(哀傳·二十二·一)

二十二年夏四月，邾隱公自齊奔越，曰:“吴爲無道，執父立子[一]。”越人歸之。大子革奔越。[一]

[一] 邾隱公八年爲吴所囚，十年奔齊。

〔左氏附〕

(哀傳·二十二·二)

冬十一月丁卯，越滅吴，請使吴王居甬東。[一] 辭曰:“孤老矣，焉能事君?”乃縊。越人以歸。[二]

[一] 甬東，越地，會稽句章縣東海中洲也。

[二] 以其尸歸。終史墨、子胥之言也。

〔一〕 執父立子 “執”，阮刻本作“埶”。

哀公二十三年

〔左氏附〕

（哀傳·二十三·一）

二十三年春，宋景曹卒。[一]季康子使冉有弔，且送葬，曰："敝邑有社稷之事，使肥與有職競焉，[二]是以不得助執紼，使求從輿人，[三]曰：'以肥之得備彌甥也，[四]有不腆先人之産馬，使求薦諸夫人之宰，[五]其可以稱旌繁乎？'"[六]

［一］景曹，宋元公夫人，小邾女，季桓子外祖母。

［二］肥，康子名。競，遽也。

［三］求，冉有名。輿，衆也。

［四］彌，遠也。康子父之舅氏，故稱彌甥。

［五］薦，進也。

［六］稱，舉也。繁，馬飾繁纓也。終樂祁之言，政在季氏。

〔左氏附〕

（哀傳·二十三·二）

夏六月，晉荀瑶伐齊。[一]高無丕帥師御之。知伯視齊師馬駭，遂驅之，曰："齊人知余旗，其謂余畏而反也。"及壘而還。將戰，長武子請卜。[二]知伯曰："君告於天子，而卜之以守龜於宗祧，吉矣，吾又何卜焉？且齊人取我英丘，君命瑶，非敢燿武也，治英丘也。[三]以辭伐罪，足矣，何必卜？"壬辰，戰于犂丘。[四]齊師敗績，知伯親禽

顏庚。[五]

［一］荀瑶，荀躒之孫，知伯襄子。

［二］武子，晉大夫。

［三］治齊取英丘。

［四］犂丘，隰也。

［五］顏庚，齊大夫顏涿聚。

〔左氏附〕

（哀傳·二十三·三）

秋八月，叔青如越，始使越也。越諸鞅來聘，報叔青也。

哀公二十四年

〔左氏附〕

（哀傳·二十四·一）

二十四年夏四月，晉侯將伐齊，使來乞師曰：“昔臧文仲以楚師伐齊，取穀。[一] 宣叔以晉師伐齊，取汶陽。[二] 寡君欲徼福於周公，願乞靈於臧氏。”[三] 臧石帥師會之，取廩丘，[四] 軍吏令繕，將進。[五] 萊章曰：“君卑政暴，[六] 往歲克敵，[七] 今又勝都，[八] 天奉多矣，又焉能進？是躗言也。[九] 役將班矣。”晉師乃還。餼臧石牛，[一〇] 大史謝之[一一] 曰：“以寡君之在行，[一二] 牢禮不度，[一三] 敢展謝之。”[一四]

［一］在僖二十六年。

［二］在成二年。

［三］以臧氏世勝齊，故欲乞其威靈。

［四］石，臧賓如之子。

［五］晉軍吏也。繕，治戰備。

［六］萊章，齊大夫。

［七］禽顏庚。

［八］取廩丘。

［九］躗，過也。

［一〇］生曰餼。

［一一］晉大史。

［一二］在軍行。

［一三］不如禮度。

［一四］終臧氏有後於魯。

〔左氏附〕

（哀傳·二十四·二）

郲子又無道，越人執之以歸，[一]而立公子何。何亦無道。[二]

［一］終子贑之言。

［二］何，大子革弟。

〔左氏附〕

（哀傳·二十四·三）

公子荆之母嬖，[一]將以爲夫人〔一〕，使宗人釁夏獻其禮。[二]對曰："無之。"公怒曰："女爲宗司，立夫人，國之大禮也，何故無之？"對曰："周公及武公娶於薛，[三]孝、惠娶於商，[四]自桓以下娶於齊，[五]此禮也則有。若以妾爲夫人，則固無其禮也。"公卒立之，而以荆爲大子。國人始惡之。[六]

［一］荆，哀公庶子。

［二］宗人，禮官也。

［三］武公，敖也。

［四］孝公，稱。惠公，弗皇。商，宋也。

［五］桓公始娶文姜。

［六］惡公。

〔一〕將以爲夫人 "人"，原作"子"，據石經改。

〔左氏附〕

(哀傳·二十四·四)

閏月，公如越，得大子適郢。[一]將妻公，而多與之地。公孫有山使告于季孫。季孫懼，使因大宰嚭而納賂焉，乃止。[二]

［一］適郢，越王大子。得，相親説也。

［二］嚭，故吳臣也。季孫恐公因越討己，故懼。

哀公二十五年

〔左氏附〕

(哀傳·二十五·一)

二十五年夏五月庚辰，衛侯出奔宋。[一] 衛侯爲靈臺于藉圃〔一〕，與諸大夫飲酒焉。褚師聲子韈而登席，[二] 公怒。辭曰：“臣有疾，異於人。[三] 若見之，君將㱿之，[四] 是以不敢。”[五] 公愈怒。大夫辭之，不可。[六] 褚師出，公戟其手[七] 曰：“必斷而足！”聞之，褚師與司寇亥乘，曰：“今日幸而後亡。”[八] 公之入也，奪南氏邑，[九] 而奪司寇亥政。公使侍人納公文懿子之車于池。[一〇]

[一] 衛侯，輒也。

[二] 古者見君解韈。

[三] 足有創疾。

[四] 㱿，嘔吐也。

[五] 不敢解韈。

[六] 共辭謝公，公不可解。

[七] 抵徒手屈肘如戟形。

[八] 恐死，以得亡爲幸。

[九] 南氏，子南之子公孫彌牟。

[一〇] 懿子，公文要。公有忿，使人投其車于池水中。

〔一〕 衛侯爲靈臺于藉圃　“藉圃”，原作“籍圃”，據石經改，杜注同。按：阮校曰：“石經‘藉’字改刊，初刻誤‘籍’。”

初，衛人翦夏丁氏，[一]以其帑賜彭封彌子。[二]彌子飲公酒，納夏戊之女，嬖，以爲夫人。其弟期，大叔疾之從孫甥也，[三]少畜於公，以爲司徒。夫人寵衰，期得罪。公使三匠久。公使優狡盟拳彌，[四]而甚近信之，故褚師比、[五]公孫彌牟、[六]公文要、[七]司寇亥、[八]司徒期，因三匠與拳彌以作亂，皆執利兵，無者執斤，[九]使拳彌入于公宫，[一〇]而自大子疾之宫譟以攻公。鄄子士請禦之。[一一]彌援其手曰："子則勇矣，將若君何？[一二]不見先君乎？君何所不逞欲？[一三]且君嘗在外矣，豈必不反？當今不可，衆怒難犯，休而易間也。"乃出。將適蒲，[一四]彌曰："晉無信，不可。"將適鄄，[一五]彌曰："齊、晉爭我，不可。"將適泠，[一六]彌曰："魯不足與，請適城鉏[一七]以鈎越，越有君。"[一八]乃適城鉏。彌曰："衛盜不可知也，請速，自我始。"乃載寶以歸。[一九]

[一]在十一年。

[二]彭封彌子，彌子瑕。

[三]期，夏戊之子。姊妹之孫爲從孫甥，與孫同列。

[四]優狡，俳優也。拳彌，衛大夫。使俳優盟之，欲耻辱也。

[五]轍登席者。

[六]喪邑者。

[七]失車者。

[八]奪政者。

[九]斤，工匠所執。

[一〇]信近之，故得入。

[一一]鄄子士，衛大夫。

[一二]言不可救。

［一三］先君，蒯聵也。亂不速奔，故爲戎州所殺，欲令早去。

［一四］蒲，近晉邑。

［一五］鄄，齊、晉界上邑。彌詐不知謀，故公信之。

［一六］泠，近魯邑。

［一七］城鉏，近宋邑。

［一八］宋南近越，轉相鈎牽。

［一九］欺衛君。言君以寶自隨，將致衛盜，請速行。己爲先發，而因載寶歸衛也〔一〕。

公爲支離之卒，[一] 因祝史揮以侵衛。[二] 衛人病之。懿子知之，[三] 見子之，[四] 請逐揮。文子曰："無罪。"懿子曰："彼好專利而妄。[五] 夫見君之入也，將先道焉。[六] 若逐之，必出於南門而適君所。[七] 夫越，新得諸侯，將必請師焉。"揮在朝，使吏遣諸其室。[八] 揮出，信，弗内。[九] 五日，乃館諸外里，[一〇] 遂有寵，使如越請師。[一一]

［一］支離，陳名。

［二］揮，衛祝史。

［三］知揮爲内間。

［四］子之，公孫彌牟文子也。

［五］妄，不法。

［六］若見君有入勢，必道助之。

［七］雖知其爲君間，不審察，私共評之。

［八］難面逐之，先逐其家。

［九］再宿爲信。

〔一〕而因載寶歸衛也　"因"，原作"同"，據興國軍本改。

［一〇］外里，公所在。

［一一］請師伐衛，求入。

〔左氏附〕

（哀傳·二十五·二）

六月，公至自越。[一] 季康子、孟武伯逆於五梧。[二] 郭重僕，[三] 見二子，曰："惡言多矣，君請盡之。"[四] 公宴於五梧，武伯爲祝，[五] 惡郭重，曰："何肥也！"[六] 季孫曰："請飲彘也。[七] 以魯國之密邇仇讎，臣是以不獲從君，克免於大行，又謂重也肥。"[八] 公曰："是食言多矣，能無肥乎？"[九] 飲酒不樂，公與大夫始有惡。[一〇]

［一］前年行，今還。

［二］魯南鄙也。

［三］爲公僕。

［四］二子不臣之言甚多，欲使公盡極以觀之。

［五］祝上壽酒。

［六］訾毀其貌。

［七］飲，罰也。

［八］言重隨君遠行劬勞，不宜稱肥。

［九］以激三桓之數食言。

［一〇］爲二十七年公孫邾起。

哀公二十六年

〔左氏附〕

(哀傳·二十六·一)

二十六年夏五月，叔孫舒帥師會越皐如、舌庸、宋樂茷納衛侯〔一〕。[一] 文子欲納之，懿子曰："君愎而虐，少待之，必毒於民。[二] 乃睦於子矣。"[三] 師侵外州，大獲。[四] 出禦之，大敗。[五] 掘褚師定子之墓，焚之于平莊之上。[六]

［一］舒，武叔之子文子也。皐如、舌庸，越大夫。樂茷，宋司城子潞。衛侯，輒也。

［二］愎，狠也。

［三］民睦。

［四］越納輒之師。

［五］衛師敗。

［六］定子，褚師比之父也。平莊，陵名也。

文子使王孫齊私於皐如，[一] 曰："子將大滅衛乎？抑納君而已乎？"皐如曰："寡君之命無他，納衛君而已。"文子致衆而問焉，曰："君以蠻夷伐國，國幾亡矣，請納之。"衆曰："勿納。"曰："彌牟亡而有益，請自北門出。"[二] 衆曰："勿出。"重賂越人，申開守陴而納公，[三] 公不敢入。

〔一〕 叔孫舒……納衛侯 "舌"，原作"后"，興國軍本同，據石經改。按：阮校曰："石經、宋本'后'作'舌'。廿七年'越子使舌庸來聘'，'舌'字同。段玉裁云，當依《國語》作'舌'。"

師還，立悼公。[四] 南氏相之，以城鉏與越人。公曰："期則爲此。"[五] 令苟有怨於夫人者報之。[六] 司徒期聘於越，[七] 公攻而奪之幣。期告王，[八] 王命取之，期以衆取之。公怒，殺期之甥之爲大子者。[九] 遂卒于越。[一〇]

[一] 齊，衛大夫王孫賈之子昭子也。

[二] 欲以觀衆心。

[三] 申，重也。開重門而嚴設守備，欲以恐公，故不敢入〔一〕。

[四] 悼公，蒯聵庶弟公子黚也。

[五] 司徒期也。

[六] 夫人，期姊也。怒期而不得加戮，故勑宮女令苦困期姊。

[七] 爲悼公聘。

[八] 越王也。

[九] 忿期而及其姊爲夫人者，遂復及夫人之子。

[一〇] 終言之也。終效夷言，死于夷。

〔左氏附〕

(哀傳 · 二十六 · 二)

宋景公無子，取公孫周之子得與啓畜諸公宮，[一] 未有立焉。於是皇緩爲右師，皇非我爲大司馬，皇懷爲司徒，[二] 靈不緩爲左師，[三] 樂茷爲司城，[四] 樂朱鉏爲大司寇。[五] 六卿三族降聽政，[六] 因大尹以達。[七] 大尹常不告，而以其欲稱君命以令。[八] 國人惡之。司城欲去大尹，左師曰："縱之，使盈其罪。[九] 重而無基，能無敝乎？"[一〇]

[一] 周，元公孫子高也。得，昭公也。啓，得弟。畜，養也。

〔一〕 故不敢入 "故"，興國軍本作"使"。

［二］皇懷，非我從昆弟。

［三］不緩，子靈圍龜之後。

［四］茷，樂溷之子。

［五］朱鉏，樂輓之子。

［六］三族，皇、靈、樂也。降，和同也。

［七］大尹，近官有寵者。六卿因之以自通達於君。

［八］不告君也。

［九］盈，滿也。

［一〇］言勢重而無德以爲基，必敗也。

冬十月，公游于空澤。[一] 辛巳，卒于連中。[二] 大尹興空澤之士千甲，[三] 奉公自空桐入，如沃宮。[四] 使召六子，曰："聞下有師，君請六子畫。"[五] 六子至，以甲劫之，曰："君有疾病，請二三子盟。"乃盟于少寢之庭，曰："無爲公室不利！"大尹立啓，奉喪殯于大宮，三日而後國人知之。司城茷使宣言于國，曰："大尹惑蠱其君，而專其利，今君無疾而死，死又匿之，是無他矣，大尹之罪也。"[六] 得夢啓北首而寢於盧門之外，[七] 己爲烏而集於其上，咮加於南門，尾加於桐門，曰："余夢美，必立。"[八]

［一］空澤，宋邑。

［二］連中，館名。

［三］甲士千人。

［四］奉公尸也。梁國虞縣東南有地名空桐。沃宮，宋都内宮名。

［五］畫，計策。

［六］言大尹所弑。

［七］盧門，宋東門。北首，死象，在門外失國也。

［八］桐門，北門。

大尹謀曰："我不在盟，［一］無乃逐我，復盟之乎！"使祝爲載書，六子在唐盂。［二］將盟之。祝襄以載書告皇非我。［三］皇非我因子潞、［四］門尹得、［五］左師謀曰："民與我，逐之乎？"皆歸，授甲，使徇于國曰："大尹惑蠱其君，以陵虐公室。與我者，救君者也。"衆曰："與之。"大尹徇曰："戴氏、皇氏將不利公室，［六］與我者，無憂不富。"衆曰："無别。"［七］戴氏、皇氏欲伐公，［八］樂得曰："不可。彼以陵公有罪，我伐公則甚焉。"使國人施于大尹。［九］大尹奉啓以奔楚，乃立得。司城爲上卿，盟曰："三族共政，無相害也。"

［一］少寢盟，但以君命盟六卿，大尹不盟。

［二］地名。

［三］襄，祝名。

［四］子潞，樂茷。

［五］樂得。

［六］戴氏即樂氏。

［七］惡其號令與君無别。

［八］公，謂啓。

［九］施罪於大尹。

〔左氏附〕

（哀傳·二十六·三）

衛出公自城鉏使以弓問子贛，且曰："吾其入乎？"子贛稽首受弓，對曰："臣不識也。"私於使者曰："昔成公孫於陳，[一]甯武子、孫莊子爲宛濮之盟而君入。[二]獻公孫於齊，[三]子鮮、子展爲夷儀之盟而君入。[四]今君再在孫矣，[五]内不聞獻之親，外不聞成之卿，則賜不識所由入也。《詩》曰：'無競惟人，四方其順之。'[六]若得其人，四方以爲主，[七]而國於何有？"

［一］僖二十八年衛成公奔楚，遂適陳。

［二］盟在僖二十八年〔一〕。

［三］在襄十四年。

［四］在襄二十六年。

［五］謂十五年孫魯，今又孫宋。

［六］《詩·周頌》。言無强，惟得人也。

［七］爲主，主四方。

〔一〕盟在僖二十八年　按：阮校曰："此本'盟'字實缺，據宋本、淳熙本、岳本、纂圖本、足利本補。閩本、監本、毛本'盟在'誤'在魯'。"

哀公二十七年

〔左氏附〕

（哀傳·二十七·一）

二十七年春，越子使后庸來聘，且言邾田，封于駘上。[一]二月，盟于平陽，[二]三子皆從。[三]康子病之，[四]言及子贛，[五]曰："若在此，吾不及此夫！"[六]武伯曰："然。何不召？"曰："固將召之。"文子曰："他日請念。"[七]

［一］欲使魯還邾田，封竟至駘上。

［二］西平陽。

［三］季康子、叔孫文子、孟武伯，皆從后庸盟。

［四］耻從蠻夷盟。

［五］思子贛。

［六］不及與越盟。

［七］言季孫不能用子贛，臨難而思之。

〔左氏附〕

（哀傳·二十七·二）

夏四月己亥，季康子卒，公弔焉，降禮。[一]

［一］禮不備也。言公之多妄。

〔左氏附〕

（哀傳·二十七·三）

晉荀瑶帥師伐鄭，次于桐丘。鄭駟弘請救于齊。[一]

齊師將興，陳成子屬孤子，三日朝，[二]設乘車兩馬，繫五邑焉。[三]召顔涿聚之子晉，曰："隰之役，而父死焉，[四]以國之多難，未女恤也。今君命女以是邑也，服車而朝，毋廢前勞。"乃救鄭。及留舒，違穀七里。穀人不知。[五]及濮，雨，不涉。[六]子思曰："大國在敝邑之宇下，是以告急。今師不行，恐無及也。"[七]成子衣製杖戈，[八]立於阪上，馬不出者，助之鞭之。知伯聞之，乃還。[九]曰："我卜伐鄭，不卜敵齊。"使謂成子曰："大夫陳子，陳之自出。陳之不祀，鄭之罪也。[一〇]故寡君使瑶察陳衷焉，[一一]謂大夫其恤陳乎！若利本之顛，瑶何有焉？"[一二]成子怒，曰："多陵人者皆不在，知伯其能久乎！"

[一]弘，駟歂子。

[二]屬會死事者之子，使朝三日以禮之。

[三]乘車兩馬，大夫服。又加之五邑。

[四]隰役在二十三年。

[五]言其整也。留舒，齊地。違，去也。

[六]濮水自陳留酸棗縣傍河東北經濟陰，至高平入濟。

[七]子思，國參。

[八]製，雨衣也。

[九]畏其得衆心。

[一〇]十七年楚獨滅陳，非鄭之罪。蓋知伯誣陳子，故陳子怒，謂其多陵人。

[一一]衷，善也。

[一二]言陳滅於己無傷。

中行文子告成子，[一]曰：“有自晉師告寅者，將爲輕車千乘，以厭齊師之門，則可盡也。”成子曰：“寡君命恒曰：‘無及寡，無畏衆。’雖過千乘，敢辟之乎？將以子之命告寡君。”[二]文子曰：“吾乃今知所以亡。[三]君子之謀也，始、衷、終皆舉之，而後入焉。[四]今我三不知而入之，不亦難乎！”[五]

［一］文子，荀寅。此時奔在齊。

［二］成子疑其有爲晉之心〔一〕。

［三］自恨己無知。

［四］謀一事則當慮此三變，然後入而行之，所謂君子三思。

［五］悔其言不可復。

〔左氏附〕

（哀傳·二十七·四）

公患三桓之侈也，欲以諸侯去之。[一]三桓亦患公之妄也，故君臣多間。[二]公游于陵阪，遇孟武伯於孟氏之衢，曰：“請有問於子，余及死乎？”[三]對曰：“臣無由知之。”三問，卒辭不對。公欲以越伐魯，而去三桓。秋八月甲戌，公如公孫有陘氏，[四]因孫於邾，乃遂如越。國人施公孫有山氏。[五]

［一］欲求諸侯師，以逐三桓。

［二］間，隙也。

［三］問己可得壽死不。

〔一〕成子疑其有爲晉之心　阮刻本“心”後有“也”字。

［四］有陘氏即有山氏。

［五］以公從其家出故也。終子贛之言，君不没於魯。

〔左氏附〕

（哀傳·二十七·五）

悼之四年，晉荀瑶帥師圍鄭。[一]未至，鄭駟弘曰：“知伯愎而好勝，早下之則可行也。”[二]乃先保南里以待之。[三]知伯入南里，門于桔柣之門。鄭人俘酅魁壘，[四]賂之以知政，[五]閉其口而死。將門，[六]知伯謂趙孟：“入之。”對曰：“主在此。”[七]知伯曰：“惡而無勇，何以爲子？”[八]對曰：“以能忍耻，庶無害趙宗乎？”知伯不悛，趙襄子由是惎知伯，[九]遂喪之。知伯貪而愎，故韓、魏反而喪之。[一〇]

［一］悼公，哀公之子寧也。哀公出孫，魯人立悼公。

［二］行，去也。

［三］保，守也。南里在城外。

［四］酅魁壘，晉士。

［五］欲使反爲鄭。

［六］攻鄭門。

［七］主，謂知伯也。言主在此，何不自入。

［八］惡，貌醜也。簡子廢嫡子伯魯而立襄子，故知伯言其醜且無勇，何故立以爲子。

［九］惎，毒也。

［一〇］《史記》，晉懿公之四年，魯悼公之十四年，知伯帥韓、魏圍趙襄子於晉陽。韓、魏反與趙氏謀，殺知伯於晉陽之下，在春秋後二十七年。

圖書在版編目(CIP)數據

春秋左氏經傳集解: 合編本: 全三册 / (東周) 左丘明傳; (西晉) 杜預集解; 但誠整理. — 北京: 商務印書館, 2023
(十三經漢魏古注叢書)
ISBN 978 - 7 - 100 - 21658 - 6

Ⅰ.①春… Ⅱ.①左… ②杜… ③但… Ⅲ.①中國歷史—春秋時代—編年體 ②《左傳》— 注釋 Ⅳ.① K225.04

中國版本圖書館 CIP 數據核字(2022)第165570號

封面題簽　陳建勝
特約審讀　李夢生

春秋左氏經傳集解(合編本)(全三册)

〔東周〕左丘明　傳
〔西晉〕杜　預　集解
但　誠　整理

商　務　印　書　館　出　版
(北京王府井大街36號　郵政編碼100710)
商　務　印　書　館　發　行
蘇州市越洋印刷有限公司印刷
ISBN 978 - 7 - 100 - 21658 - 6

2023年3月第1版　　開本 890×1240　1/32
2023年3月第1次印刷　　印張 53.25

定價：268.00元(全三册)